"미래의 유행병 확산 가능성을 주시하고 있는 우리가 읽어야 할, 간과되기 쉬운 유행병 관련 의학 지식의 기원을 밝힌 책. 특히 현재 시점에서 읽을 만한 가치가 있는 책이다. 앞으로 역학이 인류를 구원하리라는 사실을 의심하는 사람은 거의 없을 것이다."
—수먼 세스Suman Seth(코넬대 과학사 교수)

"저자는 그동안 주로 연구되던 서유럽과 고대 세계의 의학과 공중보건 역사를 넘어서 19세기에 전 세계적으로 이뤄진 의학과 공중보건의 진보에 대해 다루고 있다. 이 책에서 저자는 역학이 노예선, 식민지 주민, 죄수, 전쟁을 기초로 한 의학적 발견을 통해 형성됐다는 데 주목한다. 저자는 그동안 아무도 하지 않았던 이야기, 기억 속에서 사라진 이야기들을 복원해 우리가 알아야 할 것들을 흥미로운 문장으로 우리 앞에 드러낸다."
—메리 배싯Mary T. Basset(뉴욕주 보건국장)

"역학의 기원에 대해 면밀하게 재평가한 책. 현재의 역학 연구자와 공중보건 담당자들이 반드시 읽어야 할 책이다. 역학 연구자와 공중보건 담당자들은 이 책을 통해 역학의 기원, 그동안 간과해왔던 역사적 사실들, 자신들이 확산시키고자 했던 잘못된 시각에 대해 다시 생각할 수 있을 것이다. 또한 이 책은 공중보건이라는 명분 아래 지금도 학대당하고 조종당하는 사람들에게 우리가 지고 있는 빚에 대해서도 생각하게 만드는 책이다."
—리처드 호튼Richard Horton(《랜싯》 편집장, 런던 유니버시티 칼리지 명예교수)

"매력적인 문체로 쓰인 이 책은 광범위한 연구에 기초한 설득력 있는 주장으로 가득 차 있다. 역학 연구의 전체 흐름을 바꿀 만한 책이다."
—디어드러 쿠퍼 오언스Deirdre Cooper Owens(《치유와 억압의 집, 여성병원의 탄생》 저자)

"공들여 쓴 이 책은 우리가 몰랐던 여러 역사적 사실들을 알려주는 동시에 1차 자료에 대한 철저한 연구를 통해 역학 발달 과정을 새로운 시각으로 드러낸다. 반드시 읽어야 할 명저이자 눈을 뗄 수 없게 만드는 페이지터너 역사서이다."
—해리엇 A 워싱턴Harriet A. Washington(전미도서비평가협회상 수상작 《의료 아파르트헤이트》 저자)

"식민주의가 전 세계를 공격적으로 재편성하던 시기에 의사들이 단서가 거의 없는 상태에서 서로 협력하면서 치명적인 유행병을 어떻게 연구하고 이해했는지 보여주는 책이다. 저자는 큰 그림의 일부를 자세히 설명함으로써 미국의 인종차별적 관행이 어떻게 시작됐는지 보여준다. 저자가 복원을 시도한 사람들의 삶은 역사 기록의 '일부에 불과한 것처럼 보이지만' 이들의 삶은 우리의 현재의 삶과 매우 밀접한 관련을 지닌 삶이었다."

—존 갤브레이스 시먼스John Galbraith Simmons(《로스앤젤레스타임스》 리뷰)

"저자는 제국주의, 노예제, 전쟁이 교차하는 지점에서 역학의 기원을 찾을 수 있다고 말한다. 이런 관점은 질병 통제와 공중보건을 위한 개입이 처음에 얼마나 폭력적이었지 보여주는 것이자 이 같은 개입으로 인한 불평등에 우리가 대처해야 한다고 호소하는 목소리이기도 하다. 저소득 국가와 중소득 국가들이 백신을 구하기 위해 분투했던 코로나 19 대유행 기간 만큼 이런 불평등을 해소하기 위한 노력이 절실했던 적은 없었다."

—라가브 키쇼어Raghav Kishore(런던 정경대 역사학과 초빙교수)

"저자는 전염병의 역사와 확산에 대해 특히 군인, 노예, 식민지 피지배인의 몸을 대상으로 한 실험을 통해 질병이 어떻게 예방됐는지에 대해 놀라울 정도로 정밀하게 설명한다. 저자는 300년 동안 의학이 전쟁터, 노예선, 소외된 사람들의 대규모 이주 사례에서 얻은 지식을 이용해 과학과 인간의 수명을 변화시켰다고 설명한다. 이 책은 이런 의학 발달 과정에서 발생한 잔인하고 역설적인 일들을 다룬, 시의적절하면서 뛰어난 책이다. 현재 우리의 건강은 이름 없는 조상들의 피와 고통에 너무나 많은 것을 빚고 있다."

—데이비드 W. 브라이트David W. Blight(퓰리처상 수상작 《프레드릭 더글러스: 자유의 예언자》 저자)

"시의적절하고 뛰어난 책에서 저자는 역학의 기원을 노예제, 식민주의, 전쟁에서 찾고 있다. 저자는 많은 인구의 통제와 국가 관료주의의 급성장을 통해 인간 질병의 기원과 확산에 대한 새로운 이해가 가능해졌다고 말한다. 세계사를 매우 독창적으로 조명한 이 책은 역사학자와 의학 연구자를 비롯해 현대 의학에 관심이 있는 모든 사람이 읽어야 할 명저다."

—스벤 베커트Sven Beckert(하버드대 역사학 교수. 밴크로프트상 수상작 《면화의 제국: 자본주의의 새로운 역사》 저자)

"노예제, 식민주의, 전쟁과 의학 지식의 발달 사이의 연관 관계에 관심 있는 사람이라면 읽어야 할 흥미로운 책."

—오코리 우네케Okori Uneke(윈스턴세일럼 주립대 사회학 교수)

제국주의, 노예제, 전쟁은 의학을 어떻게 바꾸었을까?

제국주의와
전염병

제국주의, 노예제, 전쟁은 의학을 어떻게 바꾸었을까?

제국주의와 전염병

짐 다운스 | 고현석 옮김

황소자리

아프리카 대륙 서부해안에서 출발한 배는 하루가 넘게 항해하고 있었다. 그가 들을 수 있는 소리라고는 어떤 남자가 외국어로 말하는 것뿐이었다. 파도가 선체에 부딪히고, 갑판 아래쪽에서는 고통스러운 신음이 올라오고 있었다. 배는 바람을 타고 아메리카 쪽으로 움직였다. 눈에 보이는 것은 하늘밖에 없었다.

　그는 얼마 전 족장과 언쟁을 벌였다. 족장은 복수를 위해 그에게 사술을 행한다는 혐의를 씌워 온 가족을 노예로 팔아버렸고, 그의 가족은 졸지에 고향인 가나에서 신세계로 쫓겨나는 신세가 됐다. 그는 이런 자신의 운명을 거부했다. 그래서 그는 배의 선원들이 노예들에게 콩죽, 쌀, 후추 같은 먹을 것을 주러 왔을 때 음식이 담긴 국사를 쳐다보지도, 입을 벌려 먹으려 하지도 않았다. 한 선원은 그가 "살기 위해 먹어야 하는 것을 모두 거부했다"고 말했다. 어쩌다 칼을 손에 넣게 된 그는 마지막 저항의 표시로 목을 칼로 그었다. 아메리카에서 노예로 사느니 차라리 죽겠다는 의지의 표현이었다.[1]

그의 몸에서 흐르는 피를 본 선원들은 승선 의사 토머스 트로터에게 알렸다. 의사는 "상처를 꿰매고" 붕대로 목을 감았다. 그날 밤 그는 붕대를 풀어버리고, 상처를 꿰맨 실을 모두 뽑아냈다. 그러고는 손톱으로 목의 다른 쪽에 구멍을 뚫었다. 피가 목의 상처 안으로 들어가고 밖으로도 철철 흘러내렸다.

이튿날 아침 선원들이 그를 발견했다. 아직 숨이 끊어지지 않은 상태였다. 선원들은 그를 갑판 위로 질질 끌어올렸다. 말을 할 수 있었던 그는 "백인들과 같이 가지 않겠다"고 외쳤다. 그러고는 알아들을 수 없는 말을 중얼거리며 하늘을 올려다봤다. 선원들은 그의 손을 움직이지 못하게 결박한 다음 억지로 음식을 집어넣으려고 했다. 하지만 결국 그는 열흘쯤 음식을 거부하다 사망했다. 그의 이름은 알려지지 않았다. 그의 삶에 대한 다른 내용도 마찬가지다. 가족들이 같은 배에서 그의 자해 현장을 지켜봤을지도 모른다.

그로부터 몇십 년이 지난 1839년 로버트 던더스 톰슨Robert Dundas Tomson이라는 런던의 내과의사가 이 이야기를 영국의 저명한 의학 학술지 〈랜싯Lancet〉에 실었다. 톰슨도 이 사람을 직접 보지는 못했다. 그 배에 탔던 의사 트로터가 1790년대 영국 의회에서 열린 노예무역 관련 청문회에 나와 한 증언을 토대로 이 이야기를 쓴 것이었다. 톰슨은 이 이야기를 인간이 먹지 않고 얼마나 오래 버틸 수 있는지 보여주는 여러 사례 중 하나로 사용했다. 톰슨은 노예무역의 잔인함에 대해 알고 있었지만, 그건 그에게 중요한 문제가 아니었다. 톰슨은 노예무역의 폭력성에 대해서도 자세하게 알고 있었지만, 이 또한 그에게는 중요치 않았다. 오로지 노예로 팔려가던 아프리카 남자가 아무엇도 먹지 않고 일주일 넘게 살아남았다는 사실만이 중요했다.

이 노예 이야기 외에도 톰슨은 "불충분한 영양 공급"이 질병을 일으킨 사례와 인간의 몸이 음식을 먹지 않고 얼마나 오래 버틸 수 있었는지를 보여주는 다른 예들(톰슨은 이 상태를 "단곡斷穀 상태inedia"라는 말로 불렀다)에 대해서도 썼다. 선원들이 금속도구로 입을 벌려 음식을 먹이려고 했지만 이를 악물어 끝내 음식을 먹지 않고 저항하다 9일 만에 사망한 아프리카 노예 남성과 매를 맞으면서도 음식을 거부하다 약 일주일 만에 사망한 아프리카 노예 여성의 이야기였다. 톰슨의 결론은 "아프리카 원주민들은 사람들로 가득 차고 환기가 안 되는 곳에서도 10일 동안 아무것도 먹지 않고 살 수 있다"였다. 톰슨은 유럽 곳곳에서 수집한 사례들에 기초해 더 좋은 조건에서는 더 오랫동안 생명이 유지될 수 있을 것이라고도 주장했다. 그는 런던의 한 미장이, 몇몇 광부들, 임신한 프랑스 여성, 정신장애가 있는 스코틀랜드 남성(톰슨의 환자였다)이 물과 맥주만 먹으면서 71일 동안 생존한 사례를 제시하기도 했다.

＊　＊　＊

의사들이 사례연구에 의존한다는 사실은 널리 알려져 있다. 다만 의사들이 연구를 위한 사례들을 노예무역에서까지 얻었다는 사실을 아는 사람은 많지 않다. 톰슨은 국제 노예무역에서 사례를 수집해 인간이 다양한 환경에서 음식을 섭취하지 않고 얼마나 오래 생존할 수 있는지 결론을 내렸다. 노예무역은 수많은 사람들이 의학적 질환에 노출되는 다양한 환경을 제공했고, 의사들에게는 소중한 정보 제공처 역할을 했다. 말하자면 노예무역은 인간이 먹기를 거부하는 극한의 상황을 만들어내 톰슨이 "단곡 상태"에 대한 결론을 내리는 데 도움을 줬다.

톰슨의 논문은 의학에서 엄청난 혁명이 일어난 시기에 발표됐다.[2] 기존의 역사학 연구는 이런 변화의 원인을 런던, 파리, 뉴욕에서 이뤄지던 의학 논쟁들의 결과로 해석한다.[3] 반면 이 책《제국주의와 전염병》은 이런 도시들로부터 벗어나 전 세계에서 발생했던 유행병 epidemic 위기들로 관점을 확대한다. 이로써 역학epidemiology이 유럽 대도시 중심부에서 확산된 전염병에 대한 연구뿐만 아니라 국제 노예무역, 제국주의, 전쟁 그리고 이 모든 사건이 원인이 된 인구 이동에 대한 연구에 의해서도 발달했다는 이론을 제시한다. "역학"이라는 용어는 1850년 런던역학학회Epidemiological Society of London 발족과 함께 공식적으로 사용된 말이지만 역학적인 생각, 특히 질병의 원인과 확산, 예방에 대한 다양한 연구는 그보다 훨씬 전에 시작됐다.[4] 이 책에서 다루겠지만 군 병원과 군 기지, 노예선, 대규모 인구 이동은 인구를 밀집시켰고, 의사들은 이 밀집 상태를 이용해 질병의 확산을 연구했다. 그 결과 도시, 감옥, 병원에서 수집한 그것과는 다른 종류의 정보를 얻을 수 있었다.

질병 확산에 대한 이해는 의사들이 국제 노예무역, 제국주의 팽창, 전쟁으로 인해 발생한 의학적 위기 상황에 대처하는 과정에서 특히 깊고 넓어졌다. 이런 위기상황에 처한 사람들을 치료하면서 군 의사들과 식민지 의사들은 질병의 원인, 확산, 예방에 관한 이론을 발전시켰다. 대규모 인구집단의 건강상태에 대한 정보의 수집과 분석은 서양의 국가들이 새로운 생물학 지식을 바탕으로 사람들에게 권력을 행사할 수 있는 메커니즘을 개발하던 시기에 이뤄졌다.[5]

《제국주의와 전염병》은 그동안 학계에서 서로 독립적으로 다뤄 졌던 노예제, 식민주의, 전쟁이 의학 전문가의 관점에서 볼 때 어떤 공통적 특징들을 지니는지 살펴볼 것이다. 노예제, 식민주의, 전쟁 은 수많은 사람을 속박 상태로 몰아넣었다는 공통점을 가진다. 노 예선, 플랜테이션plantation(대규모 상업 농장), 전쟁터는 의사들이 질병 의 확산을 관찰하고 질병을 발생시키는 사회적 조건들에 대해 연구 할 수 있는 환경을 제공했다. 특히 1756~1866년 사이에 이런 환경들 이 늘어나자 역학의 탄생에 기여한 의학 연구들이 활기를 띠었다. 이 책은 1756년에 영국 군인들이 수용인원 초과 상태인 인도의 감옥에 서 죽어간 이야기로 시작한다. 이 사건은 의학계에서 신선한 공기의 중요성을 보여주는 전형적인 사례로 다뤄진다. 마지막으로 이 책은 1865~1866년 콜레라 대유행 시기에 세계 각국이 콜레라 확산을 추 적하기 위해 어떤 노력을 했는지 살펴보는 것으로 끝을 맺는다.

* * *

아프리카 노예들, 식민지 주민들, 군인, 무슬림 순례자들 그리고 땅이나 재산을 잃고 쫓겨난 사람들에게 닥친 의학적 위기에 대처하 는 과정에서 의료 전문가들은 미래의 유행병을 예방하기 위한 여러 방법을 개발했다. 이들은 의학적 위기를 관찰하고, 그 위기에 대한 기록을 남기고, 각 위기에 이름을 붙였다. 감염자 수와 사망자 수를 측정했으며, 위생상태를 평가하고, 유행병의 원인에 대한 이론을 제시했다. 이렇게 작성한 그들의 서한과 보고서는 당시 급성장하던 군부와 식민주의 관료들에게 크나큰 영향을 미쳤다.

과거의 건강상태에 대해서는 의사들을 비롯해 다양한 사람들이 기록을 남겼다. 하지만 《제국주의와 전염병》은 1756~1866년 사이에 형성된 시각들이 어떻게 의학 이론으로 굳어져 현대 역학 발전에 기여했는지를 다룬다. 이 책은 처음 관찰로 시작된 여러 생각들이 공식 보고서가 되고 나중에는 의학 저널과 강의, 논문에서 어떻게 주장과 이론의 형태를 갖추게 되었는지 추적한다. 학자들은 군의관들이 전쟁 기간에 정교한 수술법과 치료법을 어떻게 개발했는지에 대해서는 자세하게 연구한다. 그렇지만 군의관들이 역학 분야에 영향을 미친 방법들을 어떻게 개발했는지에 대해서는 관심을 갖지 않는다.[6]

군 관료와 식민지 관료들 역시 역학 발달에 핵심적인 역할을 했음에도 이들의 기여는 과소평가되고 있다.[7] 군의관들이 역학에 관한 이론을 제시했고, 그 이론들이 결국 의학 논문의 형태로 발표됐음에도 말이다. 자메이카에서 시에라리온, 콘스탄티노플, 희망봉에 걸쳐 파견된 영국의 의사들은 대부분 런던역학학회 소속이었다. 해외 근무를 마치고 런던으로 돌아온 의사들은 학회에 참석해 콜레라, 황열병 등 세계 곳곳의 감염질환 발생에 대해 자신들이 작성한 보고서를 읽었다. 이들은 다른 지역에서 발생한 질병에도 지속적인 관심을 가졌다.[8] 지리학자 데이비드 리빙스턴David Livingstone은 과학적 지식의 위치가 과학 연구 행위 및 내용에 영향을 미친다고 말했다. 이 주장에 근거해서 나는 역학이 전쟁, 노예제, 제국주의에 의해 고통을 당한 사람들(대부분은 아프리카, 카리브해 연안 지역, 인도, 중동의 유색인종이었다)에 대한 연구에서 시작되었다는 이유로 인해 그 기원에 대한 이야기가 많은 부분 간과된 면이 있다고 주장한다.[9]

1756~1888년 사이에는 질병의 확산에 관한 의학 지식이 국가들 간에 교환되기 시작했다. 이런 지식의 교류는 의학 연구기관들뿐만 아니라 제국주의, 노예제, 전쟁, 추방의 현장에서도 이뤄졌다. 제국, 전쟁, 노예제는 관료들이 질병에 관한 보고서들을 수집하게 만들었고, 그로 인해 이 보고서들은 존재감을 얻었다.[10] 예를 들어 대영제국 의료 관료와 식민지 관료들은 미국의 남북전쟁 기간 동안 남부연합과 북부연방의 의료 및 군 관료들처럼 전염병 확산에 대해 조사하고 분석해 보고서를 작성했다. 19세기 중후반의 국제위생위원회도 비슷한 방식으로 데이터를 수집했다.

세계 곳곳에서 발생한 전염병에 대한 의사들의 보고서는 질병이 특정한 지역에서 어떻게 확산하는지에 대한 포괄적 지식을 의학계에 제공했다. 일례로 군의관들은 질병 확산 경로를 지도로 만들 수 있게 해주는 지리적 좌표들을 제공했다. 전염병에 대한 이런 포괄적인 지식은 현대 역학의 핵심적인 도구인 의학적 감시medical surveillance의 틀을 세우는 데 도움을 주었다.[11]

식민주의의 확산, 특히 19세기 중반 영국령 서인도제도에서의 식민주의 확산은 군의관들을 통한 보고체계를 더 체계적이고 일관성 있게 만들었다. 크림전쟁과 미국 남북전쟁이 발발한 후 군의관들이 전쟁터에서 질병 확산에 관한 보고서를 작성하고 상급자들이 이 보고서들을 취합해 특정 지역의 질병 확산 상태를 파악하게 되면서 보고체계는 더욱 공고해졌다. 1860년대가 되자 역학자들은 특수한 전문가 집단으로 부상했다. 1865~1866년 콜레라 대유행을 조사하면서 그들은 전염병 연구방법을 더욱 정교하게 발전시키기에 이른다.

이 책은 여기서 한 걸음 더 나아가 국제 노예무역, 식민주의 확산, 크림전쟁, 미국 남북전쟁, 무슬림 순례자들의 여행처럼 동시다발적으로 일어난 사건들이 의학에 중요한 영향을 미쳤음을 들려준다. 현재까지 이 주제들은 서로 독립적으로 다뤄져 왔다. 《제국주의와 전염병》은 이들을 한데 묶어 이 사건들이 질병 확산에 대한 의사들의 이해를 어떻게 변화시켰는지 설명할 것이다. 전염병 확산 연구의 중요성은 이런 사회적 변화들이 합쳐져 부상한 것이었다. 세계 곳곳에서 이뤄진 연구들 덕분에 의사들은 오랫동안 논란의 주제였던 감염에 대한 이론을 정교하게 다듬을 수 있었다. 노예제, 제국주의, 전쟁은 수많은 사람을 한꺼번에 연구할 기회를 제공했기 때문이다. 일부는 나중에 오류가 드러나기도 했지만, 이 이론들은 현대 역학 연구의 핵심을 이루는 방법적 요소들 즉 데이터 수집, 의학적 감시, 지도화 mapping를 발달시키는 데 중추가 되었다.

* * *

이 책은 1865~1866년 콜레라 대유행에 관한 연구의 후속으로 시작됐다. 이 콜레라 대유행에 대해서는 내가 쓴 첫 책인《자유에 따른 아픔: 남북전쟁과 재건시대의 아프리카계 미국인의 질병과 고통-*Sick From Freedom: African American Illness and Suffering during the Civil War and Reconstruction*》에서 다뤘다. 당시 나는 의사들이 콜레라 대유행에 대처했던 방식에 흥미를 느껴 런던국립문서보관소로 날아갔고, 그때 이후로 연구 단서들을 찾기 위해 세계 곳곳의 문서보관소를 찾아다니고 있다. 영국과 미국의 문서보관소에 있는 수많은 문서들이 내게는 가장 유용했지만, 적절한 단서를 발견하지 못한 다른 곳에서도 소중한 영감을 얻을 수 있었다. 예를 들어 몰타의 오래된 방역시설들을 둘러보다가 마노엘 섬 나병원의 구조를 직접 볼 수 있었다. 모든 단서가 각각 새로운 의문을 만들어냈고, 단서들 대부분은 시간을 더 거슬러 올라가 연구할 수 있도록 해줬다. 노예가 된 사람들, 징집된 병사들, 제국의 민중들을 이 책의 중심주제로 결정한 것은 이러한 연구 과정에서 내가 발견한 단서들 때문이다.

현존하는 문헌들 속에서 이 사람들의 삶을 발굴하려고 노력하면서 나는 블랙페미니즘Black feminism(성차별, 계급 억압, 젠더 정체성, 인종차별이 불가분하게 묶여 있다고 주장하는 학파)의 비판론을 내 연구의 핵심적인 방법론으로 삼았다. 이 방법론은 기록에서 사라진 개인성을 복원해 과거를 재구성하는 데 유용한 전략을 제공하기 때문이다.[12] 이 방법론에 의존함으로써 나는 역학 발달에 영향을 미친 수많은 사람 중 일부의 모습을 복원할 수 있었다. 가령 이 방법론은 특히 1840년대 카보베르데 군도의 황열병 발생에 관한 제임스 맥윌리엄James McWilliam의 연구를 분석할 때 유용했다(3장 참조). 맥윌리엄의 연구는 식민지인들과 노예가 된 사람들이 황열병의 증상, 확산, 잠복기, 사망자에 대해 직접적이고 구체적으로 증언한 내용이 포함돼 있다는 점에서 매우 놀라웠다. 다만 이 연구는 블랙페미니즘 이론과 비판론을 적용해야 하는 대상이었다. 식민지 의사와 영국 정치인들의 관점에서 이뤄진 연구였기 때문이다. 헤이즐 카비Hazel Carby와 이디야 하트만Saidiya Hartman의 연구에 기초해 나는 이 자료에서 노예와 식민지 원주민들을 중심으로 다룬 부분에만 집중했다. 맥월리엄이 이들을 대상으로 한 인터뷰는 환자의 증언을 수집해 유행병의 확산을 추적하는 작업이 가치 있다는 것을 보여줬다. 나도 맥월리엄의 이 인터뷰 방법을 이용했고, 도움을 받았다. 식민주의, 노예제, 전쟁은 다음 세대들의 전염병 확산 연구에 절대적인 단서를 제공했다. 실제로 로버트 톰슨 같은 사람들이 수집해 〈랜싯〉에 실은 사례연구들은 역학 발전의 기원 이야기로서는 곧 사라졌다. 이 이론 중 어떤 것은 기억돼 과학적 원칙으로 굳어지고 어떤 것은 폐기됐지만, 이론 형성에 영향을 미친 구체적인 상황, 장소, 사람은 대부분 망각됐다.

《제국주의와 전염병》은 이 역사를 복원하고 역학 발전에 영향을 준 요인들에 대해 기록하기 위한 노력의 일환이다. 조금 더 구체적으로 자신의 건강, 고통, 심지어 죽음을 통해 의학 연구와 의료지식 발전에 기여했으나 정작 의학 역사에서는 사라진 사람들에게로 초점을 이동시켜 보려는 노력의 일환이다. 그들의 이름과 목소리는 대부분 사라졌고, 때로는 의도적으로 의학 기록에서 삭제됐다. 《제국주의와 전염병》은 그들을 사라지게 만든 환경에 대해 설명하고 그들이 역사에서 차지해야 할 위치를 복원하기 위한 책이다.

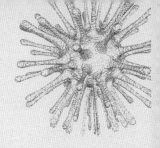

차례

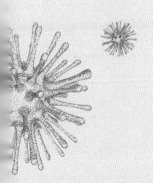

1장

혼잡한 공간들

노예선, 감옥 그리고 신선한 공기

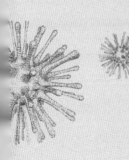

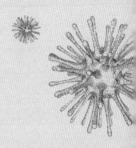

1756년 6월 부상당하고 지친 영국 병사 146명이 인도 캘커타(콜카타)의 찌는 듯 더운 감방에 갇혔다. 창살 달린 창 두 개가 있는 5m³의 좁은 감방이었다. 갈증으로 목이 타들어 가던 병사들은 숨을 쉬기 위해서 헐떡였고, 옷도 다 벗은 채 모자로 부채질을 해야만 했다.[1]

영국의 의사 로버트 존 손튼Robert John Thornton이 훗날 "캘커타의 블랙홀Black Hole of Calcutta"이라는 이름으로 알려진 이 감방에서 일어난 비극에 대해 쓴 글의 첫 부분이다. 손튼은 이 병사들 중 한 명인 존 제파니아 홀웰이라는 사람의 이야기를 듣고 이 글을 썼다. 홀웰은 인도 캘커타의 윌리엄 기지 소속 영국군 수비대 대장이었다. 수비대는 뱅골군에 포로로 잡혀 이 감방에 갇혔다. 손튼의 이야기는 감방의 상태가 치명적이었던 이유에 집중하고 있다.

감방에 갇히고 어느 정도 시간이 지나자 간수가 극도의 갈증에 시달리던 포로들에게 물을 가져다줬다. 포로들이 창살 사이로 내민 모자에 간수가 물을 따랐지만, 모자를 창살 안으로 들여오는 동안 물은 대부분 새버렸다. 포로 대부분은 한 방울의 물도 마시지 못했다. 이들은 "물, 물!"이라고 외치기 시작했다. 이 상황에서 강한 사람은 약한 사람을 밀치고 짓밟고 심지어 죽이기까지 했다.

이 아수라장 속에서 홀웰은 감방 구석에 홀로 앉아있었다. 홀웰의 갈증은 "참을 수 없는 정도에 이르렀고, 점점 더 숨을 쉬기가 힘들어졌다." 홀웰은 창가로 간신히 기어갔지만 바닥에 다시 엎어졌다. 홀웰이 아직 살아있는 것을 알게 된 포로 중 한 명이 그에게 소중한 물을 조금 건넸다. 하지만 홀웰은 물을 마셔도 갈증이 없어지지 않는다는 것을 깨닫고는 더이상 물을 마시지 않기로 했다. 손톤의 이야기에 따르면, 홀웰은 "신선한 공기가 생명을 주는" 창가로 몸을 움직이면서 서서히 상태가 좋아지기 시작했다. 손튼에 따르면 포로들이 석방됐을 때 146명 중 살아남은 사람은 23명에 불과했다. 나머지는 모두 질식사했다.

손튼은 사람들이 가득 찬 공간의 위험성에 대해 경고하고, 신선한 공기가 "생명의 지속을 위해 절대적으로 필요하며, 신선한 공기를 적절하게 공급하는 것이 필수적"이라고 주장하기 위해 이 사건을 언급했다.[2]

* * *

18세기 중반 이전에도 서양의 의사들은 공기가 인간의 생존에 필수적이라는 사실을 알았다. 하지만 사람들로 가득 찬 공간에서 공기가 어떻게 나빠지는지에 대해서는 구체적으로 알지 못했다.[3] 공기에 관한 초기 연구로는 최초의 근대 화학자로 알려진 로버트 보일Robert Boyle, 식물에서 나오는 기체를 포집하는 장치인 "기체수집기pneumatic trough"를 발명한 영국의 과학자이자 목사 스티븐 헤일스Stephen Hales 의 연구가 있다. 조지프 프리스틀리Joseph Priestley나 앙투안 라부아지에 Antoine Lavoisier 같은 18세기 과학자들은 기체수집기를 이용해 산소를 비롯한 공기의 다양한 구성요소들을 수집하고 구분해낼 수 있었다.

과학자들은 실험실에서 공기의 성분을 연구했지만 의사들은 공기 의 질 변화 측면에서 질병을 분석하기 시작했다. 가령 영국 육군 군 의관 존 프링글 경Sir John Pringle은 군인들의 질병에 관한 책(1752년)에 서 "더러운 공기foul air"라는 문제에 주목했다. 프링글은 수많은 질병 이 습지, 분뇨, 썩은 지푸라기, 병원의 환자들에게서 나오는 썩은 공 기에 의해 발생한다는 이론을 제시했다. 또한 프링글은 헤일스가 설 계한 기계식 환기장치를 이용해 폐쇄된 공간에 신선한 공기를 공급 해야 한다고 주장했다.[4]

의사들은 또한 전 세계의 밀폐된 공간에 사는 사람들에게 관심을 돌림으로써 공기의 영향에 대해 연구했다. 인도 감옥의 전쟁 포로들 에 대한 이야기는 신선한 공기의 필요성을 증명하기 위해 사용된 여 러 사례 중 하나로, 1799년 출간한 손튼의 책 《의학철학The Philosophy of Medicine》에서 언급됐나.[5] 손튼은 감방과 마찬가지로 선박도 신선한 공기를 순환시켜야 한다고 지적했다. 그는 선박에 환기장치를 설치 하는 것이 질병 발생 예방에 도움이 될 것이라고 주장했다.

배에서 신선한 공기가 필요하다는 증거로서 손튼은 토머스 트로터 박사의 관찰을 인용했다. 트로터는 1783년부터 1784년까지 브룩스 호에 탑승했다. 스코틀랜드 해군 군의관이었던 트로터는 미국 독립전쟁 당시 영국 해군에서 복무했으며, 전쟁이 끝난 후 다른 많은 군의관들처럼 노예선에서 일하도록 재배치됐다.[6] 브룩스 호에 탑승한 외과의사로서 그는 아픈 선원들을 치료했을 뿐만 아니라 배 안의 물리적인 상태에 대해서도 조사했다. 노예가 된 아프리카인들의 끔찍한 처우에 충격을 받은 그는 1790년에 열린 영국 하원 노예무역조사위원회에서 증언을 하기도 했다. 노예가 된 아프리카인들을 화물처럼 브룩스 호 바닥에 숨겨놓은 모습을 묘사한 그림은 약간의 논란이 있기는 하지만 대서양 세계 전체에 걸쳐 노예제 폐지 주장을 상징하는 그림 중 하나가 됐다.[7]

노예무역의 잔혹성을 설명하기 위해 브룩스 호의 상황을 담은 이 그림은 노예제 폐지를 주제로 한 전시회들에서 계속 전시됐다. 반면 브룩스 호에서 트로터가 목도한 상황이 생존을 위한 산소의 중요성에 대한 초기의 과학적 지식을 확립하는 데 도움이 됐다고 기억하는 사람은 거의 없다. 트로터의 발견은 배의 구조에 대한 조사, 괴혈병 발생, 공기화학pneumatic chemistry의 부상을 기초로 이뤄진 것이었다. 1783년 6월 브룩스 호가 서아프리카 골드코스트에 도착했을 때, 선원들은 "100명이 넘는 젊고 건장한 노예"를 사들였다. 이들은 아프리카인 노예들을 2인 1조로 족쇄를 채우고 팔과 다리에 쇠사슬을 묶었다. 선원들은 노예들을 강제로 승선시켜 배 밑바닥으로 밀어 넣었다. 창문이나 환기장치가 없어 공기가 이미 오염된 곳이었다. 브룩스 호는 골드코스트에서 한 달 동안 머물면서 아프리카인 노예들을 더 사들였다. 이 배의 목적지는 아프리카인 노예들을 팔 카리브해와 미국

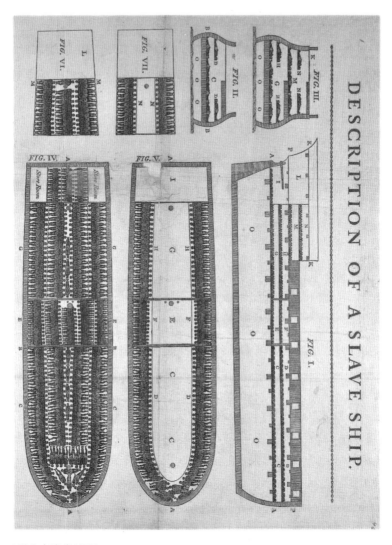

브룩스 호의 내부 구조

아프리카인 노예들이 선반에 얼마나 빽빽하게 실렸는지 보여준다(영국 국립도서관, 522.f.23)

남부였다.[9]

배가 대서양을 가로질러 출발하기 전 선원들은 아프리카인들이 "엄청나게 뚱뚱해지고 있다"는 사실을 파악했다. 아프리카인들이 긴 여행을 견딜 수 있도록 선원들이 그들에게 콩, 쌀, 옥수수를 야자유, 기니후추, 소금과 같이 끓여 죽을 만들어 먹였기 때문이다. 아프리카인 노예들은 어느 정도 물을 먹을 수는 있었지만, "24시간 중 16시간"을 배 바닥에 갇힌 채 운동도 할 수 없었다. 살이 찌는 건 당연했다. 트로터는 "여행 후반기에 북소리에 맞춰 갑판 위에서 춤을 추게 만드는 식으로 노예들에게 운동을 시켰지만, 그때는 이미 이런 운동이 효과를 나타낼 수 없는 시점이었다"라고 썼다.[10]

트로터는 아프리카인들이 이런 조건 아래서는 건강을 유지할 수 없었을 것이라고 예측했다. 노예들은 1.5~1.8미터 높이의 방에 수용됐는데, 이 방은 "쇠창살들이 빽빽하게 둘러쳐진 조그만 창문 하나뿐이라 공기가 불완전하게 공급되었고" 실내 온도는 36℃가 넘었다. 노예 중 일부는 "배의 안쪽 양옆 바닥에서 80센티미터가량 높이에 걸린, 폭이 한팔 정도인 선반에 스푼을 쌓아놓듯 포개서 서로 팔을 겹쳐야만 누울 수 있었다." 트로터는 갑판 아래로 내려가서 본 노예들이 "서로를 밟지 않고는 움직이기 힘든" 상태였고, 자신도 숨을 쉬기가 힘들었다고 기록했다. 그는 "노예들의 건강을 지키기 위한" 어떠한 예방 조치도 취해지지 않았다고도 썼다.[11]

트로터가 "뚱뚱하다"고 묘사한 한 아프리카 남자 노예가 오른팔 아래쪽이 딱딱하게 느껴진다고 호소한 적이 있었다. 다음날이 되자 경직 현상은 팔뚝 윗부분까지 퍼졌고, 이 노예는 "팔꿈치 관절이 약간 수축됐다"고 말했다. 결국 이 경직 현상은 어깨, 목, 그리고 아래 턱까지 퍼졌다. 그러다 목까지 경직되면서 노예의 의식이 혼미해지기 시작했다. 그 후에는 혀가 "위아래 치아 사이에 끼어 움직이지 못했고" 이 혀는 노예가 사망하기 사흘 전에야 입 밖으로 나왔다.[12]

트로터는 이 노예를 치료하기 위해 따뜻한 욕조에 넣고, 강제로 턱을 벌려 약을 먹이려 했지만 소용이 없었다. 입안을 살펴본 트로터는 잇몸이 "물렁물렁해져 있고" "피가 나는 것"을 발견했다. 안쪽 치아가 흔들리고 입에서는 "극도의 악취"가 났다.[13] 트로터는 이런 증상으로 보아 노예가 괴혈병을 앓고 있다고 확신했다.

배가 대서양을 가로지르는 동안 다른 노예들도 비슷한 증상을 보이기 시작했다. 트로터는 이런 증상을 나타내는 사람들 중 일부가 배에서 "가장 뚱뚱한 노예들"이라는 것을 알아챘고, 그 관찰을 기초로 과체중이 괴혈병 발병 확률을 높인다고 생각하기에 이르렀다.

트로터가 아프리카인 노예들과 어떻게 의사소통을 했는지는 확실하지 않다. 다만 트로터가 괴혈병에 대해 이해하는 데 노예들이 도움을 준 것은 분명하다.[15] 트로터는 노예들의 증상을 관찰함으로써 감염의 초기 단계에서 나타나는 증상들 즉 팔이 딱딱해지고, 팔꿈치를 움직일 수 없게 되고, 턱이 조여지는 증상에 대해 알게 됐고, 병이 진행되면서 동증이 증가한다는 사실도 파악했다. 트로터는 환자들의 팔다리가 약해지고 수면 욕구가 강해져 "혼수상태와 섬망상태"로 진행하는 것도 관찰했다.[16] 괴혈병에 대한 트로터의 분석은 노예가 된 아프리카인들에 대한 관찰에 주로 의존했으며, 이 관찰은 영국인 선원들을 분석해오던 과정에 핵심적인 내용을 보강하는 역할을 했다.

브룩스 호에 실린 노예들

1789년 퀘이커교도 인쇄업자 제임스 필립스가 펴낸《브룩스》에 수록된 삽화. 배 내부 그림과 함께 소개된 이 그림은 노예무역의 참상을 보여주는 가장 상징적이고 충격적인 이미지로 각인됐다.

아프리카인 노예들은 트로터의 연구를 위한 수동적 대상에 그치지 않았다. 이 노예들은 통역을 통해서든 비언어적인 의사 표현을 통해서든 괴혈병이 몸에 어떤 영향을 미치는지 확실하게 보여줬다.

1784년 4월, 아프리카를 출발한 지 3개월 만에 7~8명이 사망했다. 트로터는 괴혈병에 걸린 아프리카인 노예의 수가 계속 늘어나고 있다며 "아침에 사망한 채 발견된 노예들도 있고, 갑판으로 올라오자마자 쓰러져 사망한 노예들도 있었다. 음식을 먹는 동안 사망한 노예도 있었다"고 썼다. 브룩스 호가 카리브해에 가까워질 무렵 40명의 사망자가 더 발생했다. 트로터는 카리브해에 살아서 도착한 약 600명의 아프리카인 노예 중에서 300명이 괴혈병 증상을 나타냈다고 썼다.[17]

자신이 관찰했던 다른 괴혈병 환자들처럼 아프리카인들 역시 산성 음식에 대해 강한 욕구를 보인다는 것을 알아챈 트로터는 항해 중 아프리카인들의 산성 음식 선호가 어떤 결과를 낳는지 실험하기로 했다. "괴혈병에 걸린 노예들이 익은 구아바는 던져버리고 익지 않은 녹색 구아바를 게걸스럽게 먹는 장면을 여러 차례 관찰하면서 익은 구아바와 익지 않은 구아바를 먹었을 때 확실한 차이가 있는지 확인하고자 했다." 트로터는 괴혈병 증세가 있는 아프리카인 9명을 세 그룹으로 나눠 한 그룹에는 라임을, 두 번째 그룹에는 녹색 구아바를, 세 번째 그룹에는 잘 익은 구아바를 줬다. 일주일이 지나자 익은 구아바를 먹은 사람들은 증상이 호전되지 않았지만 "나머지 사람들은 거의 대부분 건강이 회복됐다."[18]

배가 앤티가 섬의 세인트존에 도착했을 때 트로터는 괴혈병 환자들에게 먹일 신선한 야채와 과일을 구했다. 오렌지, 레몬, 자몽에서 직접 즙을 빨아 먹는 것이 "구연산의 효능을 확보하는 가장 확실한 방법"이라고 생각했기 때문이다. 노예들의 족쇄도 모두 풀었다. 더이상 선원들에게 위협이 되지 않는다고 여겼기 때문이다.

아프리카인들이 감귤류를 먹기 시작하자 증상이 빠르게 사라지면서 상태가 좋아졌다. 자메이카에 도착했을 때 트로터는 "괴혈병 환자가 거의 없어졌다. 노예들은 시장에서 팔 수 있을 정도로 잘 먹고 있다"고 썼다. 트로터는 앤티가에서 과일을 구해 먹이지 않았다면 노예 중 절반 이상이 열흘 안에 죽었을 것이라고 확신했다.[21] 배에 탑승한 의사로서 트로터는 임무를 완수했다. 그 임무는 노예상인들이 수익원인 노예를 대서양 세계의 플랜테이션에 팔지 못하는 상황이 발생하지 않도록 유행병인 괴혈병 확산을 막는 것이었다.[22]

* * *

아프리카인 노예들의 건강을 보호해 "시장에 내다 팔 준비를 시키기 위한" 브룩스 호의 의사로 고용됐지만, 트로터는 이 경험을 이용해 괴혈병에 대한 연구를 발전시켰다. 에든버러로 돌아왔을 때, 트로터는 브룩스 호에서 관찰한 결과를 스승이자 괴혈병 전문가인 윌리엄 컬렌 교수와 공유했다. 트로터는 자신의 책 서문에서 "최근 들어 내가 수없이 치료한 괴혈병이라는 질병에 대해서는 여러 논란이 있다. 내 관찰 결과 중에는 논쟁을 종식시키는 데 기여할 수 있는 소중한 사실들이 수없이 포함돼 있다고 생각한다"고 말했다.[23] 노예선에서 이뤄진 괴혈병 관찰은 해군 군함에서 괴혈병을 관찰한 것과는 다른 종류의 정보를 트로터에게 제공했다. 아프리카인들이 억류된 극한 상황 때문이었다. 아프리카인 노예들은 통풍이 되지 않는 배 밑바닥에 갇혀 음식도 제대로 먹지 못했고 운동도 할 수 없었다. 트로터는 이런 상태가 심각한 괴혈병 발생에 영향을 줬다고 결론지었다.

항해에서 돌아온 트로터는 1786년 런던에서 《괴혈병 관찰*Observation on Scurvy*》을 출판했다. 이 책은 1792년에 개정판이 나왔고, 필라델피아에서도 인쇄된 데 이어 독일어로도 출간됐다. 책에서 트로터는 괴혈병의 원인에 대한 기존의 견해를 논하면서 자신의 이론을 제시했다. 그보다 수십 년 전인 1740년대에 영국 해군 군의관 제임스 린드James Lind는 오렌지와 레몬을 섭취해 괴혈병을 치료할 수 있다는 사실을 증명했다. 린드는 흔히 괴혈병 치료법을 발견한 사람으로 여겨지만, 트로터가 자신의 책 서론에서 밝혔듯이 당시 괴혈병의 원인과 치료법에 대해서는 의견이 분분해 결론이 나지 않은 상태였다. 트로터는 아프리카인 노예들에 대한 관찰 결과를 이용해 린드의 이론을 보강하는 동시에 괴혈병 발병 가능성을 높인다고 주장되던 다른 여러 이론과 요인들에 대한 반대 의견을 개진했다.

트로터는 육류, 술, 아편이 괴혈병을 치료한다는 이론, 괴혈병은 혈액 이상으로 인한 질환이라는 이론, 괴혈병은 전염병이라는 이론 등 나양한 살못된 이론들을 반박했다. 트로터는 아프리카인들 사이에서 유행하는 질병의 원인이 인종 간 차이에 있다고 보지 않았다. 그는 인종이 아니라 영양부족이 괴혈병의 원인이라고 생각했다. 가령 백인 선원들은 신선한 채소를 먹을 수 있었지만 아프리카인들은 그렇지 못했다. 인종적 차이에 대한 트로터의 유일한 언급은 백인 괴

혈병 환자에게서 나타나는 "검푸른 점들"이 흑인에게서는 나타나지 않았다는 것이었다.[24]

트로터는 감귤류의 치료 효과에 대한 린드의 이론을 확인했지만, 린드의 주스 조제 방법은 효과가 없다고 주장했다. 가장 좋은 방법은 환자들이 과일에서 직접 과일즙을 빨아먹게 만드는 것이었다. 과일즙은 적절한 방법을 이용하면 오래 보존할 수도 있었다.[25]

트로터는 아프리카인 노예들이 괴혈병에 쉽게 걸리는 것은 부실한 음식 섭취, 운동 부족 등 다양한 요인에 기인한다는 사실을 알아냈다. 또한 트로터는 "괴혈병 발병 위험은 노예들이 배 안의 좁은 공간에 갇혀 겪는 고통으로 인해 상승하는 게 분명하다"고도 썼다.[26] 의료 인류학자들이 빈곤, 폭력 등의 억압이 어떻게 질병 발생율과 중증도를 높이는지 설명하기 위해 "구조적 폭력structural viloence"라는 말을 만들어내기 훨씬 전에 트로터는 노예들이 겪는 고통과 괴로움이 질병 발생 확률을 높인다는 사실을 인식했다.[27] 그는 개인의 특징이나 인종 정체성보다는 노예무역 자체에 초점을 맞췄다. 아프리카에서 카리브해로 이송되면서 노예들이 당하는 폭력과 잔혹 행위 자체가 엄청난 영향을 미친다는 생각이었다. 트로터는 "아프리카인 노예들이 자유를 박탈당한 채 고향을 떠나면서 친구들과 마지막 작별을 할 때 이별의 고통을 느끼지 않는다고 생각하는 것은 잘못된 일"이라고도 썼다. 수많은 아프리카인 여성이 항해 중에 "격렬한 발작"을 일으켰고, 밤이면 갑판 아래에서 "끔찍한 신음소리"가 들렸다. 아프리카인 중 일부는 카리브해에서 노예로 팔리기보다는 배에서 뛰어내려 스스로 목숨을 끊는 것을 선택했다.[28]

트로터는 국제 노예무역의 잔인성과 폭력성이 아프리카인 노예들을 괴혈병에 더 취약하게 만들었다고 강조했다. 그는 부실한 음식 섭취, 물 부족, 운동 부족과 혼잡한 노예선 바닥의 열악한 생활환경이 결합돼 괴혈병을 악화시킨다고 생각했다. 이 믿음에 따라 그는 향후 노예선에는 아프리카인들을 적게 싣고 질 좋은 음식과 감귤류, 충분한 물을 제공해야 한다고 주장했다. 나아가 노예상들이 노예들에게 운동을 더 많이 시켜야 한다고 말했다. "춤을 추도록 만들어야 한다. 춤은 운동도 되지만 즐거움을 주고, 생각을 바꾸게 만들 수 있으며, 기분을 밝게 해준다"고 역설하기도 했다. 그러면서 이런 방법이 강제가 아니라 부드럽게 실행되어야 한다고 권고했다.[29]

아프리카인 노예들이 견뎌내는 끔찍한 상태에 대한 트로터의 관심이 그의 연구에 영감을 준 것은 확실하다. 하지만 트로터는 18세기 공기화학 발달에도 영향을 받았다. 공기화학은 수많은 의사들에게 사람들로 가득 찬 환경이 공기의 질을 어떻게 변화시키는지 생각하게 만든 화학 분야다.[30] 트로터는 공기 순환을 확실히 하기 위해서는 더 큰 노예선에 더 적은 수의 노예를 수용하며, 배의 곡물창고 역시 최대한 공기가 잘 통하도록 만들어야 한다고 강조했다.[31]

괴혈병에 대한 트로터의 연구는 공기화학에 의존하는 동시에 공기화학 발달에 기여했다. 트로터는 "공기화학 연구는 보석 같은 지식들을 쏟아내고 있다"라고 말하기도 했다. 그는 산성을 지닌 과일들이 괴혈병 치료에 효과적인 이유로 그 과일에 "생명의 공기" 즉 "산소"가 포함돼 있기 때문이라고 주장했다. 그는 신선한 공기의 중요성을 강조하면서 "노예들이 있는 공간은 더러운 공기와 탁한 날숨으로 가득

차 오염돼 있기 때문에" 병에 걸리기 쉽다고 강조하기도 했다.[32]

트로터는 브룩스 호의 아프리카인 노예 관찰에 의존해 연구를 했음에도 막상 논문을 발표할 때는 서론에서 "수많은 사례"라는 표현으로 뭉뚱그렸다. 이 표현은 경험적 관찰에 의존했음을 강조함으로써 연구에 적합성을 부여하지만, "수많은 사례" 대부분이 사실 아프리카인 노예 관찰임을 숨기기 위한 방편이었다. 동료 의사들을 독자로 하는 논문을 쓰면서 트로터는 노예선 바닥의 상태가 어떻게 건강에 안 좋은 환경을 만들었는지, 자신이 그 환경을 어떻게 분석해 괴혈병의 원인, 치료법, 예방법에 대한 이론을 만들어냈는지에 대해서는 숨기는 의학용어를 사용한 것이다. 그 결과, 새로운 과학 지식의 발견에서 핵심적인 역할을 한 아프리카인 노예들은 의학사에서 사라지고 말았다.

트로터에게 배 밑바닥의 혼잡한 환경은 신선한 공기의 필요성을 증명하는 데 도움을 주었고, 새로운 연구 분야인 산소 연구에 과학적인 증거를 제공했다. 사람들로 가득 찬 환경과 신선한 공기 부족이 사망과 질병의 원인이 된다는 생각은 상식적으로 그럴듯해 보이지만, 당시 이 견해는 사실로 받아들여지지 않았다.[34] 《의학철학》에서 로버트 손튼은 트로터의 노예선 상태 묘사를 "공기 공급"의 필요성을 보여주는 여러 사례 중 하나로 인용한다. 손튼은 윌슨이라는 노예상이 아메리카에서 팔기 위해 구매한 아프리카인 노예 2,064명 중 586명이 항해 도중 사망했는데, 그 원인은 노예들이 노예선에서 너무 밀집한 상태로 수송됐기 때문일 것이라고도 썼다.[35] 그는 캘커타의 영국군 포로들 사례를 들어 이 주장을 펼치기도 했다. 다시 말해 감옥과 노예선, 병원과 교도소의 상태가 당시의 의사들에게 환기의 중요성을 인식시키는 데 도움이 됐다는 뜻이다.[36] 노예선의 상태에 대한 트로터의 묘사는 의학철학자와 사법당국 사이의 논쟁에 중대한 영향을 미치기도 했다.

1790년 트로터는 국제 노예무역에 반대하는 증언을 하기 위해 하원특별위원회 위원들 앞에 섰다. 그는 브룩스 호의 갑판 아래 공기가 부족했다며 자신이 숨을 쉬기도 힘들었다고 증언했다. 그는 "노예들이 살기 위해 온갖 노력을 힘겹게 하는 것을 자주 목격했습니다. 그들의 노력은 더러운 공기를 이용해 실시하는 실험에서 죽어가는 동물들, 공기펌프를 단 채 숨이 끊어져 가는 사람들이 하는 노력과 다르지 않았습니다."라고 증언했다. 그는 노예들이 "'숨이 막혀 죽겠다'라는 말을 자신들의 언어로 외쳤다"고도 했다.[37] 트로터의 증언은 노예제 폐지 운동을 지지하는 동시에 신선한 공기의 필요성에 대한 이해를 증진하기 위한 것이었다.[38] 트로터의 괴혈병 관련 논문은 노예선에 승선한 노예들의 영양 공급과 운동 그리고 노예 수용 공간의 청결을 위한 원칙을 제시하면서 다음과 같은 말로 마무리됐다.

이 모든 원칙은 어떤 상황에서든 반드시 지켜져야 하며, 이 원칙들을 지키기 위해서는 가장 관대한 수단이 사용돼야 한다. 그럴듯한 말이 필요할 때도 있지만, 무엇보다 중요한 것은 잔혹함이 사라져야 한다는 사실이다. 사람들은 자신이 인간의 권리, 형제의 권리를 짓밟고 있다는 점을 명심해야 한다.[39]

괴혈병과 배 밑바닥의 공기 부족이 괴혈병에 미치는 영향에 관한 트로터의 의학적 분석은 질병에 대한 역학적 접근법 개발을 위한 중요한 사례연구를 제공했다. 트로터는 정부 관료들에게 질병 예방을 위한 권고를 했는데, 그의 이런 권고는 나중에 역학 실무에서 관례가 됐다. 또한 트로터는 질병과 고통 발생에 영향을 미치는 사회적 조건들에 대해서도 연구했다. 그러니까 공중보건의 기반인 집단 차원의 건강에 대한 연구였다. 노예들이 배에서 병에 걸리는 현상은 인간이 만든 환경과 인간의 결정이 어떻게 질병의 확산으로 이어질 수 있는지 보여주는 극명한 사례였다.

아프리카인 노예들이 "숨이 막혀 죽겠다"고 자국어로 말하던 상황을 묘사한 트로터의 증언은 산소의 중요성을 다룬 의학 논문들에서 인용됐다. 공기화학의 주창자인 로버트 손튼은 1796년에 출간한 《의학의 요체*Medical Extract*》 1권 제2부 '동물의 몸에서 산소가 하는 역할 그리고 생명유지에 필수적인 작용과 자발적 작용의 근원'에서 산소의 역할에 대해 자세히 다루기도 했다. 손튼은 프리스틀리나 라부아지에 같은 유명한 과학자와 의사들의 이론과 함께 트로터의 이론을 다뤘다. 프리스틀리나 라부아지에의 연구는 실험실의 실험에 기초한 것이었고, 트로터의 연구는 노예선에 실린 노예들을 관찰한 결과였지만 18세기 말의 의학계에서는 이 두 종류 연구가 대등하게 취급됐다. 가령 《의학의 요체》 부제는 '실증적 관찰로 규명한 건강의 속성: 신경계와 섬유질계의 작동 원리On the Nature of Health, with Practical Observations: and The Laws of Nervous and Fibrous Systems'였는데, 손튼은 이 책에서 음식 섭취, 운동, 옷에 대해 다루면서 공기화학의 부상에 따라 발전한 새로운 연구 분야인 "산소의 역할"을 의학계가 주목해야 하는 이유를 트로터의 관찰에서 찾아야 한다고 강조했다. 당시 "실증적 관찰"이라는 말은 의사들이 환자의 과거 병력에 관한 사례연구를 기초로 자신의 주장을 펼 때 쓰는 용어였다. 역사학자를 비롯한 대다수 학자들은 프리스틀리와 라부아지에가 산소 연구에 기여했다고 기억하지만, 트로터가 노예 관찰을 통해 증거를 제시함으로써 프리스틀리와 라부아지에의 이론이 비로소 입증됐다는 사실은 간과한다.[40]

* * *

노예선에서 신선한 공기가 중요하다는 이론은 18세기 후반 영국의 자선가이자 교도소 개혁가인 존 하워드가 시작한 교도소 개혁 활동이 급물살을 타던 상황과 맞물려 주요 관심사로 떠올랐다. 베드포드셔 주의 주도인 베드포드의 사법행정 책임관으로서 교도소 관리감독 업무를 맡게 된 하워드는 교도소가 재소자들에게 받는 감금 비용을 지불하지 못한 탓에 재소자 대부분의 형기가 점점 늘어나고 있다는 사실을 알았다. 하워드는 이런 관행이 무죄일 수도 있거나 경범죄로 수감된 재소자들에게 특히 가혹한 관행이라고 판단했다.[41] 교도소의 이런 관행을 비롯해 갖가지 열악한 환경에 충격을 받은 하워드는 1773년에서 1774년으로 이어지는 겨울을 영국 전역의 교도소를 조사하면서 보냈고, 그 후에는 유럽 대륙의 교도소들을 조사했다.

이렇게 교도소 실태를 조사하는 동안 하워드는 관찰 결과를 수집하고 기록하는 체계적인 루틴을 따랐다. 교도소에서 조사를 마친 후에는 그 지역 여관에서 하룻밤을 보내며 자신이 관찰한 상황을 기록하곤 했다. 그는 각 시설에 몇 개의 방이 있는지 세어보고, 그 방의 크기를 피트와 인치 단위로 측정했으며, 한 방에 몇 명이 수용되는지 기록했다. 하워드는 어느 교도소가 대낮에 남성 재소자들이 여성과 만날 수 있도록 허용하는지, 지적장애가 있는 사람들과 정상인들을 같이 수용하는지, 소년을 수용하는지도 조사했다.

하워드는 교도소의 사회·물리적인 상태뿐만 아니라 재소자들의 건강상태도 기록했다. 그는 대다수 교도소들이 물을 제공하지 않는다는 것을 발견했다. 물을 제공하는 교도소라고 해도 재소자들은 교도관이 물을 줄 때만 마시거나 사용할 수 있었다. 하루에 제공되는 물의 양은 3파인트(약 1.7리터)에 불과했다. 하워드는 공기에 대해서도 조사했다. 그는 신이 모든 사람에게 공짜로 공기를 주기 때문에 재소자들이 공기를 받기 위해 노력을 할 필요가 없다고 생각했다. 하워드는 동물들도 살기 위해서는 신선한 공기가 필요하거늘, 죄수들은 이런 "생명의 진정한 선물"조차 박탈당하고 있다고 기록했다. 그는 죄수들의 폐에 들어가는 공기는 "불결하고 유해한" 공기라고 썼다. 신선한 공기의 중요성에 대해 강조하면서 하워드는 1756년 인도의 감옥에서 질식사한 영국인 병사들의 사례를 언급했다.[42] 하워드가 인도 감옥 사례를 인용했다는 것은 이 사건이 당시 신선한 공기의 필요성에 대해 연구하던 사람들에게 일종의 표준 사례 역할을 했다는 것을 의미한다. 더불어 영국 의학지식이 전 세계 다른 지역들의 사례에 영향받아 발달했음을 보여준다.

교도소의 위생 개혁에 앞장선 존 하워드.

존 하워드가 펴낸 책 《잉글랜드와 웨일즈의 교도소 현황》(1780년)에서는 노역에 시달리는 남성과 여성 수감자들의 현실을 묘사하고 있다. (뉴욕 의과대학 도서관 소장)

하워드는 깨끗한 물, 신선한 공기, 적절한 생활환경 같은 기본적 요소의 부족이 전염병 발생으로 직결된다고 생각했다. 그는 "감옥열 jail fever", 천연두 같은 질병들이 사람으로 가득 찬 환경과 형편없는 교도소 구조 때문에 발생한다고 주장했다.[43] 감옥열은 18세기 의사들이 교도소 같은 비좁은 환경에서 발생하는 열병을 일컫는 말이었다. 당시 감옥열이란 말은 다양한 질병을 포괄했지만, 현재는 보통 발진티푸스typhus를 뜻한다.

당시의 많은 사람들처럼 하워드도 감염된 재소자들이 다른 재소자들에게 병을 퍼뜨린다고 생각했다.[44] 하워드는 레몬을 괴혈병 치료제로 사용한 의사 제임스 린드의 논문을 인용해 "영국 육군과 해군의 감염원은 교도소가 확실하다"면서, 미국 독립전쟁에 파견된 영국 전함들이 2,000명의 군인을 잃은 것은 교도소에서 감염된 사람들이 퍼뜨린 질병 탓이라고 주장했다.[45]

교도소 환경에 대한 관찰을 기초로 하워드는 개선 권고안을 제시했다. 재소자들을 한 명씩 따로 수용해서 과도하게 많은 사람을 한꺼번에 몰아넣은 감방의 불결한 공기가 미치는 나쁜 영향을 막아야 한다는 내용이었다.[46] 하워드는 "신선하고 달콤한 공기"와 "열린 창"의 중요성을 강조했으며, 죄수들이 "적절한 시점에 밖에서 공기를 마실 수 있게 만들어야 한다"고 주장했다.[47] 하워드의 권고안을 담은 보고서는 정부 관료들이 교도소의 구조를 다시 설계하도록 만들었다. 1779년 영국 하원은 도시와 자치구가 하워드의 권고에 기초해 재소자들을 한 명씩 수용하는 감방을 만들도록 하는 교도소법을 통과시켰다. 이 법에 따라 지역 행정관들은 교도소를 새로 지을 때 죄수를

한 방에 한 명씩 수용하라는 하워드의 권고에 따르게 됐다.[48]

하워드는 네덜란드, 독일, 러시아 등 유럽 전역을 돌아다니면서 교도소 조사를 이어갔다. 모스크바의 한 교도소에서는 남자들이 벽에 사슬로 묶여 있었지만 여자들은 그렇지 않았다. 부트리카의 군 교도소에서는 수많은 죄수가 한 방에 수용됐으며, 그 죄수들의 얼굴은 "창백하고 병든 모습"이었다. 하워드는 표트르 대제가 세운 군 병원 내 교도소도 조사했다. 이 교도소는 하워드가 처음 방문했을 때는 "더럽고 역겨운" 곳이었지만, 나중에 러시아 의사와 함께 다시 방문했을 때는 "훨씬 깨끗해져 있었다."[49] 하워드의 개혁 운동 이후 영국의 지방 관리와 중앙 관리들은 죄수들의 건강상태를 개선하기 위해 정기적으로 교도소를 조사했다. 이런 조사들이 이어지면서 혼잡한 환경이 질병을 확산시킨다는 사실이 속속 드러났다.

이렇듯 교도소들은 질병 발생을 눈으로 볼 수 있게 만드는 데 도움을 줬다. 또한 교도소들은 전염병의 확산과 신선한 공기의 필요성에 관한 당시의 최신 의학 이론을 입증해주는 실험실 역할을 했다.[50] 이런 과정을 통해 학자들은 전염병의 확산 형태를 더 정교하게 이해할 수 있었다. 나아가 교도소 관찰로 증명된 이론들은 위생개혁이 이루어지는 데도 결정적인 역할을 했다. 현재 우리는 감옥열의 원인에 대한 초기 이론들이 틀렸다는 것을 알고 있다. 그럼에도 당시의 이론들이 향후의 지식생산에 중요한 역할을 했던 것만은 확실하다.[51]

사람들이 밀집한 환경이 감옥열의 발생 원인이라는 사실이 드러나면서 의사들은 감옥열 치료법을 개발할 수 있게 됐다. 정부 관료들이 감옥열을 수감생활로 인해 발생하는 자연스럽고 예측 가능한 결과라고 생각하던 시기에 이 질환은 감옥 안에서 창궐했다. 반면 환경적인 요인에 의한 의학적 질환이라고 여기기 시작한 이후 교도소 내 감옥열 발생은 획기적으로 줄었다.[52] 교도소에 대한 하워드의 논문이 발표되고 한 세기가 지난 뒤 의학저널 〈랜싯〉에 사람들로 가득 찬 환경과 질병의 확산 사이 연관관계를 추적한 교도소 의료감시관 R. M. 고버R. M. Gover의 논문이 실렸다.[53] 배종설胚種說, germ theory이 질병의 원인에 대한 시각을 근본적으로 바꿔놓았던 시점, 세균학 혁명이 정점을 이루던 시점인 1895년에 발표된 고버의 논문은 하워드의 교도소 개혁 활동이 감옥열 예방에 결정적이고 선구적인 역할을 했다는 점에 초점을 맞췄다.[54]

고버는 이 논문에서 선상의 "감옥열"에 관한 토머스 트로터의 연구도 높이 평가했다. 논문에서 고버는 교도소에서 석방된 지 얼마 안된 사람들이 선원의 대부분을 이루던 HMS 콜로서스 전함에서 1796년 발생한 열병에 대한 트로터의 분석을 언급하면서, "불결한 환경, 굶주림과 추위, 깨끗한 물 공급 부족, 공기 부족과 오염, 햇빛 노출 부족, 게으름, 오물, 무기력함, 슬픔 같은 요인들이 계속 존재한다면" 감옥열과 매우 비슷한 열병이 배 위에서 발생할 것이라고 예측한 트로터를 높게 평가한 어느 영국 의사의 말을 인용했다.[55]

* * *

이처럼 개혁적인 생각을 가진 사람은 트로터나 하워드 말고도 여럿 있었다. 세계 곳곳의 수십, 수백 명 의사들도 사람들로 가득 찬 환경과 신선한 공기 부족에 따른 위험성에 대한 중요한 정보를 제공했다. 가령 런던에서 활동한 에드윈 채드윅Edwin Chadwick 같은 유명한 사회개혁가는 전 세계 차원의 관점을 가지고 있었다. 1842년 채드윅은 영국의 위생상태에 대한 보고서에서 콘스탄티노플의 열악한 위생, 파리의 "오물"과 "비좁음"이 사망률 상승을 일으킨다고 지적했다.[56] 영국과 프랑스의 의사와 개혁가들은 서로 교류했고, 존 하워드는 몇몇 유럽 국가들의 교도소를 더 조사했다. 교도소에 대한 조사를 마친 하워드는 병원의 실태를 취재하기 시작했다. 1785년부터 1786년까지 하워드는 당시 프랑스에서 매우 큰 병원이었던 오뗄디외병원Hôpital de l'Hôtel Dieu을 비롯한 유럽의 여러 병원을 찾았다. 그 결과 병실이 "지저분하고 역겨웠다"고 기록했다. 하워드의 기록에 따르면 이 병원들에서는 환자 2명이 침대 하나를 같이 썼으며, 창문이 모두 닫혀있었고, "의사들은 환기의 중요성을 무시했다."[57]

하워드의 비판에 동의해 1788년 자크르네 테농Jacques-René Tenon이라는 프랑스의 외과의사는 병원의 비위생적인 환경, 특히 환기 부족을 비난하는 보고서를 작성했다. 이 보고서에서 테농은 "병실이 너무 좁고 공기가 정체돼 순환되지 않는다. 또한 빛이 아주 희미하게 들어오고 공기는 수증기로 가득 차 있다"라고 썼다. 이 보고서에 따르면 아픈 환자와 죽어가는 환자들이 같은 방을 쓰며, 전염되지 않는 병을 앓는 환자와 전염되는 병을 앓는 환자들이 같은 공간에 뒤섞여 있었다. 이런 상황에서 환자들은 한겨울에 "신선한 공기"를 마시기 위해 맨발로 근처에 있는 다리까지 걸어나가곤 했다.[58]

병원의 열악한 상태는 프랑스 혁명가들이 새로운 의료시스템을 확

립하도록 이끌었다. 계몽주의의 합리와 질서의식에 기초해 프랑스
혁명가들은 하워드가 관찰한 병원의 빈민과 환자, 죽은 사람과 산 사
람, 남성과 여성을 분리시켰다. 그 결과 프랑스 전역에서 적절한 환
기와 위생 조치가 시행되는 병원이 더 많이 세워졌다.

　18세기 후반 프랑스에서 시행된 추가적인 조치들은 라부아지에의
산소 연구에 영향받아 병원과 교도소의 위생개혁 및 신선한 공기 공
급을 강조하는 것들이었다.[60] 프랑스의 유명한 의사 프랑수아-조세
프 빅토르 브루새François-Joseph Victor Broussais는 질병의 원인, 특히 공기
가 몸의 장기들을 과도하게 자극할 수 있는 방식에 관심을 가졌다.
브루새는 찬 공기, 음식, 약물, 수증기가 몸의 장기들을 과도하게 자
극해 열병으로 이어지는 자극 상태를 일으킨다고 생각했다.[61] 새로운
의학적 치료법을 고안한 다른 많은 의사들이 그렇듯이 브루새도 군
의관 경험이 있는 의사였다. 브루새는 영국과 전쟁에서 해군 군의관
으로 3년 동안 복무한 뒤 나폴레옹이 지휘하는 육군의 군의관이 되
어 스페인, 독일, 네덜란드, 이탈리아에서 10년 넘게 근무했다. 브루
새가 질병의 원인에 대한 이론을 고안한 것이 바로 이 시기였다.[62] 이
기간에 브루새는 외국 땅의 기후에 대해 잘 알게 됐고, 이런 지식은
훗날 그가 결핵 발병 이론을 만들어내는 데 영향을 미쳤다. 결핵 특
유의 병변에 대해 브루새는 "결핵을 일으키는 결절은 춥고 습기가 많
은 나라에서 흔하게 형성되며, 따뜻한 기후에서는 거의 나타나지 않
는다. 결절은 추운 지역에서 지내는 사람들에게서 흔하게 형성된다.
이전에도 반복적으로 말했듯이, 이 이론은 20년 동안 군의관으로 지
내면서 검증한 것"이라고 썼다.[63]

1832년 콜레라가 유행해 인도, 유럽, 아메리카대륙을 포함한 전 세계로 확산하자 이 분야에서 독보적이던 브루새의 위상은 추락했다. 장기의 생리학적 기능과 염증을 강조한 브루새의 이론으로는 콜레라 유행병의 원인을 설명할 수도, 콜레라 치료법에 관한 이론도 만들어 낼 수 없었기 때문이다.[64]

한편 미국, 카리브해 지역, 남아메리카에서 황열병을 연구한 뒤 1822년 프랑스로 돌아와 이 분야의 권위자가 된 프랑스 의사 니콜라 셰르방Nicolas Chervin은 황열별이 미아즈마miasma, 즉 인간과 인간 간 직접 접촉을 통해 옮는 것이 아니라 공기를 통해 질병을 전염시킬 수 있는 수증기에 의해 발생한다고 생각했다.[65] 몇 년 후 프랑스에서 콜레라가 유행했을 때 셰르방은 감염설(감염설은 "한 사람에서 다른 사람으로 감염"되는 것을 감염 경로로 여기는 반면, 이와 대립하는 장기설은 "공기에 의한 감염"만 질병 감염의 경로로 여겼다-옮긴이)에 반대하는 입장을 유지했다. 그는 콜레라의 폭발적인 유행으로 사망자가 속출하고 있는데도 이 병이 한 사람에서 다른 사람으로 감염되는 것이 아니라고 주장했다. 셰르방은 죽을 때까지 이 신념을 바꾸지 않았지만, 그의 이론 자체는 당시 성장하고 있던 역학 분야에 중요한 영향을 미쳤다고 할 수 있다. 셰르방은 콜레라가 수인성 전염병(물을 통해 전파됨으로써 발생하는 질병)이라는 것을 알지 못했다. 다만 주변 환경에 대한 그의 연구는 콜레라에 대한 이후의 역학 연구 발달에 영향을 미쳤기 때문이다.[66]

19세기 초반 프랑스 의사들은 콜레라를 비롯한 질병들의 근본적인 원인을 밝혀내지는 못했다. 그럼에도 질병들과 관련된 통계학, 생리학, 해부학 분야에서 성과를 이뤄냈다. 이들의 과학적 이해는 제한적이고 때로 부정확했지만, 연구방법 자체는 혁신적이었기 때문이다. 이들은 병원을 위생적인 상태로 유지하고 건강에 더 좋은 환경을 만들기 위한 여러 방법을 고안했다. 프랑스의 각 지역 관리들은 자발적으로 건강위원회를 설립했고, 시민들은 건강에 더 좋은 환경을 만들기 위한 조직을 꾸렸다. 그들의 이런 노력으로 나라 풍경이 실제로 바뀌기 시작했다. 동물의 사체가 길거리에서 치워지고, 하수도와 배관시설에 더 엄격한 기준이 적용되기 시작했으며, 공중목욕탕의 수가 늘어났다. 의사들은 질병을 발생시킬 것으로 여겨지는 장소를 정확하게 찾아냈다. 하지만 더 중요한 사실이 있다. 의사들이 시민과 정부에 건강 문제를 경고하고, 질병 발생 가능성을 높이는 사람들을 비난하는 공공 논의를 시작했다는 점이었다.[68]

프랑스 의사들은 질병 전파에 관한 논의 방식을 만들어냈으며, 이 방식은 역학적 원리의 출현을 촉진했다.[69] 이들이 벌인 위생 운동 덕에 사람들로 가득 찬 공간이 지닌 건강 위협 요소들이 밝혀졌다. 환경과 질병의 상관관계를 논의하는 과정에서 공기에 대한 새로운 관점을 제공함으로써 역학 발전의 기초를 확립했다. 유럽을 비롯한 세계 다양한 지역 사람들이 유행병 확산의 원인이라고 믿었던 미아즈마가 아니라, 사람들로 가득 찬 공간이 질병 발생의 원인이라는 점을 강조했기 때문이다. 일부 미아즈마 설 지지자들은 여전히 "밤공기"와 "더러운 공기"에 대한 견해를 설파했지만 말이다. 그들은 사람으로 가득 찬 공간을 질병 발생의 온상으로 마지못해 지목하면서도 물리적인 환경에 의한 공기의 움직임보다는 썩은 채소나 사체에서 나오는 공기의 움직임에 집중하려고 안간힘을 썼다.

영국과 프랑스의 의사들 중에는 세계 여러 지역의 피지배자들 사이에서 전염병이 퍼지는 현상을 연구한 사람이 많았다. 1783년부터 1794년까지 미국 독립전쟁과 그레나다에서 군의관으로 복무한 영국 외과의사 콜린 치즘Colin Chisholm은 1795년 출판한(1801년에 재판이 나왔다) 서인도제도의 황열병 유행에 관한 책에서 사람들이 많은 환경의 위험성에 관해 다루면서, 황열병이 전염병이라고 주장했다. 치즘에 따르면 "그레나다의 수도 세인트조지의 하층민들", 특히 "선원, 군인, 흑인 짐꾼들"은 좁은 건물과 골목에서 불법적으로 럼주를 팔고 마셨다. 그에 따르면 이 공간에서 "그들은 쉽게 취했고, 덥고 악취 나고 감염된 공기 속에서 여러 사람이 모여 술을 마시다 정신을 차리곤 했다. 이들이 정신을 차렸을 때는 대다수가 이미 매우 심한 열병에 걸려 있었다."[70]

치즘이 쓴 책의 가치는 과학적 정확성보다는 혼잡한 상황을 1인칭 시점으로 관찰해 그 결과를 이론으로 제시했다는 데 있다. 가난한 백인 선원과 흑인 짐꾼들로 구성된 "하층 계급"을 관찰하면서 치즘은 사람이 많고 비좁은 환경이 질병 확산을 어떻게 촉진하는지 알아냈다. 카리브해 지역의 생활환경은 치즘의 주장을 뒷받침하는 강력한 증거였다.[71]

당시의 수많은 학자들처럼 대다수 의사들 역시 가난한 사람들은 선천적으로 질병에 취약하며 병을 퍼뜨린다고 봤다.[72] 하지만 가난한 그들이 의학적 연구 대상이 되면서 상황이 달라졌다. 공중보건의 핵심적 원칙 중 하나인 신선한 공기와 환기의 중요성은 가난한 사람들의 붐비는 생활환경에 대한 관찰로부터 형성된 것이다. 아프리카인 노예와 죄수들을 비롯한 가난한 사람들은 질병을 가시적으로 만들었고, 의사들이 유행병 확산을 이해하고 연구하는 대상이 되었다. 그레나다는 대영제국의 일부였기 때문에 치즘은 자신이 묘사한 백인과 흑인들의 생활환경을 자세하게 살펴볼 수 있었다.

하워드가 교도소 내 질병 예방 조치들을 제안한 것처럼, 치즘도 다양한 예방 조치들을 제안했다. 치즘의 제안에는 그레나다의 생활환경과 위생시설 개선 방안이 포함됐다. 그는 나무로 된 작은 집들을 없애고 돌과 벽돌로 다시 지을 것을 제안했으며, 좁고 더러운 거리는 공기가 순환되는 넓은 거리로 대체할 것을 피력했다. 또한 "악취가 나는 내장과 고기"로 질병을 퍼뜨리는 것을 막기 위해 도살업자들이 마을 중심부에서 멀리 떨어진 곳에서 동물들을 도살해야 하며, 그들의 작업장과 좌판은 환기가 잘되고 흐르는 물을 이용할 수 있는 장소에 마련돼야 한다고 주장했다. 묘지 역시 마을 중심부에서 멀리 떨어진 곳에 조성해야 한다고도 그는 조언했다.[73]

*　　*　　*

대영제국이 세계의 다른 지역, 특히 인도로 확장되면서 치즘과 같은 사례연구는 더 늘어났고, 이는 질병역학 연구 및 발전에 기여했다. 19세기에 많은 영국 의사들이 군의관으로 인도에 파견되면서 열대 환경이 건강에 미치는 영향을 연구하기 시작했다.[74] 그들의 연구는 특히 인도의 교도소에 집중됐다. 군의관들은 교도소 환경에서 발생하는 질병과 증상을 체계적으로 분류하고 질병 발생률 및 사망률 통계를 작성했다. 통계적 사고에 기초한 이들의 활동은 추후 역학 발전에 많은 영향을 끼친다.[75] 하지만 트로터나 하워드 같은 사람들의 연구 결과가 널리 알려졌음에도 불구하고 젊은 군의관들은 붐비는 공간이 어떻게 질병을 발생시키는지, 영국군 포로들이 인도 감옥에서 어떻게 질식사했는지 제대로 알지 못했다. 따라서 식민지 임무를 수행하는 군의관 대부분은 직면한 위기에 대처하기 위해 자신만의 이론을 만들었다.

국제 노예무역 같은 식민주의적 활동이 늘어나자 의사들은 본국 밖에서 의학 이론을 양산하기 시작했다. 가령 인도의 한 지역 병원 감찰관으로 복무하던 데이비드 그리어슨 소령은 인도 주둔 영국군의 건강상태에 대한 1852년 논문에서 군인 막사와 병원 건물의 환기 및 신선한 공기의 중요성에 대해 다뤘다.[76]

그리어슨은 이 논문에서 카라치의 교도소에 대해 자신이 작성했던 이전 보고서 내용을 인용해 "환자들을 위한 공간은 매우 좁았으며, 그 좁은 공간이 실제로 매우 나쁜 영향을 끼친 것 같다"고 언급했다. 그리어슨은 교도소, 병원, 막사에서 개인에게 얼마나 많은 공간을 할당해야 신선한 공기가 충분히 공급될 수 있는지에 대해서도 언급했나. 한 사람에게 필요한 최소 공간을 설명하면서 그는 43m³를 제안했던 영국 의사 데이비드 레이드의 주장을 인용했지만 그 정도 공간은 "낭비"라고 말한 다른 의사들의 의견도 언급했다. 그리어슨은 유럽에서는 환기가 잘되는 공간이 28~43m³로 충분하지만, 인도처럼 더운 기후에서는 공간이 훨씬 더 넓어야 한다고 지적했다.[77]

그리어슨은 런던, 더블린, 에든버러 같은 대도시 병원과 지역 병원들, "영국 전역과 영국 해군 및 육군의 종합병원들"의 1인당 공간이 28m³에 훨씬 못 미친다는 이유로 일부 관료들이 자신의 결론에 동의하지 않는 현실도 언급했다.[78] 그리어슨은 자신의 결론에 비판적인 시각을 드러내는 사람들은 "유럽인이 원주민들"보다 더 많은 공간을 가져야 한다고 생각하는 듯하다고도 썼다. 그는 라부아지에를 비롯한 19세기 초반의 여러 과학자들이 공간과 신선한 공기 사이의 상관관계에 대해 제시한 계산을 근거로 들며 비판자들의 의견을 조목조목 반박했다.

그리어슨은 "습한 공기, 고온, 호흡에 의한 산소 고갈, 탄산가스" 같은 요인에 의해 공기 질이 떨어질 수 있다는 주장을 뒷받침하기 위해 다른 사례연구들을 언급했다. 사람들이 내쉬는 공기에서 나오는 수증기가 유해하다는 것을 보여주기 위해 "매우 추운 날, 창문이 하나밖에 없고 난로 하나가 있는 작은 방에 여러 사람이 모여 입김과 땀을 배출하는 러시아 하층민의 방"을 예로 들었다. "수분을 머금은 촛불과 난로의 연기가 응축돼 창문 안쪽에도 두꺼운 얼음층이 생기는 이런 방에서는 해빙이 되면 얼음층이 녹아 물이 되고 그 안에 있던 나쁜 공기들과 섞여 석탄 연기에서 나오는 유해한 요소와 비슷한 작용을 한다"며 이 해로운 것들에 피해를 입은 사람들은 집 밖으로 옮겨져 "자연스러운 혈색이 회복될 때까지" 바깥 공기를 마시면서 눈을 몸에 문지르고 찬물을 마셔야 한다고 설명했다.[79] "하층민 집"에 대한 그리어슨의 묘사는 환기의 중요성에 대한 그의 이론 형성에 러시아의 빈곤층 관찰이 큰 역할을 했음을 드러낸다.

그리어슨은 적절한 환기 시설을 갖춘 건물 설계법을 제안하면서 한 사람에게 허용되는 공간은 자연적인 환기만 되는 경우 85m³, 강력한 환기장치가 있는 경우 51m³가 돼야 한다고 결론지었다. 그는 이런 정량적 분석과 함께 논문을 독자들이 쉽게 이해할 수 있도록 러시아 하층민들의 예를 들어 신선한 공기의 중요성을 강조했다. 러시아 하층민의 이야기는 수학 방정식으로는 부분적으로밖에 설명할 수 없는 현상을 선명하게 드러낸다.

그리어슨 같은 식민지 정권의 군 의료 관계자들은 질병의 원인과 확산을 설명하기 위한 구체적 사례연구에 눈을 돌렸다. 또한 그들은 혼잡한 공간의 위험성을 알리고자 통계와 공학적 원리에 점점 더 집중하기 시작했다. 20세기 후반의 역학 연구자들처럼 그들 역시 질병 확산을 막으려는 노력만큼이나 질병의 확산을 이해하는 데 많은 시간과 열정을 쏟았다.

질병 예방 및 위생 연구는 런던, 파리, 뉴욕처럼 사람들이 좁은 건물에 밀집해 사는 복잡한 대도시, 돼지들이 빈민가 여기저기를 돌아다니고 분뇨가 길거리에 쌓인 대도시를 깨끗하게 만들었던 노력에 대부분 집중된다.[81] 도시개혁 운동은 붐비는 환경이 어떻게 신선한 공기 순환을 방해하고 질병을 촉진시키는지를 대중적으로 알렸지만, 의사와 위생학자의 우려를 불러일으킨 공간은 이곳만이 아니었다.[82]

식민주의와 노예제는 위생개혁의 주요한 전환점이라 할 19세기 중후반 도시개혁이 이뤄지기 전까지 심각한 수준의 혼잡 환경을 만들어낸 주범이기도 하다. 식민주의 팽창으로 새로운 지역에 배치된 의사들은 그곳에서 전염병의 원인과 확산에 관한 의학 이론을 고안해냈다. 많은 사람을 좁은 공간에 가두는 국제 노예무역 관행은 의료 위기를 낳았고, 이 위기가 새로운 의학 이론을 탄생시키는 데 도움을 준 것이다. 노예선은 중요한 조사 대상이었지만, 트로터의 노예제에 관한 논문에서처럼 대부분 "사례" 또는 "선박"이라는 말로만 저널과 보고서에서 표현됐다. 이는 신선한 공기의 중요성에 관한 논의에서 노예제를 지우는 의도치 않은 효과를 낳았다.

식물에서 배출되는 기체를 포집하는 장치로 찬사를 받은 스티븐 헤일스는 배에서 사용할 수 있는 환기장치를 발명했지만, 그 배의 대부분이 아프리카인 노예를 태운 배라는 사실은 구체적으로 밝히지 않았다. 1741년 헤일스는 이 환기장치의 중요성에 관한 첫 논문을 영국왕립학회에 제출했다. 200쪽 넘는 이 논문에서도 헤일스는 노예제에 대해서는 거의 언급하지 않았다. 얼마나 많은 사람이 모여 있을 때 환기장치를 작동시켜야 하는지 설명하면서 "수송선, 가령 기니에서 출발한 노예선에 200명가량이 탔다고 가정할 때" 환기장치는 이틀에 한 번, 30분 동안만 가동하면 될 것이라고 쓴 게 노예제에 대한 언급의 전부였다.[83]

그로부터 10여 년 뒤인 1755년, 즉 캘커타 블랙홀의 악명 높은 사건이 발생하기 1년 전 왕립학회에 제출한 두 번째 논문에서 배의 환기장치가 얼마나 중요한지 증명하기 위한 핵심 근거로 헤일스는 노예선을 명시적으로 언급했다. 〈노예선 등 수송선박 내에서 사람들의 건강과 생명 보존에 있어 대부분의 경우 환기장치가 큰 역할을 하는 이유〉라는 제목의 이 논문에서 헤일스는 노예선, 죄수나 정착민을 수송하는 배 등 다양한 선박에 탑승했던 고위 관료들의 말을 인용해 환

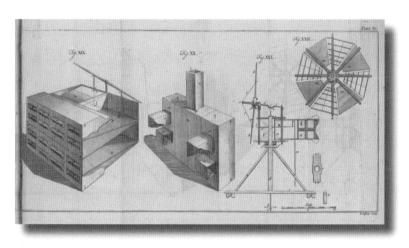

스티븐 헤일스가 설계한 환기장치

환기를 통해 병원이나 선박, 감옥의 질병을 예방할 수 있다고 생각한 스티븐 헤일스는 1758년 발표한 논문에서 자신이 구상하는 환기장치를 상세한 도면으로 그려 설명했다.

기장치의 중요성을 강조했다. 헤일스는 392명의 노예를 태우고 서아프리카 기니를 출발해 아르헨티나 부에노스아이레스로 가는 동안 이 질로 추정되는 증상이 발현된 상태에서 배에 탄 아프리카인 노예 12명을 제외하고 나머지 모든 노예가 대서양을 가로지르는 위험한 여행에서 살아남았다는 한 선장의 증언을 인용하기도 했다.[84]

헤일스는 1758년에 발표한 논문에서 "배에 탄 사람들의 건강과 생명을 보존하기 위해, 그리고 정비를 위해 오랫동안 사용되지 않고 대기 중인 배가 썩는 것을 방지하기 위해" 환기장치를 반드시 사용해야 한다고 주장했다. "좁은 공간에 축축하고, 오염되고, 악취가 나는 공기가 정체되어 생기는 여러 불행을 막으려면 배의 공기를 자주 순환시켜 공기가 부패할 틈을 주지 않는 수밖에 없다"는 설명이었다.[85] 환기장치가 공기 순환을 촉진해 혼잡한 배, 병원, 교도소에서 발생하는 "감옥열" 확산을 예방할 수 있다고 생각한 것이다.[86]

환기장치가 필요하다는 증거를 제공하기 위해 헤일스는 노예선을 예로 들었다. 그는 "환기장치를 설치한 어느 리버풀 선박에서는 애초 탑승한 노예 800명 중 단 한 명도 죽지 않았다"면서 "항해 중에 태어난 아기 한 명만 사망했다"고 썼다. 이에 반해 "환기장치가 없었던 다른 노예선들에서는 사망자가 30~60명에 이르렀다"고 그는 덧붙였다.[87] 1758년 논문에서 헤일스는 환기장치가 "아프리카에서 프랑스령 식민지 플랜테이션으로 가는 배에 실린 귀중한 화물들(노예들)의 사망률을 종전 25%에서 5% 미만으로 낮췄다"는 한 프랑스 의사의 편지를 인용하기도 했다.[88] 의사들이 자신의 주장을 뒷받침하는 증거로 의료 관계자들의 편지를 인용하는 것은 드문 일이 아니었지만, 특히 이 편지는 노예선상의 혼잡 상태에 대한 연구가 어떻게 대영제국을 넘어 프랑스 제국까지 확장되었는지를 보여준다.

헤일스는 환기장치의 필요성에 대한 강력한 증거를 배에 탄 노예들에게서도 찾았다. 1755년 논문에서 그는 "승객, 노예, 소 그리고 부패하기 쉬운 상품들"을 실은 배에 환기장치가 거의 사용되지 않고 있다고 탄식하는 한 선장의 편지를 인용했다. 이 선장은 환기장치를 사용하자 15개월 동안의 항해에서 노예가 "6명밖에" 사망하지 않았다며 "나머지 흑인 노예 340명은 지속적인 환기가 주는 혜택에 매우 민감했으며, 환기를 중단했을 때는 불쾌감을 드러냈다"고 썼다.[89]

선장이 환기 상태에 대한 아프리카인 노예의 반응을 편지에 쓴 것은 그들이 의학과 과학의 발전에 어떻게 기여했는지 뒷받침하는, 미묘하지만 강력한 단서가 된다. 1756년에 이르자 의료 전문가들은 혼잡한 상황이 질병 확산을 야기한다는 것을 깨닫기 시작했다. 인도에 주둔했던 영국군 포로들의 증언은 혼잡한 공간의 위험성에 대한 직접적인 증언이었다. 헤일스의 논문에 실린 사례들은 노예선의 혼잡한 환경이 어떻게 사망률을 폭발적으로 높이는지 목격한 승객들의 증언으로 구성돼 있었다. 헤일스는 자신이 발명한 환기장치가 노예선뿐만 아니라 모든 배에서 발생할 수 있는 위기 상황을 해결할 수 있다고 주장했다. 환기장치는 승객, 화물, 곡식의 수송이 안전하게 이뤄질 수 있도록 돕는 도구였다. 나아가 그들이 선원들에게 환기장치를 작동시켜달라고 요청했다는 사실은 노예선에서 환기장치가 얼마나 효용이 높은지 보여주는 결정적인 증거였다.

노예선에 탑승한 일반 승객, 선원, 군인들의 상황에 비해 같은 배에 실린 아프리카인 노예들의 상황은 매우 열악하고 끔찍했다. 의학적인 맥락에서 볼 때 신선한 공기를 갈구하는 노예들의 울부짖음은 환기장치의 효용을 증명하는 강력한 증거였다.[90] 흔히 노예선의 책임자와 선원들은 아프리카인 노예들의 이런 애원을 무시하면서 그들이 배 안에서 죽어가는 것을 방관했다. 노예들이 죽어가는 상황에서도 선장들은 배에 탄 노예들에 대해서는 별로 신경을 쓰지 않았다. 노예들이 환기장치 덕분에 편해졌다는 내용의 보고서를 건조하게 썼을 뿐이다. 그리고 신선한 공기를 갈구하는 아프리카인 노예들의 울부짖음은 헤일스의 보고서에서 자신이 만든 환기장치의 효용을 보여주는 증거로만 사용됐을 뿐이다.

그럼에도 불구하고, 국제 노예무역 기간 동안 아프리카인 노예들의 상태에 대한 헤일스의 사례연구들은 1758년에 출판한 책《환기장치에 대한 논문: 환기장치를 이용한 수많은 실험의 긍정적인 결과에 대한 설명A Treatise on Ventilators: Wherein an Account Is Given of the Happy Effects of Many Trials That Have Been Made of Them》에서 핵심적인 위치를 차지했다. 이 책에서 헤일스는 노예선의 사례가 포함된 이전 보고서들의 증거를 다시 다뤘다. 하지만 이 사례연구들만 따로 떼어서 읽는다면 헤일스의 책에서 노예제가 얼마나 핵심적인 위치를 차지했는지 알기 힘들 것이다. 이 연구들은 매우 난해한 의학 논문의 일부로 숨겨져 있기 때문이다. 사례연구들만 따로 떼어 읽는다면, 헤일스의 책이 노예제의 실제 현실에 기초한 연구의 더 정교한 이론적 속편이라는 것을 알아채기 힘들다. 아프리카인 노예들의 울부짖음이 선상에 환기장치 설치를 고려하도록 만들었다는 사실을 알기도 힘들다. 또한 국제 노예무역이 해군 전함들의 구조를 개선하는 데 결정적인 역할을 했다는 사실도 알기 힘들다.

＊　＊　＊

헤일스가 제목에 "노예제"라는 표현을 사용하지 않은 건 당시 책 제목을 짓는 관행에 따른 것일 수 있다. 가령 노예선과 해군 전함들을 굳이 구분할 필요가 없었기 때문일지도 모른다. 하지만 괴혈병에 관한 트로터의 논문 제목과 비교할 때 헤일스의 책 제목에서 "노예제"라는 말이 빠진 것은 우연이나 관행이라기보다 일종의 패턴을 따른 결과라고 보아야 할 것이다. 과학적 사고가 직접적인 설명에서 의학적 이론으로 진화하면서 노예제는 트로터의 논문에서는 "사례", 헤일스의 책에서는 "실험"이라는 범주로 분류된 것으로 보인다.

이런 사례들은 의사들이 한정된 공간에 있는 많은 사람의 건강에 초점을 맞추도록 하는 데 노예제가 일조했다는 점을 잘 보여준다.[91] 과거 유행병이 발생하면 의사들은 질병 발생을 더 큰 규모의 집단 차원에서 연구했다. 그런데 배, 교도소, 플랜테이션의 숫자가 늘어나면서 의사들은 혼잡한 공간의 위험성에 대해 연구할 기회가 많아졌고, 이를 통해 건강의 개념이 집단 차원으로 확장되면서 공중보건이 개선되기 시작했다. 영국의 유명한 개혁가 에드윈 채드윅도 직접적으로 언급하지는 않았지만, 위생에 관한 보고서를 쓸 때 노예제와 식민주의로부터 증거를 얻었을 것이다. 채드윅은 런던 열병치료병원 의사가 한 다음과 같은 말을 인용했다. "더럽고 방치된 배, 축축하고 사람이 꽉 차 있고 불결한 교도소, 심각한 외과 질환이나 악성 열병 때문에 고통 받는 사람들로 가득 차 있는데도 환기가 거의 안 되는 병동은 아무리 건강하고 튼튼한 사람이라도 오래 숨을 쉬다 보면 매우 위험한 열병에 걸리지 않을 수 없는 환경이다."[92]

사람들의 밀집과 신선한 공기에 대한 18세기와 19세기 초의 많은 사례연구들은 카리브해와 인도, 노예선과 해군 전함들에 배치된 영국 군의관들의 보고서를 기초로 했다. 그럼에도 의사들은 보고서의 결론을 내리게 만든 상황에 대해서는 거의 언급하지 않았다. 의사들은 대서양을 건너는 배의 상당수가 노예선이라는 사실을 알고 있었다. 또한 보고서에서 언급된 병원과 교도소가 영국 본토가 아닌 카리브해와 인도에 있으며, 이 식민지의 사례들이 그리어슨 같은 사람의 보고서에 영향을 미쳤다는 사실도 알고 있었다. 하지만 채드윅도 위생에 관한 보고서를 쓸 때 이런 사실에 대해서는 언급하지 않았다.

의사와 의학 개혁가들은 혼잡한 공간에서 질병이 사람들 사이로 어떻게 퍼지는지 조사했을 뿐만 아니라 전염과 감염에 대한 이론을 실험하기 위해 전 세계로 눈을 돌리기 시작했다. 안타까운 건, 앞으로 다루게 되겠지만 혼잡한 공간, 신선한 공기, 환기 연구의 역사가 기존 의학사에서 누락됐듯이, 의사들이 이런 사례들을 관찰하는 데 도움을 준 사람들(세탁부와 병원 근로자) 역시 누락되고 말았다.

2장

누락된 사람들

전염론의 몰락과 역학의 부상

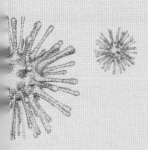

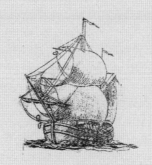

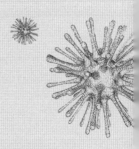

우리는 1830년대에 전염병이 창궐했던 알렉산드리아 같은 도시들로부터 지중해 몰타 섬으로 여행을 와 격리된 사람들의 더러운 리넨(옷, 침대시트, 수건 등)을 빨았던 세탁부가 누구였는지 모른다.

다만 그 세탁부가 당시 영국이 지배하던 몰타의 수도 발레타에 살았다는 것은 안다. 항구가 내려다보이는 공원 근처에서 살았을 것이다. 지중해 해상교통의 요충지인 몰타에 정박하는 배를 탔던 승객들은 유럽으로 건너가기 전에 몰타에서 격리돼 검역을 거쳐야 했다. 흑사병에 걸린 적이 있거나 걸렸을 것이라고 의심되는 승객들은 "불완전건강증명서foul bill of health"를 받고 오랫동안 격리 수용됐다. 선원 일부가 배에 남아 있는 동안 대다수 승객들은 하선해 몰타의 가장 큰 항구 근처 작은 섬에 들어선 대형 석조병원과 격리시설에 머물렀다.[1]

몰타의 세탁부는 배에서 나온 더러운 리넨을 받아 세탁했고, 승객들과 함께 격리병원에서 검역을 거쳤을 것이다. 눅눅한 지하실에서 일하면서 큰 통에 리넨을 삶기 위해 여러 번 양동이로 물을 길어오고 장작을 한 아름씩 날랐을 것이다. 얼룩과 냄새를 제거하기 위해 밤새 옷을 물에 삶은 다음날 아침에는 천을 비벼 빠는 고된 일을 했을 것이다. 혈흔을 제거하기 위해 알코올을 사용하고, 기름때를 없애기 위해 분필과 파이프 점토를 썼을 것이다. 표백제로는 소변을 이용하고, 포푸리(말린꽃, 나뭇잎을 섞은 방향제)를 옷에 뿌렸을 것이다.[2] 이렇게 세탁한 옷을 지중해의 햇살 아래 말리기 위해 밖에 널었을 것이다.

몰타의 세탁부들은 수십 년 동안 더러운 리넨을 세탁하는 이 과정을 반복했다. 1830년대 몰타의 격리병원에서 일했던 조반니 가르친은 이들의 세탁 과정, 노동 그리고 건강상태에 대한 기록을 남겼다. 가르친은 세탁부들이 더러운 리넨을 계속 만졌음에도 자신이 격리병원에서 일하는 29년 동안 흑사병에 감염된 세탁부를 한 명도 보지 못했다고 기록했다. 이 내용은 영국의 의사 아서 홀로이드가 격리의 필요성을 반박하는 논문을 쓰면서 인용한 것이다. 더러운 리넨을 만진 세탁부들이 전염병에 걸리지 않았다는 사실은 흑사병이 전염성이 없다고 주장하기 위해서 홀로이드가 제시한 증거 중 하나였다.[3] 이 논문은 당시 영국 상원의원 신분으로 다양한 개혁을 이끌었으며 인도 감독위원회 의장이었던 존 캠 홉하우스 경에게 전달됐다. 홀로이드는 이 논문에서 기존의 검역 규정이 불필요하고 비용이 많이 들며 시대에 뒤떨어졌다고 목소리를 높였다.

세탁부들은 질병이 어떻게 확산하는지(또는 확산하지 않는지) 이해하는 데 자신들이 도움을 줬다는 사실을 몰랐을 것이다. 세탁부들이 누구였는지, 검역시설에 들어가면서 어떤 생각을 했는지, 감염된 배에서 나온 리넨을 세탁하는 것을 두려워했는지는 그들을 관찰한 사람들에게 전혀 중요하지 않았다. 홀로이드의 논문에서 세탁부들에 대해 언급한 대목은 2쪽에 불과했다. 하지만 이 언급은 흑사병이 전염된다는 당시 사람들의 생각을 약화시키는 데 중요한 역할을 했다.

이런 증거들은 18세기 후반과 19세기 초반에 있었던 검역 논쟁에서 드물지 않게 제시됐다. 전염병에 관한 의사와 검역관들의 보고서에서 이런 증거들은 간단한 문장으로, 문장 속에 살짝 언급되는 형태로, 괄호를 이용한 주석 형태로, 어려운 의학용어 형태로 제시됐다. 세탁부, 무슬림 순례자, 선원, 빈민 같은 사람들이 의학계와 정부가 질병 확산을 이해하는 데 도움을 준 것이다. 고위 관료들은 이런 소외된 사람들의 이름을 알려 하지 않았고, 이 사람들이 질병에 대해 어떻게 생각하는지도 묻지 않았다.[4]

* * *

당시 의료계는 전염병을 이해하기 위해 제국 곳곳에 사는 사람들을 연구했다. 18세기와 19세기 초반의 검역 논쟁은 당시 널리 받아들여진 의학 이론들에 대해 의사들이 다시 생각할 수 있는 중요한 기회를 제공했다. 의사들은 저널에 발표한 논문과 동료 의사들에게 보낸 편지에서 질병 발생 사례, 관련된 이야기, 질병에 관한 묘사 등에 의존한 사례연구 결과를 언급하곤 했다. 유럽은 질병 확산과 격리에 관련된 많은 사례를 제공한 반면 아시아, 카리브해, 중동의 식민지들은 사례의 범위를 더욱 넓히고, 정보 수집 방법을 발전시키는 데 큰 도움이 됐다.[5]

흑사병은 영국에서 사라졌지만, 대영제국의 확장으로 의사들은 다른 곳에서 발생하는 발병을 연구할 수 있었다. 배, 사람, 화물의 이동은 지적 호기심이 왕성한 의사들에게 질병 발생을 조사할 수 있는 거대한 샘플 세트를 제공했다. 그들은 배뿐만 아니라 식민지 병원을 비롯한 다양한 환경들로 눈을 돌렸다. 각 지역의 의사, 치료사, 식민지 관리들에게 자료를 요청했고, 식민지 관료주의는 이들이 수집하고 기록한 정보가 정부 당국에 전달될 수 있는 공식적인 통로를 만들었다. 의사들 상당수는 법적으로 검역을 강제하는 관행을 폐기하기 위해 논문을 썼다.[6] 전 세계에 걸친 질병 확산에 대해 연구하고, 질병 발생 지역을 정확하게 확인해 질병의 근원을 찾고 특징을 밝혀내면서 의사들은 중요한 역학적 방법들을 개발해냈다.

수많은 의사들이 검역 규정을 뒷받침하는 이론을 의심하기 시작한 것이 바로 이 시기다. 이 이론은 흑사병, 콜레라 같은 전염병과 특정한 형태의 유행병은 환자나 환자가 접촉한 물체와 직접 접촉함으로써 전염된다는 오래된 이론이었다. 전염론자contagionist와 그 반대 진영 학자들 사이에 전선이 형성됐다. 반대 진영 학자들의 이론은 돈이 많이 드는 검역 과정을 없애고 싶어한 상인들의 지지를 받았다.[7] 전염이론이 틀렸다는 것을 증명하기 위해 의사들은 세탁부처럼 환자들과 가깝게 일하는 병원 직원들의 사례에 의존했다. 병원 직원들의 건강이 질병의 전염성을 판단하는 척도가 된 것이다.

병원 근로자들을 주의 깊게 살펴본 의사 중 한 명이 1830년부터 1835년 사망할 때까지 캘커타 종합병원의 군의관으로 일한 윌리엄 트와이닝이었다.[8] 그는 1832년 인도에서 발생한 질병들에 관해 영향력 있고 포괄적인 책을 출판했다. 콜레라를 다룬 장에서 그는 콜레라의 진행과 증상, 원인, 치료, 전염 여부 등을 논의했다.[9] 전염성 문제를 조사하기 위해 트와이닝은 병원에서의 경험을 토대로 콜레라 환자와 가까이 접촉한 사람들의 사례를 자세히 설명했다. 그는 병원 직원들과 리넨을 세탁하는 사람들에게 먼저 눈을 돌렸다. 그는 "캘커타 종합병원에서 콜레라에 가장 많이 노출되는 사람들은 (만약 이 질병이 전염성이 있다면) 침대와 의복을 담당하는 사람과 환자들을 직접 돌보는 이들"이라고 썼다. 그는 더러운 침대시트를 갈고 세탁한 사람들의 이름을 적시했다. 당시 "의류 관리"를 한 샤이크 셀림, 23년 동안 이 병원에서 일했으며 셀림의 전임자인 도왈, 세탁 책임자 고히, 고히의 전임자인 하셰와 비척이었다. 비척은 21년 동안 병원에서 일한 사람이었다. 트와이닝은 "세탁부들, 의류와 침구를 담당하는 직원들 중 단 한 명도 콜레라에 걸린 적이 없다"고 썼다.[10]

트와이닝은 병원 안에서 콜레라 환자와 가깝게 접촉한 다른 사람들에 대해서도 썼다. 26년 동안 병원에서 근무한 의류 담당 책임자 벅투리을 포함한 "원주민 의류 담당자들"은 피를 흘리거나 거머리 치료를 받은 환자들의 붕대를 갈았고, "청소부들"은 "환자들이 토해놓은 요강"을 비우는 일을 했다. "힌두인 잡역부들"은 환자들이 밀쳐낸 담요를 다시 덮어주고, 손발을 씻기고, "질병의 가장 심각한 단계에 있는" 환자들이 내쉬는 공기를 들이마실 수밖에 없었다. 트와이닝은 이 사람들 중 단 한 명도 콜레라에 감염된 적이 없다고 주장했다.[11]

트와이닝이 쓴 책의 특이한 점은 샤이크 셀림, 도왈, 고히, 하셰, 비척, 벅투리 같은 인도인 병원 직원들의 수많은 이름을 구체적으로 밝혔다는 데 있다. 이들은 트와이닝의 콜레라 특성 연구에 참여해 달라고 직접 부탁을 받지는 않았겠지만, 비공식적으로 참여한 사람들이었다. 병원 직원 중에서 가장 낮은 계층에 속하는 노동자들이 콜레라가 직접 접촉에 의해 전염되지 않는다는 중요한 증거를 제시한 셈이다. 이 이름들은 과학적 가설에 인간적인 면모를 입혔고, 세탁부와 잡역부들이 환자들과 얼마나 가깝게 접촉했는지 상상할 수 있게 해주었다.

트와이닝의 책은 의사들이 전염병 확산에 대해 설명하기 위해 하층 계급 사람들, 특히 세계 곳곳의 식민지 주민들을 대상으로 진행한 수많은 연구 중 하나였다. 이런 연구를 한 의사들 대부분은 당시에 숫자가 점점 늘어나던 전염론 반대 진영의 일부가 됐다.[12]

1832년 전염이론을 뒷받침하는 증거와 반박하는 증거에 관한 책을 쓴 미국인 의사 아마리아 브리검Amariah Brigham도 이런 의사들 중 한 명이었다. 브리검은 콜레라가 환자와 직접 접촉이나 오염된 물질에 의해 전염되지 않는다는 자신의 주장을 뒷받침해줄 정보를 전 세계 의사들로부터 수집했다. 인도, 러시아, 폴란드, 프로이센, 영국, 프랑스, 캐나다, 그리고 미국의 의사들로부터 수집한 증거를 제시하면서, 그는 콜레라 환자와 가깝게 접촉한 사람들, 특히 병원 간호조무사에 초점을 맞췄다. 그는 병원 간호조무사들이 콜레라에 걸리는 경우가 가끔 있다는 점은 인정했지만, 그 간호조무사들이 다른 병원 직원들보다 콜레라에 걸릴 확률이 높지는 않다고 주장했다. 그는 콜레라 환자가 많은 바르샤바의 한 병원에서 일했던 설Searle이라는 의사의 다음과 같은 말을 인용했다. "병원 간호조무사 중 단 한 사람, 간호사 중 단 한 사람, 사망자를 만졌던 사람 중 단 한 사람도 콜레라에 걸리지 않았다." 브리검은 "환자를 간호하고 직접 접촉한 간호조무사들, 환자들을 목욕시키고 침대시트를 가는 등 다양한 업무를 수행한 직원들이 콜레라에 걸리지 않았다"는 러시아 의사 8명의 관찰도 인용했다. 콜레라 환자와 밀접촉했지만 감염되지 않은 다른 집단 사람들, 예를 들어 군인, 젖먹이 아기, 의사, 가족, 다른 환자에 대한 의사들의 말도 인용했지만 브리검이 가장 많이 언급한 건 병원 간호조무사 집단이었다.[14]

※ ※ ※

19세기 초반 세계 곳곳에서 의사들이 일하고 자신의 경험을 기초로 보고서를 작성하기 시작하면서 질병이 어떻게 확신하는지 이해하는 도구로 병원 직원과 세탁부들의 건강상태를 관찰하는 연구방법은 널리 퍼졌다. 의사들은 유행병이 시작된 지역의 사람들뿐만 아니라 질병에 더 취약할 것으로 보이는 이들이 어떤 민족과 나라에 속하는지도 관찰했다. 아마리아 브리검은 다양한 식민지에서 작성된 보고서들을 수집해 1819년 인도에서 동남아시아, 아프리카로 확산한 콜레라 유행병을 연구했다. 모리셔스 섬의 노예들에게서 발생한 콜레라를 설명하면서 브리검은 이 섬에서 플랜테이션을 운영하는 영국인 관리이자 의사 찰스 텔페어Charles Telfair가 쓴 논문의 다음 부분을 인용했다. "환자들은 주로 모잠비크계 흑인들이다. 이 흑인들은 곱슬머리이며, 문명화 수준이 낮다. 일을 배우기에는 머리가 너무 나빠 주로 짐꾼으로 이용되고 있다."[15] 브리검은 콜레라의 원인이 "불순한 공기,

습한 저지대 주거지, 사람이 많고 더러운 집과 도시, 부실한 음식 섭취, 무절제한 생활, 공포 등"에 있다고 주장했다.[16] 북아메리카와 유럽의 콜레라 확산에 대해 분석하면서도 그 원인이 사람이 많고, 더럽고, "축축한 환경"이라고 그는 단언했다.[17] 브리검은 유럽과 북아메리카에서 콜레라에 걸린 사람들 역시 노예들과 비슷한 상황에 있다고 말했다. 그의 책은 질병이 확산하는 이유와 방식을 설명하기 위해 노예들을 핵심 "환자들"로 이용했다는 것을 보여준다. 의사들은 유럽과 북아메리카의 도시 및 대영제국의 다양한 식민지에서 일하는 노예들의 질병을 모두 연구했다.

전염병과 격리에 관한 책에서 홀로이드는 전염론에 반대하는 자신의 이론을 뒷받침할 증거로 특히 유색인종들을 끌어들였다. 알렉산드리아 해군병원의 수석 외과의사인 토머스 레슬리 그렉슨에게 보낸 일련의 질문에서 홀로이드는 전염병 환자와 접촉했지만 병에 걸리지 않은 사람들의 사례를 알고 있는지 물었다. 그렉슨은 전염병에 걸리지 않은 병원 직원들이 많으며, 전염병으로 사망한 사람 몇 명이 있지만 이들은 환자 접촉과 무관하다고 대답했다. 전염병 환자와 접촉했지만 병에 걸리지 않은 직원 사례가 있는지 묻는 질문에 대한 그렉슨의 답은 다음과 같았다. "있습니다. 병원 직원 중 한 명이 전염병에 걸렸습니다. 흑인이었습니다. 그로 인해 1,000명 정도가 격리에 들어갔습니다. 격리 7일째가 되자 다른 직원 중 3명이 증상을 보였습니다. 이들 4명은 같은 오두막을 썼고, 동시에 감염된 것입니다. 아랍의 오두막을 본 적 있는 사람이라면 이런 일이 일어날 수 있다는 점을 쉽게 이해할 겁니다. 발진티푸스도 이런 환경에서 발생할 수 있습니다." 그러면서 그렉슨은 환자 4명 중 2명이 사망했지만, 병원에 있는 환자들은 아무도 감염되지 않았다고 말했다.[18]

홀로이드가 사례로 내세운 또 다른 유색인종은 그렉슨의 동료 의사인 헨리 애보트가 보낸 답장에서 언급된 사람이었다. 이 답장에서 애보트는 전염병 환자와 접촉한 적이 없는데도 병에 걸린 사람에 대해 말했다. 애보트는 1835년에 6주 동안 전염병 발생 없이 격리된 전함에서 지낸 적이 있는데, 흑인이 처음 전염병에 처음 걸렸다고 말했다. 야파로 수송하기 위해 나블루스에서 배에 탄 죄수였다.[19] 홀로이드에게 답장을 보낸 프루너라는 또 다른 의사는 전염병이 직접 접촉으로 전염될 수 있으며, 1835년의 전염병 유행이 카이로에서 시작됐다면서 다음과 같이 설명했다. "1835년의 전염병 유행은 몰타의 의사인 실리오의 남동생에게서 처음 시작돼 실리오의 다른 남동생에게 전염됐고, 그 남동생을 통해 흑인 여성에게 전염됐으며, 이 흑인 여성에게서 그리스인 이웃에게로 전염됐다."[10]

당시 의학저널이나 학술논문에서 다뤄진 유색인종에 대한 언급은 인종 간 차이나 특정 인종의 열등함을 드러내는 게 아니라 질병이 확산하는 지역을 나타내기 위함이었다. 하지만 병리학과 치료법에 대한 긴 논문을 쓴 사우스캐롤라이나의 의사 헨리 딕슨은 (후에 모기가 옮기는 바이러스에 의한 감염이 원인으로 밝혀진) 뎅기열이 전염된다는 것을 보여주는 사례로 한 흑인 환자를 들었다. 딕슨은 "흑인"이 도시에서 뎅기열에 걸린 최초의 환자라고 말한 어느 유명 의사의 연구를 인용했다. 이 의사는 찰스턴에 정박한 쿠바 선박의 선장이 이 흑인에게 뎅기열을 전염시켰다고 주장했다. 뎅기열이 세인트토머스 섬에서 세인트크로이 섬으로 확산됐다고도 말했다. 딕슨은 스테드먼이라는 의사의 말을 인용했는데, 스테드먼은 최초의 환자가 뎅기열을 세인트토머스 섬으로 가지고 와 자신의 가족에게 퍼뜨렸고, 그 가족에서 다른 가족들로, 한 집에서 다른 집으로 확산됐으며, 뎅기열의 확산 정도는 "접근도, 즉 상호 교류 정도와 정확하게 비례한다"고 주장했다. 이 패턴을 증명하기 위해 딕슨은 같은 사람이 소유한 수 킬로미터 떨어진 두 농장에서 일하는 노예들 사이에서 뎅기열이 퍼졌다는 것에 주목했다. 주인이 같은 두 농장의 노예들이 한 농장에서 다른 농장으로 오갔으리라고 추정한 것이다.[21] 노예들 사이에서 뎅기열이 확산됐다는 주장은 인종 간 차이를 암시할 수 있지만, 딕슨은 인종 간 차이 때문에 뎅기열이 발생했다는 주장으로 나아가지는 않았다.[22] 딕슨은 뎅기열의 병리학적 특성을 설명하면서 모든 뎅기열 환자가 비슷한 "발진" 증상을 나타낸다며 "모든 계층 사람에게 유사한 발진이 나타날 수 있다. 늙은 사람이든 젊은 사람이든, 쇠약한 사람이든 건강한 사람이든, 원주민이든 이방인이든, 흑인이든 백인이든 모두 동일한 고통을 받는다"고 설명했다.[23]

질병 확산에 관한 의학 이론을 설명하기 위해 의사들은 흑인과 하층민의 사례를 자주 이용했다. 예를 들어, 메릴랜드의 의사인 모지스 내프는 병리학 및 "질병 유행의 근원과 원리"에 관한 책에서 기후에 적응하는 사람의 능력이 어떤 집단에 속하는지에 따라 다르다고 주장했다. 내프는 "뉴올리언스의 흑인이 캐나다로 이주한다면 1~2년 안에 기후 때문에 병에 걸린다. 캐나다에 사는 사람이 뉴올리언스로 이주해도 같은 결과가 나올 것"이라고 주장했다.[24] 이 시기 대부분의 학자들과 달리, 내프는 흑인이 열등하다는 생각에 기초해 주장을 펼치지 않았다.[25] "뉴올리언스의 흑인" 예를 든 것은 인종 차별적 생각에 기초했다기보다 기후에 관한 의학 이론을 선명하게 설명하기 위함이었다. 하지만 그가 굳이 "뉴올리언스의 흑인"이라는 말을 사용함으로써 이 책을 읽는 사람이 뉴올리언스의 흑인들을 차별받는 인종의 전형으로 인식하도록 만들었다. 이 책이 출간될 당시 뉴올리언스는 노예무역의 중심지로서 흑인 노예들이 매우 많이 사는 지역이었다. 내프는 그냥 노예나 흑인이 아니라 "뉴올리언스의 흑인"이라는 이미지를 만들어냄으로써 노예제라는 제도의 문화적 특징을 부각해 기후에 관한 자신의 이론을 쉽게 설명하려고 했던 것이다.[26]

* * *

가난한 사람들과 식민지 주민들에 대한 관찰을 통해 질병 확산을 연구한 19세기 초반의 의사들은 노예선, 교도소, 병원 내 혼잡 환경의 위험성을 경고한 이전 세대 의사들의 이론을 연구의 기초로 삼았다. 따라서 19세기 초반 의사들의 주장은 그 이전 세대 의사들의 주장과 비슷하다. 다만 이들의 결론이 역학적 방법론의 모태를 만들어냄으로써 도출된 결과라는 점에서 차이가 있다. 아서 홀로이드 이야기로 돌아가 보자. 홀로이드는 흑사병이 접촉에 의해 전염되지 않는다고 주장하면서 검역과 격리 조치에 반대했다. 홀로이드는 영국의 병원 및 이집트와 몰타의 격리시설에서 일한 의사와 행정직원들에게 질문지를 돌리는 방법으로 이 주제를 연구했다. 질문지 문항은 위생

상태부터 잠복기, 접촉 감염 여부에 이르기까지 다양했다.

홀로이드는 병원 직원들이 페스트에 감염되지 않았다고 보고한 알렉산드리아 주재 영국 의사 토머스 그렉슨에게 질문을 던졌다. "감염에 의해 확산된 질병"을 관찰한 적이 있느냐는 질문에 그렉슨은 그런 사례는 한 번도 관찰한 적이 없으며 "감염에 의한 질병 확산의 사례로 보고된 대부분은 조사 결과 거짓임이 드러났다"고 답했다.[27] 그렉슨이 "조사"라는 말을 사용했다는 것은 19세기 의학적 접근법이 좀 더 과학적인 방향으로 전환되고 있었음을 뜻한다. 19세기가 되자 의사들은 실제적이고 자연적인 세계를 정밀하게 연구해 질병의 원인과 확산을 파악해내는 연구자로서 자신들을 생각하기 시작한다.[28] 탐구정신이 강했던 그렉슨은 동물의 질병 발생을 연구하기까지 했다. 한 식민지 행정관의 황소 100여 마리가 죽은 원인을 알아내기 위해 불려간 그렉슨은 죽은 동물들을 조사한 결과 괴저와 가래톳을 발견한 뒤 동물들이 전염병으로 죽었다고 결론짓고, 그 동물들을 "깊이 매장하게 했다."[29]

전염병이 어떻게 확산했는지 정보를 수집하는 과정에서 홀로이드는 식민지 의사들에게 질병이 "성관계를 통해 전파된" 사례를 알고 있는지 물었다. 프루너, 그렉슨, 애보트는 모두 아니라고 답했고, 그렉슨과 애보트는 흑사병 희생자가 성관계 파트너를 감염시키지 않은 구체적 사례까지 언급했다. 홀로이드는 몰타의 격리시설 책임자가 자신에게 들려준 사례도 언급했는데, 이 사례에 등장하는 남자는 아내가 죽기 직전에 "관계"를 가졌음에도 흑사병에 걸리지 않았다.[30] 질문지의 형식은 그렉슨을 비롯해 홀로이드의 질문을 받은 의사들에게 자신들의 연구 결과, 관찰 결과, 분석 결과를 체계적으로 정리할 수 있는 기회를 제공했다. 또한 이런 질문과 답변이 오가는 과정을 통해 의사들은 하층민을 대상으로 삼아 유행병 확산을 연구하는 방법을 확실하게 정립할 수 있었다.

그렉슨은 흑사병에 걸려 병원에 입원한 한 "흑인" 노예의 사례를 다룬 보고서에서 전염이 접촉에서 비롯된 것이 아니라 노예의 생활환경에서 비롯됐다고 주장했다. 다른 노예 3명이 이 노예와 함께 감염됐는데, 이는 "이 노예들 모두가 같은 오두막에서 지냈기 때문"이라고 말했다. 아랍의 오두막을 본 적이 있는 사람이면 누구나 "이런 일이 일어날 것을 쉽게 상상할 수 있다"는 그렉슨의 말은 당시 의사들 사이에서 중동의 이미지가 어땠는지, 의사들이 이런 오두막 같은 장소들을 어떤 시각을 보았는지 가늠케 한다.

그렉슨의 관찰에 대해 언급하면서 홀로이드는 "이집트는 전염병으로부터 완전히 자유롭지 않으며, 이는 공기나 이 지역 사람들이 사는 물리적인 생활환경이 원인을 제공한 결과일 수 있다. 하지만 가장 큰 원인은 비좁은 공간에 사람들이 많이 사는 아랍의 오두막에 있다. 이런 오두막은 산발적으로 발생하는 질병과 유행병 모두의 온상임이 확실하다"고 말했다.[33] 카이로에서 유행병이 사라진 뒤 프루너가 홀로이드에게 답한 내용에 따르면 이집트 정부는 큰길들을 청소하고 마을 내 매장을 금지했지만, "주택의 환기에는 신경을 쓰지 않았고, 가난한 사람들에게 음식을 나눠주거나 그들의 집을 청소하는 조치를 시행하지는 않았다."[34] 이집트에서의 식민지 통치는 그렉슨을 비롯한 유럽인 의사들이 전염병 확산의 원인으로 생각되는 환경을 자세히 관찰하고 기술할 수 있게 만들었다고 할 수 있다.

홀로이드는 책의 결론 부분에서 알렉산드리아 보건위원회가 비효율적이라고 비난하면서 이렇게 덧붙였다. "위원회는 주변 환경과 사람들의 건강상태를 개선해 전염병을 줄이거나 없앨 수 있는지 알아내기 위해 전염병에 대한 증거를 수집한 적이 없다."[35] 홀로이드가 질병 확산의 책임을 아랍의 보통 사람들에게 돌리는 인종주의적 주장을 하는 대신 권력층에게 돌린 것은 주목할 만하다. 또한 홀로이드는 질병 확산이 기후 때문이라고 주장하지도 않았다. 대신 그는 도시정책 실패와 열악한 주거구조가 질병 확산의 원인이라고 구체적으로 지적했다. 아랍의 오두막에서 사는 가난한 사람들의 생활환경은 그의 이런 믿음을 구체화하는 데 도움을 줬다. 홀로이드와 비슷한 생각을 하던 사람들은 질병의 원인이 비위생적인 환경과 사람들이 밀집한 공간이라고 주장하면서 전염론을 반박했다.

일부 의사들은 외국에서 일한 경험을 토대로 당시의 의학적 정설에 의문을 품기도 했다.[36] 가령 그렉슨 같은 의사들은 식민주의 정책의 도움을 받아 사회적 환경과 건강 간 연관 관계를 더 잘 연구할 수 있었다. 검역에 관한 홀로이드의 책 역시 인도를 비롯한 대영제국의 식민지에서 일하면서 기후, 청결 상태, 과밀 주거 등 물리적·사회적 환경에 집중해 질병의 원인을 연구하는 의사들의 의학 보고서와 논문, 책 등에 의존한 것이다.[37] 식민지 환경에서 의사와 행정관료들이 개인의 건강이 아닌 지역 전체의 건강에 대해 연구한 자료를 파고드는 데 집중함으로써 그는 공공건강 연구자 역할을 해냈다.

홀로이드의 주요 목표는 흑사병이 전염성이 없다는 사실을 증명함으로써, 점점 더 많은 의사들이 비효율적이라고 주장하는 검역 규정을 없애는 데 설득력을 부여하는 것이었다. 앞서 우리는 몰타의 세탁부들이나 이집트의 병원 직원들에게 흑사병이 전파되지 않았다는 증거를 홀로이드가 제시했다는 것을 살펴봤다. 홀로이드는 이 주장을 더 잘 설명하기 위해 메카로의 성지순례, 즉 하지를 마치고 돌아오는 무슬림 순례자들에 대해 연구했다. 메카에서 배를 타고 지중해 지역 여러 항구로 돌아오는 순례자들은 몰타의 격리병원에서 몇 주 동안 격리됐다. 홀로이드는 무슬림 순례자들을 가득 태운 배가 1837년 2월 몰타에 정박했을 때 일어난 일에 대해 몰타 격리병원 원장 보나비아 대령이 말한 내용을 인용했다. 이 배는 무슬림 승객 21명과 선원 11명을 태우고 레바논의 트리폴리에서 출발했다. 당시 트리폴리에는 흑사병이 창궐하고 있었기 때문에 배는 몰타 항구에서 격리된 상태로 정박하고 있었다. 몰타에 도착한 지 이틀 만에 순례자 2명이 흑사병 증세를 보였다. 이 중 한 명은 배에서 사망했고, 다른 한 명은 건강한 사람들 두 명의 도움으로 몰타 격리병원으로 이송됐지만 얼마 뒤 사망했다. 나머지 순례자들은 하선해 41일 동안 격리됐다. 몰타 도착 후 10일 만에 선원 한 명이 흑사병으로 사망했고, 나머지 선원들은 하선해 2주 동안 격리됐다. 남아있는 순례자와 선원들 중에는 흑사병에 걸린 사람이 없었다.[38]

홀로이드는 이 보고서에서 흑사병이 접촉을 통해 전염되지 않는다는 결론을 내렸다. 흑사병은 좁은 공간에서 같이 지낸 환자로부터 다른 사람들에게로 전파되지 않았기 때문이다. 사망한 선원은 흑사병에 걸린 순례자 2명으로부터 병이 옮았을 가능성이 없다. 이 선원은 두 명의 순례자와 10일 동안 접촉했지만 증상이 나타나지 않았다. 홀로이드는 이 선원이 감염된 이유에 대한 합리적인 결론은 "배가 적절하게 환기되지 않아 더러운 공기가 계속 남아있었기 때문"이라고 썼다. 이 배는 물속에 잠겼다가 인양됐고, 하선 후 격리된 선원들 중에는 병에 걸린 사람이 없었다. 홀로이드는 "흑사병 확산이 저지된 것은 오염된 공기를 제거해 배를 정화했기 때문"이라고 말했다.[39]

홀로이드는 흑사병으로 오염된 사람과 사물 모두 신선한 공기에 노출되면 "정화"될 수 있다고 주장했다. 이와 관련한 홀로이드의 질문에 보나비아 대령은 수하물을 취급하는 사람이나 상인들은 흑사병에 걸린 적이 없다고 대답했다. 그는 목화를 취급하는 사람들도 흑사병에 걸린 적이 없다고 답했다. 흑사병이 발생했던 배에 실린 모든 목화는 "만지기 전에 공기에 노출시켜 환기를 마친" 상태였다.[40]

또한 홀로이드는 몰타에 격리된 "승객, 군인, 순례자"의 수에 대한 정보도 보고서에서 다뤘다. 정보를 제공한 보나비아 대령에 따르면 1832년부터 1837년까지 몰타 격리병원에는 승객 1만 명, 군인 3,000명, 순례자 2,000명 정도가 수용됐다. 이 격리병원의 직원인 조반니 가르친에 따르면 1810년부터 1832년까지는 매년 800~1000명이 격리됐다. 보나비아와 가르친은 몰타의 격리병원에서 격리되는 동안 (감염된 배에서 나오지 않는 한) 흑사병에 걸린 사람은 아무도 없었다고 증언했다.[41]

몰타 격리병원 수용인원에 대한 직원들의 기록은 역학의 중요 요소가 된 기록 활동의 전형적인 예다. 격리시설의 인원수를 기록하는 간단한 작업은 전염병이 어떻게 퍼지는지에 대한 실증적 증거를 제공했다. 특히 무슬림 순례자 수를 기록한 것은 의학적 난제들을 해결하기 위해 제국 전역의 인구집단을 연구하는 의사들이 한 차원 높게 나아가고 있었음을 반영하는 자료다. 물론 영국인과 러시아인에 의해 기록된 순례자들의 이동은 한 지역에서 다른 지역으로 질병이 퍼지지는 않을까 하는 두려움을 부추기기도 했다.[42] 그럼에도 무슬림 순례자들의 종교 여행은 유행병 연구자들에게 소중한 정보를 제공했다. 무슬림 순례자들에 대한 홀로이드의 연구는 몰타의 세탁부에 대한 자신의 연구, 인도 병원 직원들에 대한 트와이닝의 연구와 마찬가지로, 개인의 건강상태가 아니라 전염론을 반박하기 위한 실증적 자료를 확보하기 위해서였다. 홀로이드와 트와이닝을 비롯한 전염론 반대론자들은 질병 확산을 좀 더 합리적으로 이해하려 애썼고, 이들의 노력으로 전염론은 점점 약화되었다.

지금 생각해보면 흑사병이 접촉에 의해 전염되지 않는다는 홀로이드의 주장은 반은 맞고 반은 틀리다. 흑사병을 전파한 것은 사람이 아니라 주로 벼룩이지만, 이 병은 공기를 통해 사람 간에 전염되기도 한다. 홀로이드의 기여는 질병 전파에 관한 주장의 정확성보다는 그가 사용했던 방법에서 더 가치가 있다.

홀로이드는 이집트 관리들이 흑사병에 관한 증거를 수집하지 않았다고 비난했다. 그는 만약 그곳 의사들이 관찰 내용을 기록했다면 도시의 관리들이 이 유행병에 더 잘 대응할 수 있었을 것이라며 "흑사병을 많이 관찰한 의사들을 소환해 이 병에 대해 그들이 가진 모든 정보를 공유하게 만드는 방법으로 현재의 억압적이고 압제적인 (검역)법을 완화해야 했다"고 말했다. 알렉산드리아 주재 영국 영사 로버트 터번은 홀로이드의 질문에 대해 "내가 아는 한 페스트와 관련된 증거 수집은 보건위원회의 목표 중 하나가 아니었다"고 답했다.[43] 보나비아 대령도 "몰타 보건위원회는 잠복기를 포함해 흑사병과 관련된 정보를 '의사들'로부터 수집하지 않았다"는 내용을 보고서에 썼다. 보나비아 대령은 보건위원회가 "아주 옛날 이곳에서 제정되고 준수돼 온 일반적인 규정에 따라 움직이며, 필요할 때 지역 의사들의 의견을 듣는 걸 제외하면 다른 의학적 증거를 참고하지 않는다"고 덧붙였다.[44]

홀로이드가 검역법 폐지를 위해 "증거"에 집중한 것은 연구자로서 의사의 역할이 점점 커지고 있었음을 뜻한다. 이집트, 몰타, 그리스의 관료들에게 보낸 질문지 그리고 그들의 답신이 포함된 홀로이드의 보고서는 최전선에서 흑사병과 싸운 의사와 의료진이야말로 검역규정을 개정하는 데 필요한 증거를 제공할 수 있는 가장 좋은 위치에 있다고 강조했다. 현장에서 일하는 의사와 의료진에게 질문하고, 넓은 지역에 걸쳐 증거를 수집하고, 사례를 분석함으로써 홀로이드는 흑사병 확산을 촉진하는 요인들에 대한 결론을 내리고 예방법을 제안했다.

홀로이드의 보고서는 대영제국의 전염병 연구 역사에서 간과된 측면을 조명했다는 점에서 가치가 있다. 그의 연구는 1830~1860년대에 영국 의사들이 확립한 패턴을 따르고 있다. 식민지 내 군대 등에 대한 의료지원을 위해 제국 전역에 배치된 많은 의사들은 낯선 환경의 의료 위기에 대응하면서 연구자가 됐다. 이 기간 영국 본토를 비롯한 많은 지역에서 검역법을 둘러싼 논쟁이 일어났고, 이런 논쟁은

건강상태 기록, 증거 수집, 보고서 작성을 위한 더 많은 동기를 제공
했다. 보고서를 작성하는 과정에서 영국 의사들은 몰타의 세탁부, 인
도의 병원 직원, 아랍 마을의 주민, 무슬림 순례자를 포함한 제국 전
역의 사람들 사이에서 질병이 확산하는 것을 관찰했다. 영국 의사들
의 이런 노력은 현대 역학에서 표준이 되는 방법을 개발하는 데 결정
적으로 기여했다.

* * *

1846년 스코틀랜드의 의사 개빈 밀로이는 역병과 격리를 주제로
한 짧은 책을 출판했다. 밀로이는 지중해 지역과 서인도제도에서 군
의관으로 근무한 경험을 가진 사람으로, 1850년 런던역학학회의 창
립멤버 중 하나가 됐다. 이 책은 프랑스 의사들로 구성된 한 의학위
원회가 프랑스 왕립의학아카데미에 제출한 포괄적 보고서의 내용을
요약한 것에 밀로이가 서문을 덧붙인 형식으로 구성돼 있다.[45]
홀로이드처럼 밀로이는 전염론이라는 구시대적 시각에 기초한 검
역 규정을 전면적으로 개정할 때가 됐다고 믿었다. 밀로이는 "검역
규정이 강제하는 어처구니없을 정도로 한심한 원칙들과 지긋지긋하
고 위압적인 규제들, 방역법이 야기하는 비참함과 고통, 검역 규정
시행의 결과임이 확실한 사망률 폭증이야말로 이 낡은 규정에 대한
철저한 검토가 이뤄져야 하는 충분한 정당성을 제공한다"고 이 책 서
문에서 밝혔다.[46] 밀로이 같은 전염론 반대론자에게는 흑사병이 인간
사이의 접촉만으로 전염되지 않는다는 구체적 증거가 필요했다. 때

마침 매년 메카를 오가는 무슬림 순례자 수천 명의 움직임은 이 같은 증거를 제시하기 위한 이상적인 모델로 보였다.

　프랑스 의사들의 보고서를 요약한 밀로이의 책에는 알렉산드리아에서 수년간 일했던 프랑스 의사 루이 오베르로슈의 연구 결과가 포함돼 있다. 오베르로슈는 "무슬림 순례자들이 해마다 모로코, 다르푸르, 이집트, 콘스탄티노플, 페르시아, 소아시아, 시리아에서 출발해 메디나의 제다에 도착한 후 메카로 집결한다. 이들은 여러 상품을 가지고 다닌다. 순례 여행은 시장의 역할도 하기 때문이다"라고 썼다. 이렇게 다양한 지역에서 출발한 순례자들이 수많은 상품을 가지고 모였음에도 불구하고 "아라비아에서는 아주 옛날부터 흑사병이 발병한 적이 한 번도 없었다." 1825년과 1835년에 하이집트Lower Egypt에서 유행병이 퍼졌을 때도 그랬다.[47] 홀로이드가 그랬던 것처럼 이 보고서는 질병의 확산을 설명하기 위해 전적으로 종교적·인종적·민족적 정체성에 의존하는 논쟁을 피하지만 "흑사병에 걸리는 흑인의 매우 특이한 기질"에 대해서는 언급한다.[48] 밀로이의 순례자들 사례는 다른 수많은 예와 함께 흑사병이 직접적인 접촉이나 물질을 통해 전파되지 않는다는 결론을 내리는 데 사용됐다.

　밀로이는 책의 서론에서 전염병contagious disease과 감염병infectious disease의 차이에 대해 논했다. 밀로이에 따르면 "전염병"이라는 말은 매독, 백선, 광견병처럼 사람이 "환자의 질병 발생 부분 또는 그 부분에서 나온 물질"과 직접 접촉했을 때 걸리는 질병을 뜻한다. 밀로이는 이런 전염병은 "공기를 오염시킬 수 없는 질병"이라고 정의했다. 이와 대조적으로 "감염병"은 환자의 몸에서 나와 다른 사람의 폐 또

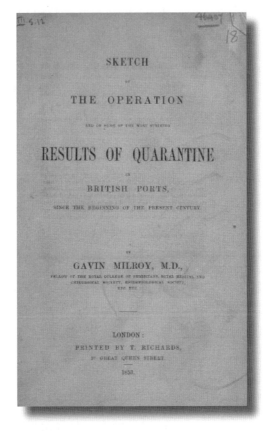

개빈 밀로이가 쓴 책《검역의 결과》 초판본

1846년 개빈 밀로이는 역병과 격리, 검역을 주제로 쓴 책《검역의 결과》에서 검역 규정은 철저한 원칙에 따라 이뤄져야 한다고 강조했다.

는 위에 들어가는 "특정한 독기(effluvium 또는 miasm)"에 의해 전파되는 질병을 뜻한다고 정의하면서, 감염병에는 백일해, 성홍열처럼 "공기를 감염시켜 스스로를 전파하는" 질병이 포함된다고 밀로이는 썼다. 또한 밀로이는 홍역이나 천연두 같은 질병은 제3의 범주인 "전염-감염성 질병"으로 분류했다. 이 질병들은 전염과 감염 모두를 통해 전파될 수 있기 때문이었다.[49]

지중해 주변의 질병 발생에 대한 보고서를 수집함으로써 밀로이를 비롯한 영국과 프랑스 의사들은 전염병과 감염병의 구분을 확고히 했다. 이들의 이런 노력은 궁극적으로 검역법을 개정하려는 정책 입안자들의 결정에 기여했다. 밀로이는 감염병의 속성에 대해 논하면서 감염병 연구자들이 대부분이 간과해온 관찰 결과와 관련해 다음과 같이 썼다. "수많은 사람이 환기가 제대로 되지 않는 좁은 공간에 모여 지내면, 아무리 건강한 사람이라고 해도, 그들의 몸에서 나오는 독기에 의해 공기가 점차 오염돼 열병이 거의 필연적으로 발생하게 될 것이다." 밀로이는 한 세기 전쯤 캘커타에서 사망한 영국군 포로들의 잘 알려진 사례를 인용하며 "우리는 군함과 노예선, 과밀 수용된 교도소 등에서 이런 일이 거의 매일 일어난다는 사실을 알고 있다"고 덧붙였다.[50]

밀로이는 군사 보고서와 의학 보고서에 언급된 수많은 구체적 사례들을 이렇게 간단한 문장으로 요약했다. 밀로이와 밀로이의 책을 읽는 사람들에게 노예선과 교도소는 질병 발생의 원인을 설명할 수 있는 증거 제공처 역할을 했다. 18세기의 연구자들처럼 밀로이도 제국 전역에서 작성된 보고서들을 이용해 자신의 주장을 펼쳤다.

　　　　*　　*　　*

　살펴보았듯이 전염과 검역법에 대한 기록 전반에 걸쳐 중요한 역할을 한 건 의사들이다. 하지만 전염에 대한 오래된 시각들을 의사들이 다시 고찰하도록 만드는 데 결정적인 역할을 한 이들은 이름이 밝혀지지 않은 세탁부, 노예선, 인도 병원 직원, 무슬림 순례자들이었다. 긴 논문을 읽다 보면 이런 사람들에 대한 언급을 놓치기 쉬우며, 역사학자들마저 이들의 역할을 간과했다. 군의 관료제도는 표준적인 역학 실무를 위한 수단들, 즉 지역 의사와 행정관리들과의 면담, 광범위한 지역에 걸친 보고서 수집, 감시법 확립, 질병 확산의 관찰과 지도화 같은 수단들을 개발하는 데 핵심적인 역할을 했다.

　의학 연구자들은 자신의 주장에 인간적인 측면을 부여하기 위해 하층민의 사례를 이용했다. 다만 이들이 언급한 사람들은 사회적 자산이나 경제적 영향력이 거의 없었으므로 기억 속에서 쉽게 사라졌다. 사실은 논문이나 책에 등장하는 것과 거의 동시에 망각됐다. 이들은 훗날 자신들의 존재를 기반으로 하거나 반박한 과학적 논쟁들에서도 대부분 사라졌다. 전염론을 축출하거나 검역 논쟁을 극도로 복잡한 것으로 취급한 이후의 이론들도 정작 그 논쟁에 영향을 미친 사람늘에 대해 다루지 않았다.

　전 세계 곳곳에 배치된 많은 의사들이 제국 전역 사람들의 움직임과 건강을 연구해 전염 이론에 영향을 준 것 못지않게, 이들 하층민을 연구 대상으로 이용한 연구는 역학 실무 발전에 영향을 미쳤다.

　3장에서 다루겠지만 1844년 카보베르데의 노예들과 식민지 주민들에게서 발생한 유행병은 검역과 전염병 확산 그리고 무엇보다 지역의 공공보건을 유지하는 데 필요한 방법들을 전 세계적 차원에서 모색하는 데 영향을 미쳤다. 다음 장에서 다룰 역사적인 사건들에서 세탁부들은 다시 주연 배우로 부상한다. 지금까지 대부분의 사례에서 묻히거나 덮였던 것과 달리, 노예와 식민지 주민의 목소리, 세탁부와 군인의 목소리는 카보베르데에서 분명하게 드러날 것이다. 이들의 증언이야말로 지배를 받는 사람들이 역학적 방법 부상에 영향을 미치는 과정에서 중요한 전환점 역할을 하기 때문이다.

3장

역학의 목소리

카보베르데의 열병 추적

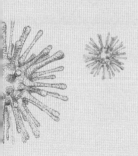

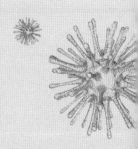

1845년 말 서아프리카 해안의 나라 카보베르데의 섬 중 하나인 보아비스타에서 유행병이 발생했다. 이 섬의 노예들과 자유민들, 이 섬을 통치한 포르투갈인들, 아프리카에서 이클레어 호를 타고 영국으로 돌아가는 길에 이 섬에 정박한 영국인들 중 어떤 집단에서 유행병이 처음 발생했는지를 두고 논란이 벌어졌다. 이클레어 호는 영국 정부가 서아프리카 해안지역의 치안을 유지하기 위해 보낸 배로, 불법적인 노예무역을 감시하고 있었다. 노예제도는 1833년 대영제국 전역에서 폐지됐지만 아프리카인을 사서 아메리카로 운송하는 관행은 1840년대 이후까지 계속되고 있었다.[1]

영국으로 돌아가던 이클레어 호가 정박하기 전까지 보아비스타 섬에는 질병의 징후가 전혀 없었다. 하지만 이클레어 호가 떠난 직후 몇몇 사람들이 일련의 증상을 나타내기 시작했다. 환자들은 창을 통해 방안으로 밝게 들어오는 햇빛을 견디기 힘들어했다. 근육에 통증이 생겼지만 그 통증은 세탁물을 나르거나, 곡식을 수확하거나, 석탄 포대를 운반하거나, 군 기지에서 보초를 서는 일처럼 일상적인 육체

노동 때문에 생긴 것은 아니었다. 걷기는커녕 똑바로 서 있기도 힘들었다. 환자들은 식욕을 잃었고, 음식 냄새만 맡아도 구역질을 했다. 열과 두통을 호소했고, 경련을 일으키기도 했다. 일부는 의식이 혼미해지기도 했다. 환자의 가족들은 환자의 입술에 묻은 토사물의 색깔이 특이하다는 것을 발견했다. 검은색이었다.

증상이 심해져서 일주일도 채 안 돼 사망하는 환자들이 나타났다. 사혈이나 관장 같은 방법을 쓰거나 하제, 퀴닌(해열·진통·말라리아 예방 등의 효과가 있는 약물), 발한제, 진경제 같은 약물을 복용한 뒤 회복되는 사람들도 있었고, 기도를 받은 후 나은 사람들도 있었다. 하지만 이런 방법을 사용했기 때문에 회복이 됐는지 확실치는 않았다.[2] 정체를 알 수 없는 이 질병은 서서히 섬 전체로 퍼지기 시작했다. 얼마 안 돼 섬 주민 대부분은 가족이나 이웃 중 한 명이 이 병으로 사망하는 상황을 맞게 됐다. 카보베르데의 영국과 포르투갈 관리들은 보아비스타 섬 주민 4,395명 중 311명이 이 병으로 사망했으며, 섬 전체 인구의 약 3분의 2가 감염됐다고 추산했다.[3]

보아비스타 섬에서 처음 유행병이 발생했을 때만 해도 어디서 열병이 시작됐고 어떻게 확산했는지에 대한 정보를 수집할 공중보건 기관이 없었다. 그러자 루머가 돌기 시작했다. 영국 선박의 선원 12명이 이 병에 걸렸다거나, 한 세탁부의 딸이 검은색 토사물을 내뿜으며 고통받다 사망했다거나, 매장을 위해 사체 2구를 운반한 흑인 보초가 이 병에 걸렸다는 등의 루머였다.

　　　　　*　　*　　*

　이클레어 호는 1844년 11월 영국을 떠나 1845년 1월 서아프리카에 도착했다.[4] 몇 달 동안 이클레어 호는 서아프리카 해안 근처에서 움직이면서 작은 배들을 내륙의 강으로 보내 불법 노예 거래의 흔적을 추적하게 했다. 하지만 임무는 실패했고, 이는 선원들이 받을 상금이 없다는 뜻이었다. 작은 배에 탄 선원 중 일부는 배나 해안에서 잠을 잤다. 그러다 설사병이나 열병에 걸리기도 했고, 더러 사망하기도 했다. 이클레어 호의 의사들은 처음에는 이런 상태를 주목하지 않았다. 해군 군의관들은 미지의 땅으로 배를 타고 가는 선원들이 병에 걸리고 사망하는 일이 부지기수임을 익히 알고 있었기 때문이다. 실제로 군의관들은 선원의 절반 정도만 살아남을 것으로 예상했다.

　이클레어 호는 우기인 7월에 시에라리온으로 향했다. 그곳에서 선원들은 또 다른 영국 선박 앨버트 호를 청소하는 임무를 받았다. 앨버트 호는 재앙으로 끝난 1841~1842년의 니제르 원정에 참여한 배였다. 사기가 떨어진 선원들은 휴가차 뭍으로 올라갔다. 몇몇은 아예 탈영을 했다. 이클레어 호는 7월 말에 시에라리온을 떠났다. 그 후 열병이 본격적으로 발병했다. 수많은 선원이 열병 증상을 나타내기 시작했다. 특히 뭍에 올라갔던 선원들에게서 증상이 심했고, 이들 중 7명이 사망했다. 이 선원들에게는 열대 기후에서 흔한 질병인 "이장열弛張熱, remittent fever"에 걸렸다는 진단이 내려졌다.

　배에서 열병이 맹렬하게 확산하는 와중에 증기선인 이클레어 호는 국제 노예무역의 중심지인 세네갈의 고레 섬에서 석탄을 보충했지만, 당시 세네갈을 통치하던 프랑스인 관료들은 이클레어 호의 정박을 허락하지 않았다. 이클레어 호는 카보베르데 제도로 갈 수밖에 없었다.

1845년 8월 21일, 이클레어 호가 보아비스타 섬에 도착했을 때 선장은 자신이 열병 증상이 있으므로 검역 대상이 될 수도 있다고 포르투갈 당국에 통보했다. 현지의 영국인 의사 케니라는 사람이 승선해 이클레어 호를 조사했다. 케니는 전염성이 없는 "흔한 연안열coast fever"이라는 진단을 내렸고, 포르투갈 관리들은 이클레어 호의 정박을 허가했다. 선원들은 처음에는 배에 머물렀다. 하지만 점점 더 많은 사람들이 아프게 되자 항구 안의 작은 섬에 있는 황폐한 요새로 옮겨진 후 그곳에서 건강한 선원과 병에 걸린 선원들이 격리 수용됐다. 장교들은 보아비스타 섬의 중심 도시인 포르투살레이에서 머물렀고, 선원 중 일부는 휴가를 받아 시내에 나가기도 했다. 그동안 현지 노동자 수십 명이 배를 깨끗하게 청소하고 석탄과 물을 실었다. 영국 영사는 장교들의 더러운 리넨을 담은 봉지 12개를 수거해 현지 세탁부 여성 17명에게 나눠주기도 했다.

그 사이 열병은 이클레어 호 선원들 사이에서 계속 퍼졌다. 60명의 환자가 더 생기고, 보조 의사를 포함해 24명이 사망했다. 선장도 열병에 걸린 상태였다. 이클레어 호가 보아비스타 섬에 정박한 지 3주 후인 1845년 9월 13일, 영국으로 귀환한다는 결정이 내려졌다. 병에 걸린 선원과 건강한 선원들 모두 요새를 떠나 다시 배에 올랐다. 배는 마데이라 섬을 경유해 영국으로 향했다. 귀환 도중 선장을 비롯해 선원 12명이 더 사망했다.

1845년 9월 28일 이클레어 호가 영국에 도착했을 때 선박은 잠시 격리됐다. 격리 기간에도 사망자가 추가로 발생했다. 검역 실시를 둘러싼 논쟁이 격렬하게 벌어졌다. 언론, 의료계, 해군 당국은 방역이 초래할 상업적 파급 효과, 질병의 전염성, 병으로 고통받는 선원들에 대한 책임과 관련된 의견을 제시하며 대책을 논의했다. 결국 1년 전 쯤 이 배에 승선한 선원들 중 살아남은 3분의 1만이 배에서 내릴 수 있었다.[5]

한편 보아비스타 섬에서는 열병이 창궐하고 있었다. 이클레어 호가 열병을 가져왔다고 생각한 섬 주민들은 영국에 보상을 요구했지만, 포르트갈 정부는 동맹국인 영국과 관계가 악화할까 두려워 영국에 책임을 묻지 않았다. 포르투갈 정부의 결정과는 상관없이 영국은 조사를 시작했다. 다른 나라에서 영국 선박에 대한 검역 조치를 강화하게 될 수도 있는 의혹을 잠재우기 위함이었다.[6] 영국 해군 의료단 총책임자 윌리엄 버넷 경은 해군 군의관 제임스 오미스턴 맥윌리엄을 조사 책임자로 임명했다. 맥윌리엄은 열병 발생과 관련된 모든 부분을 조사하기 위해 카보베르데로 향했다.

보고서 작성을 위해 맥윌리엄은 보아비스타 섬 주민 100명 이상을 인터뷰했다. 인터뷰 대상은 대부분 유색인종이었고, 노예도 10명 넘게 포함돼 있었다. 당시 카보베르네 제도의 인구는 주로 아프리카계 포르투갈인, 즉 아프리카인 노예와 포르투갈인 정착민 사이에서 태어난 후손들로 구성돼 있었다. 맥윌리엄은 보아비스타 섬의 인구를 노예 434명, 자유 원주민 3,875명, 유럽인 84명, 미국인 2명으로 기록했다.[7] 맥윌리엄이 기록한 이 사람들의 증언은 19세기 대서양 세계

제임스 맥윌리엄

대영제국의 외과의사였던 맥윌리엄은 이클레어 호 정박을 즈음해 보아 비스타 섬에서 창궐하던 열병을 조사하기 위해 현장에 파견됐다. 그는 섬 주민 100명 이상을 인터뷰했고, 이를 토대로 역병이 어떤 경로를 거쳐 사람들에게 퍼졌는지를 상세하게 추적했다.

에서 발생한 유행병과 관련해 아프리카 혈통 주민들을 상대로 채집한 증언 중 현재까지 남아있는 가장 포괄적인 증언이다.[8] 병에 걸린 사람들은 언제 아프기 시작했는지, 누구와 접촉했는지, 증상은 어떤지 증언했다. 건강한 사람들은 이웃이나 친척 중에 병에 걸린 사람이 어땠는지 자세히 들려주기도 했다.

맥윌리엄의 보고서는 노예제와 제국주의가 어떻게 역학을 발전시켰는지 보여준다. 보아비스타 섬 사람들이 지식생산에 기여한 것이다. 이들의 증언은 맥윌리엄이 질병의 원인과 진행에 관해 이해하는 데 도움을 주었으며, 그의 연구에 참여함으로써 이들은 인터뷰가 역학 분석의 핵심적인 방법으로 확립되는 데에도 도움을 주었다.

* * *

제임스 맥윌리엄이 카보베르데로 파견된 것은 아프리카에서 질병을 연구한 경험이 있기 때문이었다. 스코틀랜드에서 태어나고 자란 맥윌리엄은 에든버러 의과대학에서 공부한 후 영국 해군에 입대해 아프리카 서부해안을 순찰하는 해군 함선의 외과의사로 근무했다. 1840년 에든버러로 돌아와 의학 학위를 마친 후, 그는 니제르 원정에 동원된 증기선 3척 중 하나인 앨버트 호의 외과의사로 임명됐다. 니제르 원정은 선교가 주목적이었지만, 원정 지역 지도자들과 무역 협상을 해서 니제르 강 유역 내륙 깊숙한 곳에 시범 농장을 설립해 불법 노예무역을 근절한다는 목적도 있었다. 하지만 니제르 강을 거슬러 올라간 지 몇 주가 지났을 때 원정대의 모든 배에서 열병이 발생했고, 영국 귀환 결정이 내려졌다. 장교와 선원 대부분이 열병으로 사망하거나 앓아누운 상태에서 맥윌리엄은 계속 배를 타고 갈 수밖에 없었다. 결국 맥윌리엄도 열병에 걸렸지만, 몇 주 동안 열에 시달리다 회복됐다. 맥윌리엄에 따르면 원정에 참가한 백인 145명 중 130명이 열병에 걸렸고, 그중 42명이 사망했다. 원정에 참가한 흑인 158명 중에서는 11명이 병에 걸렸지만 사망자는 없었다.[9]

당시 대부분의 영국 군의관들처럼 맥윌리엄도 의료 업무를 처리하면서 과학적 연구를 병행했다. 그는 귀국 후 니제르 원정과 이 원정 기간 발생한 열병에 대한 이야기를 《1841~1842년 니제르 원정에서의 의료 기록: 갑작스러운 원정 중단을 초래한 열병에 대한 설명*Medical History of the Expedition to the Niger during the Years 1841-2, Comprising an Account of the Fever Which Led to Its Abrupt Termination*》이라는 제목의 책으로 출간했다. 니제르 원정에 대한 맥윌리엄의 연구는 후에 카보베르데의 질병 발병을 조사하고 분석하는 데 중요한 맥락을 제공한다. 맥윌리엄은 이 경험을 기초로 하여 보아비스타 섬의 질병을 연구하면서 역학적 방법을 더욱 정교하게 발전시켰다.

니제르 원정에 관한 맥윌리엄의 책 첫 부분에는 배의 규모, 규정, 장비, 인력, 원정 일정에 관한 자세한 기술과 원정대가 들렀던 모든 지역의 지리, 지질, 사회적·문화적 특성에 대한 관찰, 열병 환자와 사망자의 계급별·인종별 분류 통계가 포함돼 있다. 맥윌리엄은 내륙 원정을 위해 지역 주민들을 고용했던 시에라리온에 대해서는 "다양한 나라의 다양한 언어들, 모든 종류의 유색인종이 모여 있는 곳"이라며 놀라움을 표시했다. 원정 중에 맥윌리엄과 선장은 "이부, 카칸다, 하우사, 요루바, 보르누, 라루바, 에가라, 필라타" 등 다양한 종족의 통역사들을 고용하기도 했다. 맥윌리엄은 이 종족들의 종교적 관습에도 관심을 나타냈다. 가령 그는 토네이도가 몰아치는 동안 북을 치고 천둥을 숭배하는 의식을 행하다 번개를 맞은 한 부부의 이야기를 다루기도 했다. 맥윌리엄에 따르면 아프리카인 선원과 어부들은 아내를 여럿 거느리고 있으며 "악마를 숭배"하는데, 그 이유는 신은 선하지만 악마는 악하기 때문에 그들을 "두려워해야 한다"고 생각해서였다. 또한 맥윌리엄은 아프리카인 의사들은 "주물呪物"로 환자를 치료한다고도 썼다.[10]

그는 원정대가 갔던 지역의 주민들 대부분이 할례를 행했으며, 자신이 만났던 추장 중 한 명의 아들들은 "머리털로 다이아몬드 모양 등 각이 진 형상을 나타내기 위해 나머지 머리털을 아주 짧게 자르거나 완전히 민 상태였다"고 기록했다. 그는 아프리카의 소년 중 한명, 에가 지역 출신 누피족 남성의 모습을 묘사하기도 했다.[11] 맥윌리엄의 이런 묘사는 백인우월주의와 오리엔탈리즘의 영향을 받은 것이 분명하지만(가령 그는 인간을 제물로 바치는 관습과 치료 행위의 "미신적 편협성"에 대해 언급했다) 그의 이런 묘사를 아프리카인이 이상하고 문명화되지 않았으며 원시적이라고 본 영국인들의 흔한 묘사 중 하나로 치부할 수는 없다.[12] 맥윌리엄의 관찰 대부분은 열병 발생을 설명할 가능성이 있는 증거들을 찾으려는 차원에서 이뤄졌기 때문이다. 당시의 많은 연구자들처럼 맥윌리엄도 지역의 기후와 환경에 초점을 맞췄다.[23] 그는 개인의 특성 때문에 질병에 취약해지는 것은 아니라고 생각했다. 대신 18세기 서인도제도의 식민지 식물학자들처럼, 질병을 이해하기 위한 단서를 얻으려면 서아프리카 지역에 대해 전반적으로 파악하는 것이 중요하다고 봤다.[14]

맥윌리엄은 배의 백인 선원들은 대부분 열병에 걸렸지만, "크루멘 종족을 포함한 다양한 아프리카인, 아메리카 원주민, 아프리카 혈통의 서인도제도인, 동인도제도인 등 다양한 지역 원주민들로 구성된" 흑인 선원 158명 중 11명에게서만 가벼운 증상이 나타났다는 사실을 들어 발병에 인종적 차이가 있다는 점을 지적했다. 맥윌리엄은 열병에서 살아남은 이 흑인 11명은 모두 영국에서 몇 년을 지냈던 사람들이고, "흑인들이 더운 나라에 살면서 갖게 된 풍토병에 대한 면역력이 다른 기후에서 생활하는 동안 다소 약화됐다는 것을 보여준다"고 말했다.[15]

아프리카인의 선천적 면역력에 대한 맥윌리엄의 주장이 인종 차이에 초점을 맞춘 것처럼 보일 수도 있다. 다만 그가 관심을 가진 것은 아프리카인의 생리학적 특성이 아니라 기후와 환경이 그들에게 미치는 영향이었다. 맥윌리엄은 다른 사례들에서는 흑인 선원과 백인 선원들에 대해 동일한 방식으로 설명했기 때문이다. 그는 "열병 설명 사례들"을 다룬 장에서 환자 16명의 열병 진행 사례를 기록했는데, 그중 2번 환자였던 윌리엄 오클리에 대해 이렇게 설명했다. "총기실 담당 요리사"였던 당시 38세의 오클리는 서아프리카에서 태어났지만 영국에서 여러 해 동안 살았다. 맥윌리엄은 열병이 처음 배 위에서 발생한 날 오클리를 치료했는데, 당시 오클리는 소화가 잘 안 됐고, 몸을 떨면서 구토와 두통에 시달리고 있었다. 다음 며칠 동안 오클리는 계속 열에 시달렸고 몸이 점점 약해졌다. 맥윌리엄은 오클리의 배변

활동, 맥박, 혀의 상태, 수면 상태를 체크했다. 오클리는 2주 정도 열병을 앓다 회복돼 업무에 복귀했다.[16]

책의 2장에서 맥윌리엄은 발열 증상에 대한 관찰 결과, 효과적인 치료법 그리고 자신이 시행했던 여덟 번의 부검 결과를 요약했다. 발열 외에도 두통, 오한, 피로, 구토, 발한 그리고 간헐적인 경련과 섬망 등이 일반적인 증상이었다. 맥윌리엄은 치료를 위해 발포고(물집을 생기게 하는 고약), 설사약, 퀴닌을 권했지만 사혈 방법은 쓰지 말라고 경고했다. 회복기에는 서늘한 환경으로 옮기는 것이 가장 효과적이었다. "말라리아모기가 있는 곳에 계속 머무는 한" 열은 지속되기 때문이었다. 또한 맥윌리엄은 이 열병이 접촉을 통해 전염되지 않는다고 결론지었다. 환자와 계속 접촉한 사람들이 여러 명 있었지만 그중 아무도 열병 증상을 나타내지 않았던 것이다.[17]

증상이 나타나는 순서를 파악하는 것은 이 열병을 임상적으로 분류하는 데 도움이 됐지만, 맥윌리엄은 무엇보다 열병의 근본적인 원인을 찾아내려 노력했다. 이 과정에서 맥윌리엄은 "열대 지역 나라들에서 발생하는 이런 열병의 원인처럼 연구 결과가 만족스럽지 않은 주제는 의료사에서 없었으며, 이토록 유럽인을 괴롭게 만드는 만큼 주제도 없었다"고 썼다.[18] 당시의 다른 의사들처럼 맥윌리엄도 물이 자주 넘치고, 온도기 높으며, 습지기 많고, 식물이 무성하게 자라는 곳에서 최악의 열병이 발생한다는 사실에 주목했다. 당시는 유기물의 부패로 인해 발생하는 수증기가 어떤 식으로든 질병을 일으킨다는 통념이 널리 퍼진 시대였다.[19] 이 책에서 맥윌리엄이 원정 기간 (유기물의 부패로 인해 발생하는) 황화수소를 주제로 한 실험에 대해 길게 설명을 한 것은 이런 통념에 기초했다.[20] 원정 기간 동안 맥윌리엄이 아프리카 근해에서 직접 수집하거나 다른 사람들이 수집한 물에는 황화수소가 포함돼 있었다. 당시는 황화수소와 "아프리카 해안지역 사람들의 악명 높은 건강상태" 사이에 연관 관계가 있을 거라는 화학자 존 대니얼의 이론이 받아들여지던 때였다.[21] 만약 그게 사실이라면, 특정 지역의 물을 분석해 황화수소가 많이 들어있을 경우 그곳을 피해 가거나 염소가스로 훈증 소독해 황화수소를 제거하는 것이 가능했다.[22] 이에 따라 니제르 원정대의 의료진들은 해안과 강 상류에서 물 샘플을 채취하고 검사하라는 지시를 받았다. 맥윌리엄은 수많은 샘플을 수집했다. 하지만 수집병 안에서 검출된 가스는 병 안의 부패로 인해 발생한 실험적인 인공물이며, 그 가스는 환경에 널리 존재하지 않는다는 결론을 내렸다. 그 결과 "황화수소는 바닷물과 강물, 대기 중에 존재하지 않는 것이 확실히 증명됐다"고 그는 말했다. 맥윌리엄은 이렇게 황화수소가 제외됨에 따라 질병의 원인이 될 수 있는 것은 미아즈마, 즉 "말라리아를 일으키는 날숨" 밖에 없으며, 이 미아즈마는 석탄을 연료로 사용하는 증기선의 정체된 공기와 고온, "쇠약해져 기력을 잃은" 사람들의 상태에 의해 더 강화된다는 생각을 하기에 이르렀다.[23]

　니제르 원정은 많은 측면에서 실패였지만 맥윌리엄은 이 원정을 통해 열병의 진단, 치료, 원인에 대해 연구할 수 있었고, 이 연구는 그의 카보베르데 열병 연구에 영향을 미쳤다.

　　*　　*　　*

　1846년 3월에 카보베르데에 도착한 맥윌리엄은 니제르 원정 때 사용했던 조사법과 비슷한 방법으로 열병 확산을 연구했다. 그는 영국 해군의료단 총책임자 윌리엄 버넷 경으로부터 받은 많은 질문에 답해야 했다. 이 질문 리스트에는 카보베르데의 열병이 풍토병인지 산발성 질병인지, 보아비스타 섬에서 처음 발생한 것인지, 열병의 원인이 이클레어 호와 관련이 없는지, 이클레어 호 장교들의 옷을 세탁한 여성들이 열병에 걸렸는지, 이 여성들이 "아프리카인인지 섬 원주민인지, 흑인인지 다른 유색인종인지", 이클레어 호 장교들이 머물던 집에서 열병이 발생했는지 등에 대한 질문이 포함돼 있었다.

　나아가 맥윌리엄은 이클레어 호나 선원들이 머물렀던 오래된 요새가 있는 작은 섬에 간 적이 있거나 그곳에서 일한 적 있는 주민들, 그 요새에서 보초를 선 적이 있는 병사들을 찾아내 그들 중 열병 증상이 나타난 사람이 있는지도 알아내야 했다. 맥윌리엄은 만약 그런 사람이 있다면 언제 증상이 나타났는지 조사해 "이 질병의 원인이 배 안에서 처음 만들어지거나 지금도 배 안에 존재하는 미아즈마 속성의 병원성 물질인지, 이 물질이 환자의 몸에서 나오는 특정한 전염성 물질인지" 알아낼 수 있을 거라고 생각했다. 맥윌리엄은 이 질병이 다른 사람에게 전파되고, 그 사람으로부터 또 다른 사람에게 전파됐는지 확인할 생각이었다. 일종의 사후접촉추정after-the-fact contact tracing 연구 계획을 세운 것이다.[24]

　맥윌리엄이 도착했을 때 질병 확산은 거의 끝나가고 있었다. 따라서 진찰할 수 있는 환자는 한두 명밖에 없었지만, 지난 6~7개월 동안 일어난 일을 추적하기 위해 그는 1인칭 시점의 증언을 섬 전역에서 수집했다.[25] 맥윌리엄의 보고서는 영국 영사관 창고 관리인으로부터 장교들의 더러워진 리넨을 받았던 여성 세탁부들과 인터뷰로 시작한다. 창고 관리인은 여성 세탁부 17명 모두의 이름을 알려줬다. 그들을 영국 영사의 집으로 불러 인터뷰할 수 있냐고 맥윌리엄이 묻자 창고 관리인은 열병으로 사망한 4명을 제외하면 모두 가능하다고 대답했다.

맥윌리엄은 세탁물이 이동한 경로를 추적하는 방법으로 세탁물, 화물 등이 오염돼 질병을 퍼뜨릴 수 있는지에 관한 오래된 의문의 답을 찾으려고 했다. 그는 인터뷰 내용을 기록하면서 세탁부 여성 모두의 이름, 나이, 인종을 확인했다(그는 이 여성들이 "물라토(백인과 흑인의 혼혈)", "다크 물라토(피부가 검은 물라토)", "흑인 여성" 중 어떤 범주에 속하는지 기록했다). 세탁부 여성들은 대부분 세계 곳곳에서 지낸 경험을 가졌으며, 환자들을 가깝게 관찰한 사람들이기도 했다. 예들 들어 그들 중 한 명인 마리아 데 안나 리모아는 "아메리카, 리스본, 그리스, 그리고 생자고를 비롯한 카보베르데의 여러 섬에서 지냈던" 사람이었다.[26] 카보베르데에서 거의 평생을 지냈을 세탁부들도 당시 분주했던 보아비스타 섬 항구에 내린 수많은 나라의 선원들을 만난 경험이 있었다. 실제로 세탁부들은 한 명을 제외하고 모두 열병에 걸렸고, 세탁부의 가족들도 대부분 마찬가지였다.

맥윌리엄이 질병 조사를 위해 이 섬에 도착하기 전부터 세탁부들은 이미 유행병에 주목하고 있었다. 이들은 유행병의 특이한 증상들을 목격하면서 질병이 언제 나타나 얼마나 지속되는지 관찰했으며, 누가 죽고 누가 회복됐는지도 모두 알고 있었다.

리모아는 이전에 카보베르데 제도의 섬 생자고에서 유행해 자신도 피해자가 됐던 천연두와 이번 열병이 다른 질병이라고 말했다. 에밀리아 조아나 마리아나는 자신을 포함해 남편과 딸이 모두 열병을 앓았다고 전했다. "시골 의사"인 에밀리아의 남편은 열병을 앓는 사람들을 치료하다 가족 중 제일 먼저 열병에 걸렸다. 에밀리아의 딸은 다른 마을에서 할머니와 함께 지내고 있었는데, "검은색 토사물"을 뿜은 후 나흘 만에 사망했다. 자신이 노예 신분이라고 밝힌 안나 산타는 열병이 처음 발생하자 주인이 자신을 데리고 섬의 다른 마을로 갔고, 열병이 잦아든 후 포르투살레이로 돌아왔다고 했다. 그 후 안나의 주인은 자기 딸과 또 다른 노예 한 명을 데리고 다른 마을로 다시 갔는데, 이들 모두 열병에 걸렸지만 안나를 포함해 포르투살레이에 남아있던 사람들은 아무도 열병에 걸리지 않았다고 전했다. 이런 정보들은 맥윌리엄이 누가 어디서 병에 걸렸는지 추적하는 데 도움을 줬다.[27] 마리아 레오노라는 "흑인 여성" 세탁부는 이클레어 호가 섬을 떠난 지 6주 정도 후인 10월 20일경에 열병 증상이 나타났다고 증언했다. 레오노라는 2주 동안 아팠고, 엄마와 두 자매 모두 자신에게 증상이 나타난 직후 아프기 시작했다고 전했다.[28]

세탁부들은 누가 아픈지, 누가 누구와 접촉했는지, 누가 시신을 운반하고 묻었는지 알고 있었고, 이는 질병의 확산을 추적하는 데 중요한 단서가 됐다. 레오노라는 자신이 마노엘 아폰소라는 남성을 포함해 여러 명의 환자와 만난 적이 있다고 말했다. 맥윌리엄이 "물라토"

라고 기록한 안토니아 칠레코라는 세탁부는 자신의 남동생인 레안드로 에베라도 아폰소를 만난 후 아프기 시작했으며, 남동생은 이 유행병으로 인한 최초의 사망자인 포르투갈 군인 2명을 매장한 마노엘 안토니오 알베스와 같은 배를 탔었다고 기억했다. 레안드로와 그의 가족들은 모두 열병에 걸렸다.[29] 맥윌리엄이 "흑인 여성"으로 기록한 안토니아 로메스는 자신의 남동생이 가족 중에서 맨 처음 열병에 걸렸다며 "남동생은 매장할 사체들을 운반한 후 아프기 시작해 11월에 죽었다"고 말했다.[30]

맥윌리엄은 이클레어 호의 선원들이 머물던 섬의 요새에서 보초병으로 일했던 군인 11명과 섬의 군사령관도 인터뷰했다. 각각 3명으로 구성된 5개 보초 조가 요새를 지켰는데, 맥윌리엄은 이들 모두를 인터뷰했다. 맥윌리엄은 열병에서 살아남은 군인과 주민들의 증언에 기초해 섬에서 가장 큰 마을인 포르투살레이에서 열병이 처음 확산된 점이 이 군인들의 움직임, 행동, 생사와 관련이 있는지 추적했다.

보초병 중 첫 번째 사망자는 이클레어 호 선원들이 9월 13일 배로 돌아가 섬을 떠날 때까지 요새에 주둔했던 포르투갈 군인 2명이었다. 맥윌리엄이 인터뷰한 많은 사람들은 이 군인들의 사망과 사망 이후에 무슨 일이 일어났는지 자신들이 들은 말을 전했다. 요새의 병실을 드나들던 이 두 군인은 선원들이 떠나고 하루 이틀 후에 아프기 시작해 며칠 만에 숨졌다. 이들은 같은 보초 조의 나머지 한 명인 미겔 바르보사와 아픈 군인들을 간병하라는 사령관의 명령을 받은 페드로 마노엘의 보살핌을 받았는데, 바르보사와 마노엘은 둘 다 "흑인"이었고, 선원들이 머물던 병실을 화약(당시 화약은 공기 정화 역할을 한다고 생각됐다)과 석회수로 깨끗하게 청소했다. 포르투갈 군인 2명이 사망하자 마노엘 안토니오 알베스라는 또 다른 "흑인" 병사가 요새로 파견돼 사체 수거를 도왔다.

알베스는 요새 근처에 도착해 배를 댄 다음 옷을 모두 벗었다고 말했다. 오염을 예방하기 위해서였던 것 같다. 알베스는 "나체 상태로" 요새로 뛰어갔고, 그곳에서 미겔 바르보사와 페드로 마노엘을 만났다. 이들은 포르투갈 군인 2명 중 한 명이 이미 사망한 상태였고, 다른 한 명은 "거의 사망한 상태"라고 말했다. 세 명은 사체를 빨간 누비이불로 둘둘 말았다. 알베스는 맥윌리엄에게 "시신이 매우 안 좋아 보였고 아주 역겨운 냄새가 났다"고 말했다. 그는 "시신 밑에 판자 두 장을 받쳐" 2킬로미터 정도 옮긴 다음 "해변의 모래 안에 묻었다"고 증언했다. 다음날 나머지 포르투갈 병사가 죽었고, 그 시신도 모래에 묻었다.[31]

맥윌리엄은 미겔 바르보사와 페드로 마노엘도 인터뷰했다. 바르보사는 보초를 서면서 이클레어 호 선원들이 죽는 것을 많이 목격했으며, 포르투갈 병사들이 있는 병실에도 가끔 갔다고 말했다. 바르보사는 포르투갈 군인들이 "처음에는 온몸에서 열이 나다 의식이 혼미해고 나중에는 검은색 토사물을 계속 뿜었다"고 전했다. 바르보사는 알베스가 사망한 군인들의 옷을 바다에 던졌냐고 맥윌리엄에게 들려줬다. 마노엘도 바르보사가 한 말과 비슷한 내용을 전하면서 선원들이 섬을 떠난 후에 일어난 일에 대해 자세히 복기했다. 마노엘은 사령관이 "내 동료(바르보사)와 내가 열병에 걸렸을지 모른다고 우려해 우리가 포르투살레이의 막사로 돌아가는 것을 허락하지 않고 팡데바렐라에 있는 작은 집으로 가도록 명령했다"고 말했다.[32] 그리하여 맥윌리엄은 포르투살레이 근처의 이 작은 집에서 유행병의 다음 단계를 추적하기 시작했다.

맥윌리엄은 팡데바렐라에 있는 집들이 "대부분 오두막이고, 대충 지어졌으며, 한 집에 많은 사람이 살고 있었고, 몇몇 예외적인 집을 제외하면 모두 지저분했다"면서 이런 집들에 "최하층민들이 살고 있었으며, 거리는 불결했다"고 묘사했다.[33] 이 좁은 집에 수용돼 있는 동안 바르보사와 마노엘은 둘 다 열병을 앓기 시작했다. 이들은 이웃에 사는 여성 두 명의 보살핌을 받았다. 안나 갈리냐라는 여성이 이들에게 밥을 차려줬고, 조아나 텍세이라는 "물라토" 여성은 간호를 했다. 두 사람 외에도 많은 이웃 주민들이 병에 걸린 바르보사와 마노엘의 집에 온 적이 있었다.[34] 바르보사와 마노엘이 막사로 귀환하고 며칠 뒤 갈리냐가 아프기 시작했다. 영국 영사관 창고 관리인 존 제이미슨에 따르면 갈리냐는 "고열 증상을 보이면서 광기를 나타냈고, 검은 토사물을 쏟아내다" 나흘 만에 사망했다. 텍세이라가 갈리냐를 간호하는 동안 두 여성을 자주 보러왔던 마노엘 아폰소라는 이웃 남성도 열병에 걸려 사망했다. 텍세이라와 몇몇 마을 사람들의 증언에 따르면, 갈리냐와 아폰소의 시신을 매장한 사람들을 비롯해 이들의 이웃 주민 상당수가 열병에 걸려 사망했다.[35]

맥윌리엄은 세탁부, 보초병, 포르투살레이 주민 외에도 정박 중이던 이클레어 호에서 일한 41명의 노동자 중 38명(그리고 보아비스타의 다른 지역에서 온 사람들), 요새 근처에서 이클레어 호로 석탄을 날랐던 노동자 23명 중 18명, 석탄 더미 위에서 일했던 노동자 23명 중 12

명을 더 인터뷰했다. 이 남성들은 사람들이 열병 환자들과 언제 처음 접촉했는지, 그들이 열병 증상을 나타내기까지 어느 정도 시간이 걸렸는지에 대한 구체적 정보를 제공했다. 이 남성들은 보아비스타 섬의 다른 지역들로 열병이 어떻게 확산됐는지도 들려줬다. 열병이 언제 처음 섬에서 발생했는지도 정확하게 기억했으며, 환자의 숫자와 사망자의 이름도 모두 알고 있었다. 열병의 발생과 확산 시점에 대해 매우 정확한 정보를 제공한 것이다. 열병이 언제 섬에 상륙했고 얼마나 오래 지속됐는지 묻자 이들은 "며칠" "일주일" "이클레어 호가 섬에 정박하기 전까지" "우리 마을에서 열병이 크게 번졌을 때" 같은 구체적인 표현을 사용해 대답했다.

맥윌리엄은 이런 증언들을 모두 모아 포르투살레이를 비롯한 섬 전역에 걸친 열병 확산과 열병이 사람에서 사람으로 어떻게 전파됐는지에 대해 보고서를 작성했다.[34] 이 과정에서 열병 전파에 관한 핵심적인 정보를 구체적으로 제공한 사람들이 바로 세탁부들이었다. 이클레어 호 장교들의 더러운 세탁물을 직접 만졌음에도 불구하고, 세탁부들은 열병이 섬 전체에 퍼지고 몇 주 혹은 몇 달이 지날 때까지 감염이 되지 않았다고 맥윌리엄에게 하나같이 말했기 때문이다. 예를 들어 에밀리아 조아나 마리아나는 열병을 앓았지만 "지난 12월 말이 되어서야 열이 났다"고 했다. 마리아 다 로카는 "아픈 적이 있지만 아주 최근의 일"이라고 말했다. 사비나 디에고는 "열병이 마을 전체에 퍼졌을 때" 자신도 열병에 걸렸다며, 자신은 남편이 열병에 걸린 이후부터 아팠다고 전했다.[37] 맥윌리엄은 "살아남은 세탁부들을 조사해 본 결과 10월 말에 2명, 11월에 5명, 12월에 2명, 1월에 3명이 열병에 걸렸으며, 2월의 특정 시점까지는 1명밖에 열병에 걸리지 않았다는 사실을 발견했다.(…) 따라서 이 세탁부들이 리넨을 통해 열병에 감염됐다고 할 수는 없다"고 썼다. 맥윌리엄은 "포르투살레이에서 최초로 열병에 걸린 사람들 중 세탁부는 한 명도 없었다"면서 이클레어 호에서 일했던 노동자들 대부분도 마찬가지라고 말했다. 그는 "이런 사실은 열병이 열병 환자들과 직접 접촉한 사람들에게만 전파됐다는 것을 뜻한다"고 결론을 내렸다.[38] 더러운 옷으로부터 감염되지 않았다는 것을 아는 세탁부들의 증언에 기초해 내린 결론이었다. 하지만 그는 세탁부들의 도움을 받아 자신이 이 유행병 확산에 대해 이해하게 됐다고 명시적으로 밝히지는 않았다.

역사학자의 관점으로 볼 때 맥윌리엄이 남긴 보고서의 가치는 질병 발생의 원인을 규명한 데 있는 것이 아니라 역학의 핵심 도구가 된 인터뷰의 중요성을 부각시킨 데 있다. 맥윌리엄은 섬 노예들의 삶과 그들의 움직임에 집중해 수많은 인터뷰를 하고 열병으로 사망한 노예들에 대해서도 조사했다.

가령 열병에 걸린 노예 중 포르타조라는 사람이 있었는데, 그의 주인은 보아비스타 주재 부영사이면서 소금공장을 소유한 조앙 밥티스타였다. 밥티스타는 노예들을 포함해 모두 42명이 사는 대저택의 소유주였다. 미겔 바르보사와 페드로 마노엘에 따르면, 포르타조는 의사를 제외하면 요새에서 사망한 포르투갈 병사들을 만난 유일한 사람이었다. 포르타조는 밥티스타의 다른 노예들의 간호를 받다 11월 중순에 사망했다. 포르타조가 열병에 걸려 사망하자 밥티스타는 보아벤투라에 있는 자신의 다른 집으로 가솔들을 모두 피신시켰다. 보아벤투라는 섬에서 제일 큰 항구에서 약 6킬로미터 떨어진 곳으로, 열병이 아직 발생하지 않은 지역이었다.[39]

다만 보아벤투라는 9월 말에 이미 열병이 퍼지기 시작한 가난한 지역인 카베사다 바로 옆이었다.[40] 보아벤투라 주민들은 스스로를 격리시킴으로써 열병을 피하려 했다. 밥티스타는 "우리는 카베사다 사람들이 집 근처에 오는 것을 허용하지 않았다"고 증언하기도 했다. 하지만 결국 보아베투라에서도 열병이 발생했다. 먼저 밥티스타의 처남이 사망했다. 열병에 걸린 상태로 포르투살레이에서 보아벤투라로 온 사람이었다. 그 후 열병에 걸린 하인 로사 포르테스가 자신의 아버지 집에 왔고 가족 전체로 병이 퍼졌다.[42] 세 번째로 열병에 걸린 사람은 이름이 없는 노예였다. 맥윌리엄은 밤에 카베사다에서 보아벤투라로 들어온 노예에 대해 들어본 적이 있는지 물었고, 밥티스타는 있다고 대답했다.

맥윌리엄이 다음으로 인터뷰를 한 사람은 "목수 일을 하는 원주민 물라토" 빈센테 안토니오 올리베이라였다. 올리베이라는 밥티스타의 처남과 로사 포르테스가 열병으로 사망한 사실을 알고 있었다. 다른 사례를 아는지 묻자 올리베이라는 "세실리아 다 브리토의 노예 한 명이 친구와 친척을 만나기 위해 카베사다에서 보아벤투라로 밤에 몰래 들어갔다가 열병에 걸려 4~5일 만에 죽었다"고 말했다. 올리베이라는 그 이후로 "로사의 아버지 집과 이 노예가 죽은 집에서부터 열병이 퍼지기 시작했다"고 들려줬다. 이 노예가 사망한 집에서 살던 암브로시아라는 여성도 나중에 열병으로 사망했다.[43]

맥윌리엄은 이클레어 호에서 일한 많은 남자 노예들, 석탄을 다시 배에 채우는 일을 한 남자 노예들과도 이야기를 나눴다. 그는 그들이 며칠 동안 일했는지, 배나 요새에서 일할 때 열병 증상이 나타났는지, 그랬다면 언제 어디서 나타났는지, 열병 환자들 근처에 간 적이 있는지 물었다. 노예들은 다양한 증언을 했고, 이들의 증언은 다른 노동자들의 증언과 함께 맥윌리엄이 언제 어떻게 열병이 확산됐는지 파악하는 데 도움을 주었다.[44]

보아비스타 섬의 주민들 그리고 노예들과의 인터뷰는 유행병을 직접 체험한 사람의 증언 수집이 질병 이해에 얼마나 중요한지 보여준다. 맥윌리엄은 자신의 모든 정보원을 동등하게 대했고, 인종주의에 근거해 질병을 설명하지 않았다. 하지만 그렇다고 해서 맥윌리엄 같은 의사들의 질병 분석에 인종주의가 전혀 영향을 미치지 않았다고 할 수는 없다. 맥윌리엄을 비롯한 의사들은 견고한 인종 분류체계에 기초해 사람들을 묘사한 적이 많기 때문이다. 그럼에도 불구하고 맥윌리엄의 보고서는 식민지 주민과 노예들의 증언을 제대로 기록하고 문서화하고 분석하는 작업이 질병 연구에서 핵심적인 역할을 할 수 있다는 사실을 보여준 주목할 만한 예라고 할 수 있다.

*　*　*

맥윌리엄은 이런 인터뷰 내용을 기초로 이클레어 호가 사실상 카보베르데로 열병을 옮겼다고 결론지었다. 그는 영국 선박이 도착하기 전에 카보베르데가 "건강한 상태"였다고 판단했다. 섬에서 발생한 열병은 배가 섬에 도착했을 때 선원들이 앓던 열병과 동일한 질병이었다. 하지만 이 열병은 이클레어 호에서 진행되는 동안 속성이 변화했다. 맥윌리엄은 1845년 5월 말에서 7월 초 이클레어 호에서 처음 발생한 질병은 "아프리카 해안의 일반적인 풍토병이었으며, 공기나 직접 접촉을 통해 전염을 일으키는 병이 아니었던 것으로 보인다"고 주장했다. 하지만 이클레어 호가 시에라리온에서 카보베르데로 이동하는 동안 이 열병은 "더 나쁜 쪽으로 속성이 크게 변화했고", 이는 선상에서 검은색 토사물을 뿜는 환자들이 여럿 있었다는 사실에 의해 증명된다고 말했다. 검은색 토사물을 뿜는 증상은 일반적인 풍토성 열병에서는 관찰되지 않는 증상이었다. 맥윌리엄은 아픈 선원들이 요새에 수용돼 있는 동안 "열병의 독성이 훨씬 더 강해졌다"며 "간단히 말해, 아프리카 해안의 산발적 이장성 풍토병이 여러 가지 원인에 의해 집중적 이장성 열병, 즉 황열병으로 발전했다"고 분석했다.[45]

영국 정부 입장에서 볼 때, 맥윌리엄이 내린 가장 중요한 결론은 전염병으로 변화한 이 열병이 이클레어 호에서 보아비스타 섬으로 전파돼 치명적인 유행을 일으켰다는 점이었다. 맥윌리엄은 "보아비스타에서 발생한 열병은 전염성 질병의 일반적인 특성을 지녔음이 분명하다. 이 사실과 요새에 격리됐던 병사들에게서 발작이 일어난 시점과 환경, 포르투살레이에서 열병이 발생한 시점과 환경을 종합해볼 때 이 열병이 이클레어 호에 의해 섬으로 유입됐다고 확실히 말할 수 있다"고 보고서에 적시했다. 또한 그는 열병이 "환자와 직접적인 접촉이라는 거의 유일한 경로를 통해서만 포르투살레이에서 섬 전체로 확산됐다"고 덧붙였다.[46]

맥윌리엄은 이 질병이 전염성을 가지게 된 여러 원인에 대해서도 의견을 밝혔다. 그는 시에라리온에서 배의 상황이 열악했다며 선원들이 "지겨운" 일을 해야 했고 "병을 일으킬 수 있는" 환경에 몇 달 동안 노출됐다고 썼다. 맥윌리엄에 따르면 배가 보아비스타에 도착했을 때 아픈 선원들이 옮겨진 낡은 요새는 환기 상태가 형편없고 선원 수에 비해 비좁은 곳이었다. 트로터나 밀로이 같은 의사들이 질병의 독성을 증가시킨다고 지적한 요소들이 그 요새에도 그대로 존재했다는 게 맥윌리엄의 설명이었다.[47]

맥윌리엄은 섬에서 사망률이 치솟은 것은 영양 상태가 나빴다는 부분적인 원인도 있지만, 포르투갈 의사가 도망가고 영국인 의사가 사망한 후 "몇 달 동안 의료지원이 전혀 없었기 때문"이라고 말했다.[48] 그는 가족들의 간호나 "카보베르데의 의사"임을 자처하며 "수많은" 환자들을 보살폈던 주앙 마리아나 같은 토종 치료사들의 노력은 완전히 무시했다.[49] 맥윌리엄은 전염성이 매우 강한 이 질병이 재발하는 것을 막기 위해서는 여러 방법을 사용해야 한다는 말로 보고서의 결론 부분을 마무리했다. 쓰레기를 바다에 버리지 못하게 하거나, 돼지들이 길거리를 돌아다니지 못하게 하거나, 집에 석회수를 뿌리거나, 주기적으로 침대보와 옷을 바람에 말려야 한다는 등의 제안이었다.[50]

황열병에 대한 맥윌리엄의 분석은 현대의 기준으로 보면 부정확하다. 황열병은 모기에 의해 전염된다는 사실이 19세기 말 연구자들에 의해 밝혀졌기 때문이다. 하지만 전염에 대한 맥윌리엄의 생각이 틀렸다고 해도 그가 사용한 1인칭 인터뷰 방법은 매우 놀라운 것이다. 그는 환자의 서술이 유행병의 기원, 성격, 행동을 이해하는 데 중요한 역할을 한다는 점을 인식하고 있었다. 지역사회 사람들에게 체계적이고 표준화된 질문을 하는 것은 현재의 공중보건과 역학 연구에서 핵심적인 부분이다.

맥윌리엄의 《보아비스타 열병에 관한 보고서》는 영국에서 출판돼 유럽과 미국 전역에서 읽혔다. 수많은 저널에서도 이 보고서 내용이 인용됐다.[51] 영국의 방역 총책임자 윌리엄 핌 경도 이클레어 호에서 발생한 열병이 전염성이 있다는 맥윌리엄의 주장을 지지했다. 핌은 황열병에 대한 맥윌리엄의 주장이 자신의 견해와 일치하며, 이클레어 호가 영국에 돌아왔을 때 검역을 실시해야 한다던 자신의 주장을 뒷받침해준다고 생각했다(하지만 핌과 맥윌리엄은 둘 다 황열병이 추운 기후에서는 지속될 수 없다고 생각했다).[52]

다만 맥윌리엄에게 조사를 맡겼던 당사자인 버넷은 이클레어 호가 시에라리온에서 카보베르데로 열병을 전파했다는 내용의 보고서를 거부하면서, 길버트 킹이라는 의사에게 재조사를 맡겼다.[53] 킹은 맥윌리엄의 결론에 반론을 제기하면서, 폭우가 카보베르데에서 열병을 일으켰으며 열병은 이클레어 호와 전혀 관계가 없다는 결론을 내렸다. 킹은 맥윌리엄에게 정보를 준 사람들이 "문명사회의 가장 낮은 계층에 속하는 무식한 문맹들"이라며 그들 증언의 공신력에 의문을 제기하기까지 했다.[54]

전염병에 대한 자신의 주장을 뒷받침하기 위해 버넷은 황열병이 다른 사람들에게 전파되지 않았던 버뮤다와 자메이카의 사례를 들었다.[55] 맥윌리엄 같은 의사들처럼 버넷도 세계 곳곳의 사례연구들을 바탕으로 유행병을 연구했다. 황열병은 영국 본토에서는 발생하지 않았지만, 버넷 같은 의사들은 전 세계 다양한 대영제국 식민지로부터 오는 보고서를 기초로 황열병을 이해하는 데 도움을 받았다.

맥윌리엄의 보고서는 식민지 주민과 노예들이 알고 있는 것들이 의사들의 연구에 영향을 미친 예라고도 할 수 있다. 또한 이 보고서는 보고서를 읽은 의사들, 정부 관료들, 런던과 대서양 세계의 사람들이 황열병에 대해 이해하는 데 지대한 영향을 미쳤다.[56] 맥윌리엄이 카보베르데에 도착하기 훨씬 전부터 보아비스타 주민들은 유행병의 증상에 대해 알았고, 유행병이 어디로 확산하는지도 알고 있었다. 영국으로 돌아온 맥윌리엄은 검역 논쟁에서 자신의 연구 결과를 발표한 후 유행병 분야의 권위자로 부상했지만 그의 주장은 카보베르데의 식민지 주민과 노예들의 증언을 바탕으로 한 것이었다. 맥윌리엄은 질문을 통해 그들의 지식이 드러나게 만든 것이다.

*   *   *

당시 주민과 노예들의 통찰력을 지식생산의 한 형태로 해석한다면, 우리는 그들이 맥윌리엄에게 질병의 세부사항과 질병으로 인한 사망 등에 대해 들려준 행동이야말로 일종의 감정노동이었음을 알게 된다.[57] 가령 "다크 물라토"로 묘사된 노동자 루이스 파티는 "가족이 있나요?"라는 질문에 "남은 가족이 없습니다"라고 대답했다. 아내와 자식 3명이 모두 사망했기 때문이다. 열두 살짜리 딸은 "고열이 났고 죽기 몇 시간 전까지 검은 토사물을 뿜었으며 정신이 혼미한 상태였다."[58] 맥윌리엄에게 정보를 준 사람들은 질문에 대답하기 위해 이렇듯 충격적이고 비통했던 상황을 다시 떠올려야 했다.

맥윌리엄은 100명 넘는 사람들을 인터뷰했다. 인터뷰 형식은 노예, 영국 상인, 포르투갈 관리, 자유 흑인들을 망라해 거의 동일했던 것으로 보인다. 맥윌리엄이 질문을 하고 인터뷰 대상자가 반응을 하는 방식이었다. 이들의 응답이 절제되고 감정이 섞이지 않았던 이유가 여기에 있다. 이들의 말투는 직업에 대해 말할 때든 자녀의 죽음에 대해 말할 때든 냉담해 보인다. 이런 형식으로 진행되는 인터뷰는 응답자의 목소리가 갈라지거나, 응답자가 순간적으로 침묵하거나, 눈에 눈물이 괴거나, 이야기를 중단하는 것을 잡아내지 못하기 때문이다. 대신 이런 인터뷰는 응답자들의 지식을 글로 기록할 수 있도록 그들의 말을 특정한 방식으로 압축하는 합리적 체계를 제공한다.

맥윌리엄의 연구에 영향을 미친 이런 사람들은 의학저널, 신문, 정책토론에서는 핵심적인 정보 제공자로서의 위치를 곧 잃었다. 하지만 이들이 질병에 대해 관찰하고 알게 된 것들, 직접 걸린 질병과 그 질병으로 겪은 고통, 심지어 가족과 이웃의 죽음은 의사들이 질병 전파에 대해 이해하고, 정책결정자들이 검역 규정에 관해 토론하고, 역학 연구자들이 질병 연구 방법을 개발하는 데 기여했다.

맥윌리엄의 연구는 과학지식이 제국의 정복을 정당화하고 그 정복에 추진력을 제공하는 데 어떻게 사용됐는지 보여주는 예가 아니라, 제국주의가 과학지식을 어떻게 만들어냈는지 보여주는 예다.[59] 힘의 역학관계가 작용하지 않았다는 뜻은 아니다. 세탁부, 노예, 배에서 일하던 노동자들은 질문에 의무적으로 대답해야 한다고 여겼을지 모르며, 자신들이 한 대답 때문에 질병 확산의 주범으로 지목당할 수도 있는 위험을 무릅썼다. 힘의 역학관계는 자유 흑인과 노예들이 가장 낮은 수준의 일을 했다는 사실에서도 발견된다. 이들은 옷을 빨고 배를 청소했으며, 환자들을 돌보고 시신을 묻는 일을 했다. 이런 일을 했던 이들은 대부분 병에 걸렸다. 그들 중 일부는 사망했고, 대부분은 가족을 잃었다.

이클레어 호와 관련된 논쟁은 후대에 역학의 대부로 불리게 되는 존 스노John Snow가 런던의 콜레라 발생에 관한 연구를 시작하기 10년 전쯤에 일어났다. 스노는 소호 지역에 들어가 가난한 주민들과 이야기를 나눴는데, 당시 이런 접근방법을 사용한 사람은 스노 외에도 여럿 있었다.[60] 맥윌리엄을 비롯한 식민지 의사들도 세계 곳곳에서 비슷한 접근법을 사용하고 있었다. 이런 의사들은 대부분 런던역학학회 소속이었다. 스노와 맥윌리엄은 1850년에 설립된 런던역학학회의 창립멤버였고, 맥윌리엄은 오랫동안 이 학회의 명예 사무총장을 맡았다.

또 다른 창립멤버인 개빈 밀로이는 1864년에 학회장이 됐다. 영국령 카리브해 지역에서 군의관으로 근무한 경험이 있는 사람이었다. 역학 연구에서 이 지역이 지니는 중요성에 대해서는 죄수들이 가득 탔던 배에서 시작해 1850년 자메이카에서 발생한 콜레라의 원인과 확산에 대한 밀로이의 연구 이야기로 끝나는 다음 장에서 다룰 것이다.

4장

기록관리

대영제국의 역학

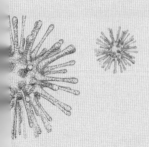

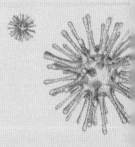

카보베르데에서 황열병이 발생한 지 4년 만인 1849년 9월, 영국 죄수선 넵튠 호가 남아프리카공화국 희망봉의 사이먼스 만에 도착했다. 배가 입항하자마자 주민들에게 알리기 위해 시내에서 종이 울렸다. 케이프타운 사람들은 선원과 죄수들이 내리는 것을 허락하지 않았다. 정육점 주인들은 그들에게 고기 제공하는 것을 거부했고, 제빵사들은 빵을 제공하는 것을 거부했다.[1]

그해 초 영국의 케이프 식민지에는 남아공에 죄수유형지를 설립할 계획이 있다는 소식이 전해졌다. 영국은 수십 년 동안 수만 명의 죄수를 호주에 보내고 있었는데, 그로 인해 호주에서 저항이 커지자 영국 정부 관리들이 다른 곳으로 눈을 돌리기 시작한 것이다. 남아공 죄수유형지 설립 결정은 영국령 버뮤다의 교도소에 수감된 죄수 수백 명을 케이프타운으로 옮기기 위한 것이었다.[2] 케이프타운 식민지 주민들은 죄수들로 가득 찬 배가 오고 있다는 소식을 듣고 수천 명이 모여 반범죄자협회Anti-Convict Association를 조직했고, 회원들은 죄수들이 상륙하거나 배에 식량을 공급하는 것을 일체 허용하지 않겠다는 서약서에 서명했다.

넵튠 호가 282명을 태우고 케이프타운에 도착했을 때, 주민들은 이 서약에 따라 배가 떠날 것을 요구했다. 이들의 반대 활동은 언론을 통해 세계 곳곳에 널리 알려지면서 저항의 상징으로 인식됐다.[3] 〈봄베이 타임스〉는 "도덕적 전염병"을 식민지에 "감염"시킬 수 있는 "역병에 찌든" 죄수들을 거부하는 식민지 주민들의 "결연한 의지와 단결 정신"에 찬사를 보냈다. 이 신문은 주민들의 반대가 "죄수들이 오염된 물질을 들여오는 것을 식민지가 혐오한다"는 교훈을 죄수들에게 줄 수 있기를 기대한다고도 밝혔다.[4]

주민들의 활동은 결국 효과를 나타냈다. 죄수들은 남아공에 발을 디디지 못했고, 영국 정부는 마침내 굴복했다. 넵튠 호는 케이프타운에 정박한 지 다섯 달 만인 1850년 2월 밴디먼 스랜드(현재의 태즈매이니아)로 떠났다. 이 이야기는 잘 알려져 있고 식민지 저항의 전형적인 사례로 묘사되지만, 그 이면에는 이전에 전해지지 않았던 또 다른 부분이 있다.[5]

대영제국이 성장하면서 관료제도도 성장했다. 영국국립문서보관소에는 당시의 항해일지, 의료 보고서, 공식문서, 심지어 죄수들의 편지와 탄원서까지 빼곡하게 보관돼 있다. 이 편지들 중에는 버뮤다의 감옥선에서 복역하던 조지 백스터 그런디가 영국 내무장관 조지 그레이 경에게 보낸 편지도 포함돼 있다.[6] 1849년 5월 보낸 이 편지에서 그런디는 "감옥선에서 자행된 가증스러운 악행들"을 폭로하면서 그레이에게 조사를 해달라고 청원했다. 6년 째 감옥선에서 복역하던 그런디는 수많은 학대와 부당한 조치 사례를 열거하면서 "잔혹한 범죄와 야수적인 행동이 매일매일 감옥선에서 저질러지고 있다"고 폭로했다. 또한 그런디는 동성 간 성행위, 난폭한 성행위, 심지어 남성들 사이의 결혼에 대해서도 언급했다.[7] 이 편지에서 그런디는 남자들이 배에서 성관계를 갖는 것을 목격했으며, 죄수들이 이런 "혐오스러운 죄"를 저지른 것을 오히려 "자랑하면서" "결혼은 유행에 뒤떨어진 것"이라 떠들어댄다고 썼다. 그런디는 자신이 탄 감옥선에는 "소년들"에게 선물을 주면서 성관계를 가지는 죄수들이 최소 50명은 있다고도 말했다.[8]

그런디의 편지는 죄수선과 관련해 널리 퍼진 루머들을 확인시켜주는 구체적 내용을 제공했다. 예를 들어 1837~1838년에 활동한 영국의 특별위원회가 발표한 보고서는 소위 부패한 악덕들, 특히 동성 간 성행위를 조장하는 죄수 수송 시스템을 비판하면서 〈봄베이 타임스〉가 죄수들과 관련해 사용한 "전염병", "역병" 같은 질병 묘사 표현을 거의 똑같이 사용했다.[9] 남아공 성서공회가 영국 정부에 보낸 호소문은 이렇게 "타락하고 사악한" 사람들이 "혐오스러운 범죄"에 탐닉한다는 이유 등을 들어 죄수 수용을 거부한다는 견해를 밝혔다.[10] 그런디의 편지는 개인들과 관련된 구체적 내용으로 가득한 전 세계 질병 발생에 대한 관찰 보고서들이 영국 본토로 전달되도록 만든 관료제도에 힘입어 지금까지 보존돼 있다. 감염에 대한 공포가 당시 사람들 사이에서 점점 더 널리 퍼지게 된 것은 검역과 감염에 대한 대영제국의 조사와 연구 때문이었다.

*　*　*

　제국에서 멀리 떨어진 죄수유형지들의 상태를 알린 죄수들의 편지가 런던으로 흘러들어온 것처럼 관찰 결과를 기록하고, 질병 확산 지도를 만들고, 예방책을 세우고, 역학 분야 발전에 기여한 여러 이론을 만들어낸 의사들의 보고서도 제국의 중심으로 흘러들어왔다. 19세기 초반 홀로이드 같은 영국 군의관들은 서로 비슷한 연구방법을 이용하는 데 그쳤지만, 런던역학학회의 창립멤버 중 한 명인 개빈 밀로이처럼 카리브해 지역에서 근무했던 의사들은 1840~1850년대에 기존의 연구방법들을 한층 업그레이드시켰다.

　1840년대에는 관료주의와 제국주의 팽창으로 출간되고, 유통되고, 보관되는 기록의 수가 늘어났다. 19세기 이전에는 외국 여행을 하는 의사와 지식인들이 런던왕립학회에 편지를 보내는 일이 잦았고, 이런 편지는 왕립학회 회의에서 강독되거나 왕립학회 저널에 발표되곤 했다.[11] 제국이 점점 커지면서 표준화된 기록관리 시스템도 발달했다. 의학 보고서를 작성해 런던의 의료 당국이나 정부 당국에 보내 보관하게 하는 시스템도 이 기록관리 시스템의 일부였다.[12]

　이런 기록관리 시스템은 관찰 결과를 이론으로 발전시키는 과정이 확실한 형식을 갖추도록 만들었다. 대영제국 전역에서 의사들은 황열병부터 콜레라까지 유행병 발병을 직접 목격했다. 기록관리 시스템은 유행병에 대한 의사들의 대응 내용을 조사하고, 검토하고, 분석하고, 후원하고, 보관하고, 나중에는 문서로 보존할 수 있게 만들었다. 이 의사들 대부분은 런던으로 돌아온 뒤 선도적인 역학 연구자로 부상했으며 세계 곳곳, 특히 식민지 체류 시절 연구를 통해 수집한 증거들을 토대로 책과 논문을 발표했다.

역학 출현을 촉발한 사건은 보통 19세기 중반 런던을 초토화시킨 콜레라 유행으로 알려져 있다. 하지만 역학이라는 학문 형성에 결정적으로 기여한 사건은 대영제국 전역에 살았던 노예들, 식민지 주민들, 피지배층 사람들 사이에서 퍼진 전염병이었다.

1817~1866년 사이에 인도에서 시작돼 러시아, 유럽 그리고 대서양 건너 카리브해 지역과 북아메리카로 확산한 콜레라 유행 5건이 발생했다. 수백 년 동안 사람들을 괴롭혀온 천연두나 흑사병과 달리 콜레라는 유럽인과 아메리카인 모두에게 비교적 새로운 질병이었다. 콜레라는 심한 경련에 이어 체액이 모두 몸에서 빠져나가게 만드는, 걷잡을 수 없는 설사와 구토를 유발해 불과 몇 시간 만에 환자를 탈수로 사망에 이르게 하면서 의사와 일반인 모두를 경악하게 했다. 의사들은 콜레라의 원인이나 확산 방식에 대해 전혀 알지 못했다. 콜레라가 전염성이 있는지, 격리가 어떤 역할을 하는지를 두고 의사들은 토론할 수밖에 없었다.[13]

해외에서 콜레라와 비슷한 전염병을 접한 적 있는 군의관과 식민지 의사들은 자신들의 관찰 결과를 보고서로 작성했다. 배에서는 환자에 대한 정보를 수집하고 데이터를 기록했다. 군부대에서는 병에 걸린 병사, 의무실에 입원한 환자, 사망자의 수를 집계한 주간 보고서를 작성했다. 영국 식민지 의사들은 지역 의사들의 보고서를 수집하고 발병에 관한 조사를 벌였다.

대영제국 곳곳에서 근무하는 의사들은 단순히 유행병에 관한 이론만 제시한 것이 아니다. 환자들을 치료하고 미래의 전염병을 예방하는 방법을 제안하기도 했다.

공공보건을 중시한 의사들은 군인과 선원 그리고 식민지 주민에게로 연구의 폭을 넓혔다. 가령 개빈 밀로이는 자메이카에서 식민지 장관에게 보낸 서한을 통해 당시 섬을 황폐화시키고 있던 콜레라 유행을 완화할 수 있는 방법이 있다면 "그 방법을 의도적으로 간과하지 않는 것, 그 간과로 인해 사람들이 목숨을 잃지 않도록 조치하는 것이야말로 식민지 정부나 제국의 중앙정부에 영향력을 미칠 수 있는 모든 사람의 의무"라고 말했다.[15]

관료체계는 유행병 확산을 추적하는 수단이 되었다. 식민지 의사와 행정관료들은 콜레라가 어디에서 퍼졌는지, 얼마나 많은 사람이 콜레라에 감염돼 사망했는지 기록했으며, 콜레라의 증상과 치료법에 대해 논의했다. 관료체계는 의사들이 서로 소통할 수 있는 수단도 제공했다. 의사들의 이런 소통 기록은 세계 곳곳에서 사람들을 공포와 혼란에 빠뜨린 유행병에 대한 체계적인 이해와 논의를 가능하게 했다.[16] 전쟁, 식민주의, 제국주의를 위한 도구로 확립된 관료체계가 역학 발전의 토대가 된 것이다.

제국 곳곳에서 작성된 공식 보고서들은 배에서 발생하는 모든 질병과 사망에 관한 세부사항을 기록한 해군 군의관들의 의료일지, 자메이카의 개빈 밀로이나 카보베르데의 맥윌리엄처럼 조사 목적으로 식민지에 파견된 의사들이 작성한 의학보고서, 식민지 의사들이 제출한 보고서 등 다양한 형태를 띠었다. 토머스 트로터 같은 의사들은 영국에 돌아와 책을 썼다. 이렇듯 다양한 보고서와 책은 같은 질병에 대해 논의하면서 서로 다른 용어를 사용하거나, 서로 다른 치료법을 제시하거나, 질병의 원인과 확산에 대해 서로 다른 이론을 주장하기도 했다.

*　*　*

1847년 제임스 맥윌리엄이 카보베르데에서 발생한 원인 모를 황열병을 조사하고 있을 때, 영국 해군 외과의사 제임스 헨리는 지중해의 HMS 앤텔로프 호라는 증기우편선 선원들 사이에서 발생한 콜레라를 관찰하고 있었다. 항해 중 발생한 질병과 부상 현황을 포함한 의료일지에 헨리는 두 건의 콜레라 사례를 기록했다.[17] 6월에 콘스탄티노플에서 발생한 첫 번째 사례는 심각한 것이 아니었지만, 몰타를 떠난 지 이틀 뒤인 9월에 발생한 두 번째 사건은 매우 심각했다. 두 사람 모두 회복되었음을 밝힌 의료일지의 "의사 의견" 부분에서 헨리는 이 두 사례와 함께 1848년 초여름 앤텔로프 호가 도착했을 때 콘스탄티노플에서 진행 중이던 콜레라 유행에 대해 상세히 논했다. 헨리는 모든 사람의 관심사, 즉 콜레라의 원인과 확산에 대한 자신의 견해를 기술한 것이다.

헨리는 1847년 10월 콘스탄티노플에서 시작된 유행에 관해 자신이 수집한 정보를 바탕으로 콜레라가 전염성이 별로 높지 않다는 결론을 내렸다. 가령 처음 발병한 몇 개의 동네는 서로 가깝지 않았고, 같은 집에 사는 사람들이 모두 병에 걸리는 것도 아니었다. 당시의 지배적인 견해를 반영하듯, 그는 콜레라 유행이 주로 열악한 위생조건 때문에 발생했다며 "콘스탄티노플은 위생 관련 규제가 거의 없고, 집들이 환기가 잘 안 되며, 거리가 좁고, 시장이 사람들로 붐비고, 하수도가 노출돼 있고, 공동묘지가 도시 중심에서 가깝고, 그 외에도 전염병이 확산될 수 있는 조건들이 수없이 많다는 점을 고려할 때, 1848년 콘스탄티노플에서 발생한 콜레라는 '전염되는 질병'이 아니라고 생각하는 것이 합리적"이라고 썼다. 또 헨리는 콜레라가 "설사와 복통"을 자주 앓는 "하층민들에게서" 주로 발생한다고 분석했다. 그는 설사나 복통 같은 증상이 콜레라의 가벼운 증상이 아니라 콜레라의 "선행적 요인"으로 추정되며 이런 요인은 콘스탄티노플 지역 사람의 식습관에서 비롯된 것이라고 추정했다.[18] 그는 "콘스탄티노플 사람들이 오이나 수박 같은 채소와 과일을 다양하게 먹는 것을 봤다면서 설사나 복통이 그들에게 자주 나타나는 이유를 알 수 있을 것"이라고도 썼다. 또한 그는 앤텔로프 호가 콘스탄티노플과 몰타에 도착했을 때 선원들이 콜레라에 걸리긴 했지만, 그 이유는 "음식을 규칙적으로 섭취하지 않았기 때문"이라고 말했다. 그러면서도 만약을 대비해 두 환자를 격리하고, 그들의 옷과 담요를 소독하고, 두 환자 중 증상이 더 심한 환자가 쓰던 침대를 폐기하라고 명령했다.

헨리는 "콜레라는 날씨와 특별히 관련이 없다"고도 했다. 당시의 전형적인 군의관이자 식민지 의사였던 헨리는 질병과 날씨가 상관관계가 있는지 알아내기 위해 상당히 많은 날씨 관련 내용을 기록했다. 1800년대 초반 영국의 관료체계는 이런 형태의 데이터 수집을 체계화함으로써 정부가 과학 정보를 취합할 수 있게 만들었다.[19]

전염병 확산에 대한 정보를 수집한 아서 홀로이드처럼 헨리도 콜레라에 대해 개인 차원뿐만 아니라 인구집단 차원에서도 분석하고 있었다. 헨리는 1847~1848년 해외 근무를 하면서 영국 본토에만 머물던 의사들은 겪지 못한 여러 경험을 했다. 런던에서는 1831~1832년의 콜레라 유행이 끝나고 1848년 9월까지는 유행이 발생하지 않았기 때문이다. 헨리 본인도 인정했듯이 배 안의 두 사례만으로는 다양한 결론을 내릴 수 없었지만, 콘스탄티노플에서 헨리는 대규모 콜레라 유행을 관찰했고 자신보다 더 많은 경험을 가진 의사들의 의견을 얻었다. 가령 "터키 수도와 다르다넬스 해협 지역"의 의사들은 출혈을 일으키는 방법으로 매우 좋은 결과를 얻었다고 말했지만, 헨리는 이 방법으로 사망률이 10~15%로 떨어졌다는 그들의 주장에는 회의적이었다.

해외의 다른 영국 의사들처럼 헨리도 기회가 있을 때마다 질병이 왜 발생하는지를 조사했다. 그는 콜레라 유행에 관한 자신의 견해를 "의사 의견"으로 기록했고, 이 기록은 관료체계 기록의 일부가 됐다. 해군 군의관들은 의료일지 외에도 환자들에 대한 기록을 의무적으로 매일 남겨야 했다. 또 배에서 발생한 모든 부상과 질병에 대한 "질병분류학 기록"도 1년에 4회 남겨야 했으며, 날씨, 온도 등에 대한 정보와 함께 건강상태에 영향을 미칠 가능성이 있는 모든 요소까지 기록해야 했다. 헨리는 "의사 의견"에서 콘스탄티노플의 콜레라 유행에 대한 생각을 밝히기 전에 "6월에 작성한 질병분류학 기록에서 나는 콘스탄티노플에서 발생한 콜레라가 전염성이 없을 것으로 판단한다고 썼다. 지금 나는 콜레라가 환자에게서 건강한 사람으로 감염을 통해 전파되지 않는다고까지 말할 수 있다"고 썼다. 헨리는 두 선원의 콜레라 사례에서는 많은 결론을 얻지 못했다. 그러나 콘스탄티노플에서 관찰로 더 넓은 범위의 결론을 얻어내고, 자신의 이론을 관료체계의 기록에 편입시킬 수 있었다.

제국주의에서 자라난 군과 식민주의 관료체계는 헨리 같은 의사들이 넓은 지역에서 확산한 콜레라를 직접 관찰할 수 있게 만들었다. 영국 의사들이 유행병과 대규모 유행으로부터 얻은 정보는 향후 역학 발전에 지대한 역할을 했다. 당연하게도 그들이 이처럼 소중한 정보를 취득할 수 있었던 건 세계 곳곳에 제국의 영토가 편재하고, 그 영토에서 대영제국이 수많은 이들을 억압했기 때문에 가능했다.

* * *

1832년부터 1853년 사이 카리브해 지역에서 발생한 일련의 콜레라 유행은 영국 관리와 의사들이 수많은 보고서를 작성하게 만들었다.[20] 1850~1851년 콜레라가 유행할 때 자메이카로 간 영국 의사 개빈 밀로이에 따르면, 카리브해 지역에서는 1833년 쿠바에서 최초로 콜레라 발생이 보고됐으며, 1849~1851년에 자메이카에서 유행이 퍼졌다.[21] 밀로이는 유럽의 선박들이 캐나다 몬트리올에 정박했던 1832년에 시작된 유행이 남쪽으로 내려가 뉴욕과 필라델피아로 퍼지면서 결국 뉴올리언스까지 확산됐으며, 뉴올리언스에서 쿠바로 다시 퍼져 이곳 전체인구의 약 10%인 약 1만 명을 사망하게 만들었고, 특히 흑인들 사이에서 사망률이 높았다고 보았다. 쿠바로 퍼진 콜레라는 카리브해 지역과 멕시코 전역으로 확산됐다. 그 후의 대규모 유행은

1848년에 시작됐다. 뉴욕과 뉴올리언스에서도 거의 동시에 유행이 발생했다. 콜레라 유행은 다시 북쪽의 캐나다로 향했고, 동시에 카리브해 지역과 남아메리카로도 번졌다. 유럽 대부분 지역에 치명적인 콜레라 유행이 발생했던 것과 같은 시기의 일이다.[22]

1850년 자메이카에서 콜레라가 갑자기 발생하자 영국 식민지청은 서인도제도에 3명의 의료 검사관을 파견하기로 결정했다. 밀로이는 자메이카를 담당했다(밀로이의 콜레라 연구는 2장에서 다뤘다). 전형적인 전염론 반대론자였던 밀로이는 1848~1849년 사이 영국에서 콜레라가 발생했을 때 영국 보건총국 감독관으로서 콜레라 유행에 대한 조사를 실시하고 보고서를 작성한 경험이 있었다.[23]

콜레라는 불가사의한 행동, 예측 불가능성, 격렬한 증상 때문에 특히 무서운 질병이었다. 아무런 경고도 없이 지역사회에 스며들어 단시간에 사람들을 죽게 할 수 있었다. 자메이카에서 콜레라가 발생하면서 수많은 사람이 죽었다. 일부 추정에 따르면, 자메이카 전체인구의 10~12%, 즉 3만~4만 명 정도가 콜레라로 사망했다. 카리브해의 다른 지역들에서도 이와 비슷한 사망률을 기록했다. 바베이도스는 3개월 만에 인구의 13%, 즉 2만 명 정도에 해당하는 사람을 잃었다. 세인트키츠와 그레나다도 비슷한 치사율을 기록했다.[24]

밀로이가 자메이카 전역의 콜레라 확산에 대한 포괄적 보고서를 작성할 수 있었던 것은 대영제국의 행정 구조와 보고서 작성 관행에 힘입은 결과였다. 1851년 1월에 자메이카에 도착한 밀로이는 의사와 장교들로부터 정보를 수집하기 시작했고, 자메이카 곳곳을 직접 조사했다. 그는 식민지 차관에게 보낸 편지에서 "아침에 킹스턴에서 출발해 도로시, 클라렌던, 맨체스터, 엘리자베스, 웨스트모어랜드를 거쳐 저녁에 이 마을(루세아)에 도착했습니다. 이 마을에 오는 동안 콜레라가 다양한 강도도 덮친 마을들을 조사하면서 콜레라 확산에 영향을 준 것으로 보이는 모든 요소와 콜레라 발병 증거에 대해 정확하게 기록했습니다."라고 말했다.[25]

밀로이 같은 의료 검사관들이 넓은 지역에 퍼진 유행에 대해 포괄적인 정보를 얻을 수 있었던 것은 이처럼 여행이 가능했기 때문이다. 런던과 뉴욕 같은 곳의 의사들은 대부분 자신들이 살고 있는 지역에 지리적으로 속박될 수밖에 없었다.[26] 자메이카의 콜레라 유행에 대한 보고서 서론에서 밀로이는 "섬의 모든 행정교구를 방문하고, 모든 종류의 생활환경에서 사는 사람들과 접촉하고 대화하면서, 나의 관찰과 연구 영역은 매우 풍부해졌다. 게다가 나는 귀국 후에도 섬의 정보를 가장 많이 아는 주민들과 연락을 주고받았기 때문에 내가 직접 수집한 불완전한 정보보다 더 완전하고 새로운 정보를 여러 면에서 계속 얻을 수 있었다"고 썼다.[27]

밀로이는 이 보고서에서 사례 기록을 들어 콜레라가 얼마나 빨리 환자들을 사망에 이르게 할 수 있는지 설명했다. 밀로이는 핍스라는 이름의 흑인 어부 예를 소개했다. "불결한 흑인 거주지" 근처에 살던 핍스는 이른 아침에 "오두막"을 떠나 포트로열로 갔다. 낮 동안 "설사와 복통에 시달리다" 집에 돌아온 핍스는 "전신이 혼미해지고 몸에 힘이 없어졌다고 느꼈다." 밤새 계속 구토와 설사를 반복했고 이튿날 오후까지도 이런 증상이 계속됐다. 그날 밤에는 증상이 더 심해졌고 핍스는 그 다음 날 아침에 사망했다. 핍스의 죽음은 킹스턴에서 발생

한 최초의 콜레라로 기록되고 있다.[28]

그 당시 영국, 유럽, 미국, 그리고 세계 다른 지역에서는 콜레라가 전염되는지를 놓고 격렬한 논쟁이 일었다. 밀로이는 핍스와 함께 살았던 여성은 물론 근처에 사는 다른 사람들도 콜레라에 걸리지 않았다고 언급했다.[29] 밀로이는 이 여성이 콜레라에 걸리지 않았다는 사실을 더 큰 의학적·정치적 논쟁을 위한 증거로 사용했다.

이 사례 설명에 이어 밀로이는 킹스턴 교도소에서 콜레라가 어떻게 퍼졌는지 자세히 설명했다. 10월 중순 자메이카에서 콜레라가 처음 발생한 직후 자메이카 총독은 거리 청소에 100명의 죄수를 동원할 것을 승인했다. 죄수들이 일을 시작한 지 이틀 후, 그들 중 한 명은 병이 들어 그날 저녁에 죽었다. 3일 후 또 다른 죄수가 죽었다. 그 다음 주 동안 23명이 더 사망했다. 결국 콜레라는 교도소 전체에 퍼졌다. 죄수들 대부분은 흑인이었다(500명 넘는 죄수 중 백인은 7명, "갈색인종 또는 유색인종"은 26명에 불과했다). 몇 주 만에 508명의 죄수 중 4분의 1가량인 128명이 사망했다. 밀로이는 콜레라로 죽은 죄수들의 사망 날짜와 숫자, 최초 발병에서 사망까지 며칠이 걸렸는지 보여주는 표도 실었다. 밀로이는 사망자 대부분이 환기가 "매우 불충분했던" 밤에 사망했다고 지적했다. 전 세계 많은 의사들처럼 밀로이도 선염병 이해를 위해 교도소의 사례들을 이용한 것이다.

밀로이는 바베이도스, 도미니카, 세인트빈센트 같은 카리브해 지역의 다른 섬에 있는 군 장교들로부터도 정보를 수집했다. 이 섬들은 자메이카에서 콜레라가 발생하기 전에 군인들 사이에서 콜레라 환자들이 발생한 곳이었다. 밀로이는 이질과 구별되는 콜레라 증상, 콜레라로 인한 다양한 장 이상 증세, 회복률, 바베이도스에서는 "흑인 병사들은 거의 걸리지 않았다는" 사실 등 장교들이 제공한 정보들도 요약했다. 이런 보고서를 통해 의사들은 정보를 공유하고 콜레라에 대해 더 잘 이해할 수 있게 된 것이다.[31]

군의관들과 식민지 의사들은 세계 곳곳에서 다양한 경험을 통해 콜레라를 이해할 수 있었다. 1850년대 런던이나 뉴욕과 같은 곳에서 콜레라가 다시 발생했을 때 일부 의사들은 1830년대에 유행한 콜레라를 겪은 상태지만, 대부분은 그렇지 않았다. 자메이카 해군병원의 외과의사 제임스 왓슨은 1851년 이 전염병에 대한 보고서에서 "이곳 환자들의 증상은 1833년 리스본에서 내가 목격한 것과 비슷했고, 세계 곳곳에서 보고된 콜레라 환자들의 증상과도 비슷했다"고 말했다. 증상과 치료법을 포함한 질병의 "의학적 역사"에 주목하면서 왓슨은 자신의 목표가 "내게 관찰 기회가 주어지고 내 능력이 허락하는 한 영국 식민지에서 처음 발생한 자메이카의 콜레라 유행에 대해 최대한 많은 사실을 밝혀내는 것"이라고 말했다.[32]

군의관들은 콜레라가 어떻게 한 곳에서 다른 곳으로 퍼질 수 있는지를 이해하는 데 관심을 보였고, 콜레라의 원인과 확산 방식에 대한 그들의 관찰 결과를 현재 진행 중인 논쟁에 추가했다. 왓슨은 자메이카의 콜레라 확산에 대해 자세히 언급했는데, 그 언급 중 일부는 유행 이전과 유행이 진행되는 동안 파나마와 니카라과에서 도착한 다양한 선박과의 관계에 관한 것이었다. 왓슨에 따르면 자메이카인 대부분은 이 병이 전염성이 있으며, 포트로열에서 처음 콜레라가 발생하기 일주일 전 파나마에서 증기선을 타고 온 두 형제에 의해 유행이 시작됐다고 믿고 있었다. 이 두 남자는 아버지가 파나마에서 콜레라로 사망했지만 "흔한 간헐열" 외에는 질병의 징후가 없었다고 말했다. 이들은 왓슨이 처방해준 퀴닌을 복용한 후 회복했다. 이 사건 발생 한 달 만에 콜레라가 포트로열의 흑인 거주 지역 전체에 퍼졌고, 의사 9명이 "불결한 오두막"에 사는 환자들을 치료하기 위해 배치됐다. 콜레라는 이곳에서부터 스페인인 마을과 킹스턴으로 번졌다. 왓슨은 스페인인 마을과 킹스턴에 사는 "훌륭한 시민들"의 사망률이 포트로열 사람들의 사망률보다 높다는 사실을 파악한 후, 이는 "포트로열 주민들이 더 젊고 건강했기 때문"이라고 추정했다.

왓슨은 유행이 진행되는 동안 자메이카에 도착한 여러 배의 운명을 언급함으로써 전염 가설을 반박했다. 유행 발생 이전에 니카라과에서 도착한 배의 선원 30명이 간헐적 열로 입원했지만, 콜레라로 죽은 사람은 한 명뿐이었다. 유행 발생 5일째에 니카라과에서 도착한 배의 선원 100명 이상이 병원에 입원했지만, 콜레라로 사망한 사람은 22명에 불과했다. 같은 기간 병원 직원 7명이 사망했다. 유행이 끝나갈 때쯤 니카라과에서 도착한 배의 선원들 대부분은 간헐적인 열로 입원해 콜레라 환자들과 같은 병동을 쓰면서 같은 의료진의 보살핌을 받았지만, 콜레라에 걸린 사람은 한 명도 없었다.[33]

왓슨은 콜레라가 사람 간 접촉에 의해 전파되지 않는다고 주장하기 위해 이 증거를 사용했다. 콜레라가 사람 사이 접촉으로 확산됐다고 주장하는 이들에게 왓슨은 "접촉을 통해 전파되는 성질이 강하다면 병에 걸릴 가능성이 매우 높은 사람 50명이 콜레라 환자 시신에서 나오는 유해한 물질로 가득 찬 병동에 입원했는데도 한 명도 걸리지 않았다는 사실을 어떻게 설명할 것인가?"라고 물었다.

왓슨은 전염론을 거부했을 뿐만 아니라, 자메이카의 흑인들 사이에 퍼진 전염론이 그들의 고통을 가중시키고 서로를 보살피지 못하게 막았다고 주장했다. 그는 킹스턴과 스페인인 마을에서 "콜레라가 전염된다고 믿도록 사람들에게 가르친 결과" 대혼란이 일어났다고도 했다. "남편들은 아내의 시신에 손을 대지 않았고, 심지어 엄마들도 자식이 콜레라에 걸리면 버렸다"는 것이다. 하지만 콜레라가 전염되지 않는다고 "우리가 가르친" 곳에서는 "가난한 사람들이 곤경에 빠진 서로를 기꺼이 도왔다"고 그는 강조했다.[34]

* * *

개빈 밀로이는 자메이카의 콜레라 유행을 관찰한 뒤 작성한 긴 보고서에서 콜레라가 전염되지 않는다는 제임스 왓슨의 결론에 동의하면서, 콜레라의 발생과 확산에 대해 세심하게 논의했다. 밀로이는 자메이카에서 발생한 첫 번째 사례가 포트로열에 살던 존스턴이라는 이름의 나이 든 유모라는 왓슨의 보고서 내용을 인용했다. 밀로이는 이 여성이 파나마에서 자메이카로 콜레라를 옮겼다고 사람들이 믿는 두 형제의 옷을 세탁했다는 소문이 있지만, 모두 거짓이라고 일축했다. 밀로이는 실제로 형제의 옷을 세탁한 여성이 콜레라에 걸리기는 했지만, 발병 시점은 세탁을 한 지 2주 후였고 그때는 콜레라가 이미 넓게 퍼진 상태였다고 주장했다.[35] 포트로열에서 시작된 질병은 섬 전체로 빠르게 번지면서 마을을 황폐화시켰다.

밀로이는 공포가 콜레라 유행 증상의 일부가 되면서 발생한 끔찍한 일들에 대해서도 묘사했다. 밀로이에 따르면 킹스턴에서는 관을 가득 실은 수레들이 거리에 넘쳐나고, 시신을 매장하는 데도 많은 시간이 걸렸다. 도랑에 버려진 사체를 독수리가 파먹는 장면을 묘사하기도 했다. 그는 희생자 가족이 "전염을 두려워했거나 매장 비용이 없어" 시신을 도랑에 던졌다고 말했다. "일꾼들"에게 사체를 묻어달라고 부탁하려면 "상당한 액수의 뇌물"을 건네야 했다고도 기록했다. 밀로이에 따르면, 킹스턴에서 동쪽으로 진행되던 콜레라 유행은 특히 얄라스베이에서 심했는데, 이곳에서는 "사람들이 썩은 양의 사체처럼 돼 죽어갔고" 개와 독수리가 시신을 뜯어먹었다.[36]

사망자 폭증은 영국 의사들에게 이 유행병을 조사할 수 있는 기회를 제공했다. 식민주의는 의사들이 동시에 많은 지역에서 콜레라 발생을 관찰할 수 있는 인프라를 만들었고, 그 덕에 의사들은 인구와 환경에 대한 역학 연구를 수행할 수 있었다.

식민주의에 기초한 기록과 관리는 영국 본토의 위생개혁 노력과 영향을 주고받았다. 선도적인 위생개혁가인 에드윈 채드윅은 영국을 중심으로 위생과 질병에 대한 관계자들의 보고서들을 수집했고, 이 자료를 기초로 유명한 《대영제국 노동자 계층의 위생상태에 관한 보고서》(1842)를 썼다.[37] 1851년 밀로이는 자메이카의 엄청난 사망률에 대해 채드윅에게 편지를 보냈다. 편지에서 그는 "많은 곳에서 끔찍한 콜레라가 발생한 것이 조금도 놀랍지 않습니다. 가령 한 마을 주민 3분의 2가 사망하고, 어느 사탕수수 농장에서 일하던 흑인 5분의 4가 사망했으며, 자신의 집에서 사망한 사람도 많았습니다. 이 마을들뿐만 아니라 이 나라 전체를 대상으로 엄청난 규모의 조치가 취해져야 합니다."라고 말했다. 밀로이는 이 편지에서 질병과 싸우는 의사들에게 도움을 주기 위해 채드윅의 보고서 사본과 1847년 메트로폴리탄 위생위원회의 보고서 사본을 자메이카로 보내달라고 요청한 바 있다며, "모든 나라와 모든 기후에서 살아가는 사람들의 사회적 복지에 대해 자세히 다룬 귀중한 공공 문서는 대영제국 식민지들에 널리 퍼뜨려 모든 의사가 읽어야 합니다."라고 강조했다.[38] 밀로이가 이 보고서를 요청한 것은 정보가 어떻게 관료체계의 경로를 통해 제국의 중심에서 식민지들로 전해졌는지 보여주는 예다.[39]

식민주의 구조는 위생에 대한 견해 및 정보가 대서양을 가로지를 수 있게 했지만 자메이카 전역의 플랜테이션에서 일하는 흑인들에게 고통을 주는 구조적 불평등을 초래하기도 했다.[40] 식민주의는 흑인들을 "자신의 정착지에 사는" 흑인과 "사탕수수 농장"에서 일하는 흑인들로 양분했기 때문이다. 식민주의는 이 흑인들을 콜레라가 창궐하는 특정한 지역에 묶어 놓고 이동을 막았다. 자메이카의 백인보다 흑인 주민들이 훨씬 더 많이 사망한 이유가 여기에 있다. 밀로이에 따르면 자메이카의 흑인들은 의사가 한 명도 없거나 기껏해야 의사 한 명이 수천 명을 돌보는 지역에 살았다. 밀로이는 채드윅에게 쓴 편지에서 "1만 2,000~1만 5,000명이 거주하는 넓은 지역 또는 행정교구, 폭이 20~30킬로미터에 이르는 이런 지역에 의사가 한 명밖에 없습니다. 그 결과 이들 지역의 콜레라 발생 환자는 거의 눈에 띄지도 않으며, 수천 명이 속수무책으로 사망하기도 합니다."라고 말했다.[41] 이런 현상은 유행병이 발생하기 시작할 때만 식민지 주민들의 건강상태에 대한 보고를 하게 만든 모순적인 식민지 관료체계에 부분적인 책임이 있었다. 밀로이는 "육군과 해군의 경우, 전 세계에 파견된 병사들과 선원들의 건강에 관한 정기 보고서를 본국의 지도감독위원회로 보내고, 지도감독위원회는 그 보고서에 따른 개선책을 만들고 실행에 옮기지만, 우리 식민지에 사는 대다수 사람들의 건강상태를 확인하기 위한 장치는 전혀 없는 실정입니다."라고 역설했다.[42]

밀로이는 찰스 그레이 자메이카 총독에게 보고서와 함께 보낸 편지에서 자메이카 흑인들의 열악한 주거환경에 대해서 자세히 묘사했다. 밀로이는 환기 부족이 질병 확산을 부채질한다고 주장하면서, 18~19세기 개혁가들처럼 영국의 교도소 시스템을 비교 대상으로 삼았다. 그는 "최근 건설된 교도소에서는 재소자 1인당 $2.8m^3$가 허용되며, 이런 교도소들 대부분이 주변에서 콜레라가 창궐했을 때 콜레라 확산을 피해갔다. 다른 공공건물들에서 발생한 가장 심각한 콜레라 피해는 환기 상태가 형편없고 사람들이 과밀하게 수용된 숙소에서 발생했다는 사실에서 교훈을 얻어야 한다"고 주장했다. 밀로이는 자메이카 흑인들이 사는 집은 환기 상태가 매우 나쁘다며 "흑인들의 집은 가장 안 좋은 지역에 위치하고, 바닥은 대부분 판자 몇 장도 깔리지 않는 맨땅이며, 집 문 앞에는 악취 나는 식물들이 자라고 있어 숨이 막힐 정도이며, 집 주변에는 오물과 쓰레기가 널려 있다. 이런 환경에서 사는 사람들을 콜레라가 덮친 것은 놀라운 일이 아니다"라고 썼다. 밀로이는 창문과 문이 모두 닫혀 있는 작은 방에서 6~10명이 밤에 쪼그리고 잠을 잔다면서 "콜레라 독성이 가장 활동력이 강해 대규모 발작이 일어나는 상황에서 이런 곳의 밤공기 상태는 구역질이 날 정도로 답답하고 역겹다. 따라서 밤에 이런 집을 방문한 사람은 몇 분도 견디지 못한다"고 설명했다.[43]

밀로이는 섬 전체에 대한 조사를 마친 후 총독에게 보낸 편지에서 발병의 원인이 된 여러 요인들을 하나하나 열거했다.[44] 그는 콜레라가 처음 어떻게 유입됐는지에 대한 추측은 자제했지만, 이 병이 "매우 치명적이고 강한 독성을 갖게 만든" 자메이카의 환경 요소들에 대해서는 자세히 언급했다. 밀로이가 볼 때 가장 중요한 요인은 부패한 물질과 인간의 호흡에서 비롯된 "불순하거나 오염된 공기"였다. 그는 콜레라가 "불결하고 방치된" 장소, 사람들이 많고 환기 상태가 나쁜 곳에서 가장 심하게 발생했다고 강조했다. 습기와 기후도 콜레라 발생을 일으키는 요인이라고 생각했던 그는 콜레라 유행이 시작되기 전에 보통 날씨가 매우 습해진다고 강조했다.[45] 마지막으로 그는 의사가 부족하면 초기 단계에서 치료를 받아 회복될 수 있는 사람들이 속수무책으로 죽어갈 수밖에 없다는 사실도 지적했다.

밀로이는 여러 가지 권고안을 제시했다. 의사 수를 늘리고, 각 행정교구당 1명의 의료 담당자를 임명하고, 지역 보건위원회를 설립하고, 사망률 기록을 철저하게 한다는 내용이었다. 밀로이는 위생이 가장 중요하다며 "콜레라는 위생 방치를 가장 확실하게 심판하는 재판관인 동시에 위생 방치에 대한 복수를 가장 가혹하게 하는 존재"라고 말했다.[46] 그는 보고서에서 다양한 위생 개선안을 제안했다. 쓰레기와 부패물은 즉시 없애야 하고, 오물은 없애거나 묻거나 덮어야 하고, 집은 높은 지대에 크게 지어 환기를 잘 시켜야 하며, 시신은 마을에서 멀리 떨어진 곳에 매장해야 한다는 내용이었다.[47]

밀로이는 물 공급에 특히 관심을 가졌다. 채드윅에게 보낸 편지에서 그는 "이곳 팰마우스라는 마을은 4~5km 떨어진 강에서 물을 엄청나게 잘 공급받고 있다. (…) 지난 40~50년 동안 그랬다. 2년 전부터 킹스턴 사람들도 물을 어느 정도 공급받기 시작했지만, 여전히 불완전하다"고 썼다.[48] 그는 "과거 킹스턴에서는 길거리나 개인 집 마당에 있는 우물에서 물을 얻었다. 지대가 낮은 마을에서 얻은 물은 염분이나 다른 불순한 성분이 많이 들어있었다. 거대한 공동 노천화장실 바로 옆에 우물이 있는 경우 화장실에서 나온 액체가 토양에 쉽게 스며든다"고 말했다. 산에서 물을 끌어오기 위해 회사가 설립되었지만, 이 프로젝트는 제대로 수행되지 못했다. 또한 킹스턴에는 배수구가 없어서 거리를 청소할 때 더러운 물이 거리에 흘러넘치곤 했다.

* * *

자메이카의 콜레라 유행은 노예해방 이후 자메이카의 사회적 혼란을 드러냈다. 노예해방 이전에 농장주들은 노예들의 건강을 책임졌지만, 1833년 노예제가 폐지되자 역사학자 토머스 홀트가 말하는 "부분적 계약a halfway covenant"이라는 형태의 제도가 등장했다. 농장주와 노동자의 관계는 일주일에 40시간 30분 노동자가 농장수를 위해 일한다는 점에서 노예제의 연장으로 볼 수 있지만, 나머지는 고용주와 종업원의 관계와 비슷했다. 1838년 이 도제 제도가 끝난 후 농장주들은 농장에서 거주하는 대가로 해방노예들에게 임대료를 청구했다. 일부 해방노예들은 일터에서 가까운 농장에 남으려고 돈을 지불했지만, 대부분은 농장을 떠나 산에 집을 짓고 살면서 농장주에 의한 생계 의존에서 벗어났다.[50] 콜레라가 유행할 당시 농장주들은 의료 지원을 미끼로 해방노예들을 다시 농장으로 유인하려고 했지만, 이미 해방노예 대부분은 그들만의 정착지에 뿌리 내린 상태였다. 새로운 정착지에서 그들은 자율적으로 노동을 할 수 있었지만 임시방편으로 만들어진 지역사회는 인프라가 불충분해 전염병에 취약했다. 콜레라 발생 이후 영국 당국은 1856년에 바베이도스에서 공중보건법을 제정하고, 그레나다에서 쓰레기 처리장을 설립하고, 자메이카에서 깨끗한 물을 공급하기 위한 대책을 마련하는 등 영국령 카리브해 지역 식민지 전반에 걸쳐 공중보건 조치를 시행했다. 하지만 이곳 정착지에는 제국의 인프라가 미치지 않았던 것이다.

보고서에서 다양한 개선안을 제시했지만, 자메이카 의회가 입법을 서두르지 않는 데 실망한 밀로이는 식민지 총독에게 다음과 같은 내용의 편지를 보냈다. "최근 이 섬에 닥친 재앙에도 불구하고, 유감스럽게도 모든 계층의 사람들, 특히 의회 의원들은 내 제안에 전혀 관심을 보이지 않고 있습니다. 하원에서는 한두 명을 제외한 모든 의원이 위생과 의료구제 조치의 입법화를 다음 회기에 처리해도 충분하다고 생각하는 것으로 보입니다."[52] 밀로이가 제안한 개선안 대부분은 그 후 몇 년이 지나서야 법으로 제정됐다.[53]

밀로이의 제안이 곧바로 받아들여지지는 않았지만, 그 중 다수는 콜레라 확산을 줄이는 데 도움이 될 만한 조치였다. 1854년 존 스노가 런던의 콜레라 유행에 대해 발표한 보고서는 흔히 근대 역학의 기초라고 소개된다. 콜레라가 오물에 의해 오염된 물을 통해 전파된다는 사실을 스노가 알아냈기 때문이다. 하지만 스노는 콜레라를 연구한 수많은 의사 중 한 명이었을 뿐이고, 그의 생각은 처음에는 무시됐다. 1851년 12월 런던역학학회 회의에서 밀로이가 자메이카에서 발견한 사실들을 발표한 이후 존 스노는 템스 강의 더러운 물이 콜레라를 확산시킨다는 자신의 이론을 정립했다. 하지만 "극소량의 더러운 물이 질병을 일으킨다는 어처구니없는 이론"을 제기했다는 이유로 존 스노는 조롱을 받았다. 앤텔로프 호의 제임스 헨리부터 자메이카의 왓슨과 밀로이에 이르기까지 전 세계 의사들이 콜레라에 대해 관찰하고 이론을 만들고 있던 때 일어난 일이었다. 돌이켜보면, 콜레라가 오염된 공기를 통해 전파된다는 밀로이의 생각은 설득력이 없었지만, 밀로이를 비롯한 여러 의사들이 위생 개선법 중 하나로 깨끗한 물 사용을 중시한 것은 질병을 줄이기 위한 핵심적인 노력이었다.

밀로이는 "부패성 악취putrescent effluvia"가 콜레라 발생에 미치는 영향을 분석한 자신의 연구결과가 영국 보건총국의 결론을 뒷받침한다고 주장했다. 그는 자메이카 전역의 여러 마을에서 콜레라의 존재를 조사하고, 위생상태를 관찰하고, 흑인들의 건강을 평가함으로써 이러한 결론을 도출해냈다. 1849년 영국에서 콜레라가 사라지자 의사들에게는 다른 연구 지역과 대상이 필요해졌다. 자메이카의 콜레라 유행에 대한 밀로이의 연구는 영국령 카리브해 지역 전체에 배치된 다른 의사들의 보고서와 함께 이 질병을 조사하는 추가적인 사례연구 자료를 제공했다.

자메이카에서 8개월을 보낸 후 밀로이는 영국으로 돌아왔다. 1853년 밀로이는 영국 왕립의사협회 회원으로 선출됐다.[55] 1855년에는 위생위원회 위원으로 임명된 후 영국 전쟁부에 의해 크림전쟁에 파견됐다. 1864년부터 1865년까지는 런던역학학회 회장을 맡았다. 밀로이처럼 런던역학학회의 창립회원으로 활약한 의사들 대부분은 해외 활동 경험이 있는 사람들이었다. 이 학회의 목표는 밀로이가 1864년 취임 연설에서 밝혔듯이 모든 나라와 기후의 질병과 예방에 대해 연구하는 것이었다. 이 학회는 예방을 중시했다는 점에서 질병 치료와 고통 완화에 주력한 왕립의학외과학회와는 달랐다. 밀로이는 런던역학학회의 해외 식민지 담당관 임명은 "세계 다양한 지역에서 넓고 깊은 연구를 수행하는 것의 중요성을 고려한 결정"이라고 언급했다. 나아가 밀로이는 계속되는 콜레라 문제에 대해서는 훨씬 더 많은 정보가 필요하지만 "세계의 어떤 나라도 영국만큼 자연현상 전체를 관찰하고 설명할 수 있는 포괄적인 기회를 제공하지 못한다. 이는 영국이 많은 식민지를 가졌을뿐더러 거의 모든 외국 땅에 영국 정부가 지속적인 관심을 가질 수 있게 만드는 영사 조직이 분포하기 때문이기도 하다"고 말했다.[56]

＊　＊　＊

19세기 중반에 이뤄진 역학 연구의 대부분은 세계 곳곳의 다양한 환경에서 발생하는 질병의 원인, 확산, 예방에 대해 조사한 의사들의 연구결과를 자세하게 담은 군과 식민지 관료들의 기록을 기초로 한 것이었다. 영국 왕실은 경제적 목적으로 의사들을 카리브해 지역으로 보냈지만 이런 노력은 역학 발전이라는 의도치 않은 결과를 가져왔다. 역학조사와 연구의 핵심을 이루는, 질병 발생과 확산을 막는 방법에 관한 보고서 작성은 영국 제국주의의 중요한 요소였다. 밀로이는 보고서 요약 부분에서 "예방조치는 치료나 재활조치보다 훨씬 우선적으로 고려되어야 한다"고 강조했다.[57]

군과 식민주의 관료체계는 지식생산을 위한 하부구조로 기능하기도 했다.[58] 책이나 논문 같은 출판물과 학회나 대학에서의 강연을 통해 이론들이 체계화되는 동안 관료체계가 지식생산 영역에서 매우 핵심적인 역할을 한 것이다.[59] 의사들이 배와 식민지에서 작성한 보고서들은 영국 의사들에게 아이디어를 교환하고, 전문적인 네트워크를 만들고, 다른 사람들이 어떻게 의학을 이론화하고 실천하는지에 대해 배울 수 있는 발판을 제공했기 때문이다.

군과 식민주의 관료체계 그리고 관료체계에 따른 의무적인 기록관리 관행은 버뮤다 감옥선에서 동성 간 성행위 실태, 자메이카 해방노예들의 생활환경 같은 19세기에 생활 모습을 자세하게 포착하기도 했다. 식민주의는 대도시에서 식민지로의 통신에 의존했기 때문에, 일상생활에 대한 상세한 보고서들은 카리브해 지역에서 영국으로 끊임없이 흘러갔다. 역학은 이 같은 보고서의 확산, 지식 유통, 그리고 이 정보를 보존하는 문서보관소 설립에 기초한 학문이다.

관료체계에 따른 의료기록은 억힉의 역사를 개인적인 자원에서 깊숙이 이해할 수 있게 만든다. 의사들이 가졌던 의문, 불안감, 유행병 확산에 다른 공포가 관료체계에 의거해 작성된 보고서, 편지, 일지 등에 그대로 담겨있기 때문이다. 이런 의료기록은 보통 사람들, 즉 노예들과 식민지 주민들, 지배당하거나 소외된 사람들이 유행병에 어떻게 반응했는지도 개인적인 차원에서 깊고, 자세하고, 적나라하게 드러낸다. 그들의 생활환경, 가정생활, 일터의 상황을 자세하고 구체적인 내용으로 보여준다. 물론 기록이 그들의 삶 전체를 완전하게 묘사하지는 않지만, 식민지인들이 의사들의 중요한 연구대상이었다는 사실만은 분명하게 드러난다. 식민지 사람들은 처음에는 질병 발생의 증거였고, 그 후에는 질병 확산의 목격자, 예방조치가 필요한 지역사회 주민이었다. 하지만 질병에 대한 논의가 환기, 깨끗한 물 등 예방조치를 중심으로 이뤄지면서 이들은 기록에서 사라졌다.

역학의 중심이 된 이론, 원칙, 실천은 고통, 질병, 때로는 죽음으로 역학 발전에 기여한 사람들을 기초로 한다. 식민주의는 전 세계 많은 이들을 연구할 수 있는 환경을 조성했다. 병의 원인을 규명하고 확산을 추적하고 예방조치를 고안하고 의사와 개혁가, 정부 관리들의 네트워크를 구축하는 등 역학 방법을 개발하는 데 기여했다.

밀로이가 자메이카에서 콜레라에 대한 보고서 초안을 작성한 바로 그해에 크림전쟁이 발발했다. 전쟁 발발은 특히 플로렌스 나이팅게일의 연구를 통해 역학 발전을 가속화했다.

5장

플로렌스 나이팅게일

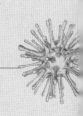

크림전쟁과 인도에서 전염병과 싸운
숨겨진 역학자

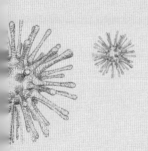

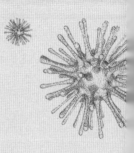

이 장에서 우리는 많은 사람들을 전염병 연구의 대상으로 만든 19세기 중후반의 전쟁에 대해 다룰 것이다. 당시 군의관들은 전쟁으로 병들고 죽어가는 병사들, 비위생적인 수용소, 질병 발생으로 인한 의료 위기에 주의를 돌렸다. 노예제도와 식민주의의 경우처럼, 이러한 생물학적 재앙은 질병의 원인과 확산, 그리고 예방에 대한 보고 축적으로 이어졌다. 전시 의료 혁신에 대한 이야기는 낯설지 않지만, 일반적으로 역사가들은 식민주의와 노예제도를 전쟁과 분리해 왔다. 이 모든 것이 동시에 일어났음에도 불구하고 말이다.[1] 1755년부터 1853년 사이 노예제도와 대영제국의 확장 기간에 군의관들이 이룬 발전은 전쟁터의 의사들이 질병 확산을 기록하고 해석하고 이해하는 방식에 영향을 미쳤다. 비슷하게 전시 의학은 역학 분야를 발전시기고, 영국과 미국의 의사들이 질병의 원인과 전염을 이해하는 방법을 고안하는 주요 연구들을 탄생시켰다.

더불어 전시 의학은 일반 대중에게 혼잡한 공간과 비위생적인 환경의 위험에 대해 경고하는 계기가 됐다. 주로 의사와 정부 관료들 사이에서 떠돌던 이런 우려는 야전병원 내부의 끔찍한 고통과 참혹한 상황을 보도한 신문에서 다뤄지기 시작했다. 특히 크림전쟁 (1853~1856) 동안 군 병원의 참혹한 상태가 널리 알려지고, 그 결과 영국과 미국 민간병원들의 현실도 조명을 받게 됐다.[2]

19세기의 많은 사람들은 유럽과 미국, 대영제국, 프랑스 제국, 스페인 제국의 먼 지역에 이르기까지 병원을 주로 가난하고 소외된 이들을 위한 기관으로 생각했다.[3] 대부분의 평범한 사람들은 집에서 의사나 치료사에게 치료받는 것을 선호했다. 실제로 거의 대다수는 집에서 태어나 집에서 죽었다.[4] 병원은 돌봐줄 가족이나 이웃이 없는 사람들이 어쩔 수 없이 가는 곳이었다. 당시 병원은 현대의 무료급식소나 노숙자쉼터 같은 기능을 담당했다.[5] 지방정부가 이런 병원 중 일부를 관리하기는 했지만, 그곳들 역시 한심할 정도로 자금과 인원이 부족해서 적절한 의료서비스를 제공할 수 없었다.[6] 18세기 후반 존 하워드 같은 이들의 개혁 노력에도 불구하고 병원 상황을 개선하려는 조치는 거의 취해지지 않았고, 자선 목적으로 설립된 이들 병원이 실제로는 질병 상황을 악화시키고 사망률을 높였다는 사실을 인식하는 사람은 거의 없었다. 이런 상황에서 군 병원, 교도소, 노예선, 식민지 대농장 같은 곳이 질병 확산을 조장한다는 설득력 있는 증거를 제시한 사람들이 의료개혁가들이며, 그들 중 가장 두드러진 활동을 벌인 사람이 바로 플로렌스 나이팅게일이었다.

당시 병원들의 상황이 득보다는 해를 더 많이 끼친다는 이야기는 널리 퍼져 있었지만 체계적인 증거가 필요했다. 얼마나 많은 사람이 입원 중 병에 걸렸는지, 입원과 무관한 질병으로 사망했는지 추적할 방법이 없었기 때문에 구체적인 질병이나 학대에 대한 이야기는 쉽게 무시됐다.[7] 이런 상황에서 발발한 크림전쟁은 병원의 위험성을 경고하는 통계적 증거를 수집할 전례 없는 기회를 의료개혁가들에게 제공했다.

* * *

군 병원의 문제점을 가장 먼저 폭로한 것은 영국의 언론이었다. 1854년 〈런던타임스〉가 크림전쟁을 취재하기 위해 윌리엄 하워드 러셀을 투입하면서 그는 세계 최초의 종군기자로 떠올랐다. 러셀은 더 많은 의사들이 전장에 파견돼야 한다고 주장했고, 군이 부상당하고 아픈 군인들을 방치하고 있다며 비난했다. 전쟁 초기에 그는 "우리 군인들은 잘 입고, 잘 먹었으며 좋은 환경에서 잤다. (…) 군인들은 두려움을 거의 느끼지 못했다"고 썼다. 하지만 이런 필수적인 보급품이 계속 제공되지 않는다면 재앙이 발생할 것이라고 경고했다. 그는 기사에서 1828~1829년 러시아-터키 전쟁 동안 "8만 명이 '역병, 전염병, 기아'로 죽었다"는 사실을 독자들에게 상기시켰다. 그는 "그런 공포의 반복을 막기 위해서는" 전장에서 의료에 더 신경을 써야 하며 "질병과 싸울 수 있는 압도적인 숫자의 군의관들이 있어야 한다"고 역설했다. 러셀은 갈리폴리에 있는 병원이 아픈 환자들을 받을 준비가 돼 있지 않다며 "환자들은 누울 곳도 없었고 덮을 것도 없었다. 의사들의 치료도 받지 못했다"고 썼다. 아픈 군인들에게 주어진 것은 고작 작은 담요 한 장이었다.[8]

러셀의 기사를 읽은 영국 독자들은 용맹과 명예에 대한 애국적 이야기에 가려져 있던 전쟁 현실에 관한 직접적인 지식을 얻었다. 러셀의 묘사는 이전에는 군 장교들, 의사들, 정부 관리들만 알고 있었던 상황을 대중에게 드러냈다. 〈런던타임스〉가 야전병원의 끔찍한 상태를 고발하는 러셀의 기사를 더 많이 게재하자 대중은 분노하고 개혁을 요구했다. 그러자 러셀은 군의관들을 더 많이 투입해야 한다고 역설하면서 여성 독자들에게 전쟁에 도움이 되는 일을 해달라며 다음과 같이 촉구했다. "우리 중에 동부전선의 스쿠타리의 병원에서 고통받는 군인들을 위해 봉사할 헌신적인 여성은 없는가? 영국의 딸들 중 아무도 이런 자비를 베풀 준비가 된 사람은 없는가?"[9]

1854년 10월 초, 런던 할리 스트리트의 여성 병원 병원장으로 일하고 있던 플로렌스 나이팅게일은 러셀과 다른 〈런던타임스〉 기자들이 작성한 스쿠타리 병원 관련 기사를 읽었다. 기사에 따르면 그곳에서 군인들은 "의사의 보살핌을 전혀 받지 못한 채 고통 속에서 죽었고, 상처 부위를 감쌀 붕대를 만들 천조차 없었다."[10] 스쿠타리 병원의 끔찍한 상황을 접한 나이팅게일은 친구인 엘리자베스 허버트에게 스쿠타리로 가서 간호사로 일하자고 편지를 썼다. 엘리자베스는 당시 전쟁부 장관이었던 시드니 허버트의 아내였다. 나이팅게일은 엘리자베스에게 "부상당한 환자들"을 돕기 위해 터키로 떠날 "소규모 간호사 파견대"가 이미 조직돼 있다고 설명했다. 나이팅게일은 엘리자베스에게 "식량과 숙소 준비"를 위한 민간기금을 모금한 상태이기 때문에 간호사들이 전쟁터에 가는 비용을 국가에 의존할 필요가 없다고도 말했다.[11]

플로렌스 ㅏ이팅게일

1854년 10월 초, 런던 할리 스트리트의 여성 병원 병원장으로 일하던 나이팅게일
은 신문에 실린 스쿠타리 병원 관련 기사를 읽은 뒤 전선으로 뛰어들기로 결심한다.

나이팅게일은 당시 전쟁부 장관 시드니 허버트에게도 편지를 보냈고, 허버트 역시 나이팅게일에게 답장을 보낸 것으로 보인다. 전쟁이 처음 시작되었을 때 허버트는 간호사부대 창설을 제안했지만 군과 정부 당국은 그의 제안에 반대했다. 〈런던타임스〉에 실린 러셀의 기사가 군 병원의 상황에 대한 대중의 불만을 불러일으킨 후, 정부는 간호사부대를 조직해 터키로 보내자는 허버트의 제안을 받아들였다. 군의 건강상태를 개선하기 위한 노력을 이미 펼치고 있었던 개혁가 허버트는 몇 년 전에 만난 나이팅게일이야말로 간호사부대를 이끌 자격이 충분하다고 믿었다.[12]

1854년 11월 4일, 허버트에게 편지를 쓴 지 불과 3주 후 나이팅게일은 콘스탄티노플 근처 보스포루스 해협의 아시아 쪽에 위치한 스쿠타리 야전병원에 도착했다. 허버트는 나이팅게일에게 스쿠타리 병원 육군 의료책임자의 지시를 따르라는 엄격한 지시를 내렸다.[13] 전장에 여성을 보낸 전례가 없었기 때문에 나이팅게일과 다른 여성들의 일을 지도할 만한 규칙도 없었다. 나이팅게일은 간호사를 고용하고, 그들의 임무를 배분하고, 스케줄을 짜는 일을 도맡았다. 나아가 요리, 세탁 그리고 물품의 분배를 담당하는 "병영의 여주인"으로도 활약했다.[14]

나이팅게일은 발라클라바 전투와 라이트 여단 돌격 이후 일주일 정도가 지나던 시점에 스쿠타리에 도착했다. 라이트 여단은 잘못된 위치로 보내져 러시아군에 패했고, 그 결과 영국 군인들이 많이 사망한 상태였다. 러셀의 기사에 따르면, 기병대와 포병대 장교 13명을 포함해 175명이 전장에서 사망했으며, 이후 장교 27명을 포함해 251

명이 추가로 사망한 상태였다. 러셀은 군인들의 용맹함과 영웅정신을 강조하면서도 그들에게 닥친 "비상사태"는 전장의 적에 의한 것이 아니라 질병이라고 언급했다. 러셀은 군인들이 "아열대 태양의 열기와 역병을 일으키는 기후의 독기를 견디고, 어둠 속에 숨어서 덮치는 적들의 공격으로 동료 병사들이 쓰러지는 것을 목도면서도 물밀 듯한 적들의 공격을 막아내며 반격했다. 하지만 전혀 나아지지 않는 상황에서 몇 주 몇 달을 견디고 있다"고 표현하기도 했다.[15]

1854년 11월 25일, 나이팅게일은 허버트에게 보낸 편지에서 2,300명 넘는 군인들이 수용된 병원의 목욕과 세탁 문제를 강조했다. 그는 병원 납품업자가 세탁의 중요성을 간과한다고 불평했다. 하루에 남자 30명이 목욕을 했는데, 이는 한 명당 80일에 한 번만 씻는다는 것을 의미했다. 그 결과 "열병, 콜레라, 괴저, 이, 벼룩, 벌레가 발생했고, 여러 사람의 상처 부위를 같은 솜으로 닦아 단독丹毒, erysipelas(피부 발진이 특징적인 급성 감염병)이 발생했다." 나이팅게일이 병원에 도착했을 때 병동에는 개수대나 비누, 수건이 전혀 없었다. 나이팅게일과 간호사들은 "몸을 덮는 천"과 "침대를 덮는 천"을 모두 세탁했고 "우리만의 작은 세탁시설"을 만들기 시작했다.[16]

1855년 2월 초, 병원의 건강상태를 개선하기 위해 몇 달 동안 노력한 후 나이팅게일은 어머니에게 편지를 썼다. 편지에서 그는 어려운 문제들이 있지만 군 병원과 육군 의료위원회를 개혁하는 데 전념하고 있다고 말했다. 그는 자신의 교육이 헛되지 않았고, 그동안 배운 원칙이 개혁가로서 자신을 계속 이끌어 줄 것이라고 어머니를 안심시켰다. 나이팅게일의 부모는 처음에 간호사가 되려는 딸의 계획에 반대했다. 따라서 이런 편지는 간호사라는 직업의 중요성을 정당화하기 위한 수단이었던 것으로 여겨진다. 나이팅게일은 자신의 개혁 활동을 예수의 활동에 비유하기도 했다.[17]

3주 후 나이팅게일은 시드니 허버트에게 병원의 상태가 좋아지고 있다고 보고했다. 병원에서 지난 24시간 동안 사망한 사람이 10명에 불과하다고도 언급했다. 2월의 첫 8일 동안 506명이 죽은 것과 선명히 대비되는 숫자였다.[18] 역사가들은 나이팅게일의 활동이 실제로 1854~1855년 겨울 동안 병원의 사망률을 낮췄는지 의문을 제기한다. 다만 전쟁 전에는 대부분 무시되던 군 병원의 위험하고 건강에 좋지 않은 환경에 대해 그가 널리 알린 것만은 확실하다.[19]

* * *

해외에서 일했던 개빈 밀로이와 다른 의료 전문가들이 그랬던 것처럼 나이팅게일도 영국으로 돌아왔을 때 자신의 연구결과를 담은 책을 출판했다. 나이팅게일은 《병원에 관한 기록Notes on Hospitals》이라는 제목의 책에서 영국과 유럽의 군 병원 및 민간병원 모두의 문제점인 불결함에 대해 묘사했다. 1857년에 창설된 부대의 위생상태에 대한 왕실위원회의 질문에 나이팅게일은 스쿠타리 병원의 더러운 벽과 천장 상태를 언급하면서 "환자들이 누운 긴 의자 밑에 숨은 쥐와 온갖 종류의 해충들, 더럽고 불결한 공기가 환자들을 더 위험한 상태로 만들고 있었다"고 답했다.[20] 병원에 쥐가 있는 것은 드물지 않은 일이었다. 쥐는 더러운 병원을 비난하기 위한 상징으로 자주 사용되기

나이팅게일의 저서 《병원에 관한 기록》

크림전쟁에서 돌아온 나이팅게일은 자신의 연구결과를 담은 책을 펴냈다. 이 책에서 그는 군 병원과 민간병원의 열악한 위생 실태를 폭로하면서 제대로 된 의료시설을 하루빨리 확충할 것을 강도 높게 요구했다.

도 했다. 대서양 건너편의 미국에서 발행되는 대중잡지 〈하퍼스위클리〉에는 정신병원에서 잠든 여성 환자 위로 쥐가 기어가는 모습을 삽화로 싣기도 했다. 쥐가 전염병의 매개체로 확인되기 전인 19세기 중반, 병원 직원들은 쥐를 골칫거리로 여겼을지 모르지만, 쥐를 쫓아내기 위한 노력은 거의 하지 않았다. 나이팅게일은 다른 개혁가들과 마찬가지로 병원이 얼마나 더러운지를 보여주기 위해 쥐들의 존재를 언급했다.[21]

나이팅게일에 대한 유명한 이야기들은 간호사로서 한 역할, 사상 최초의 여성 부대를 전장으로 이끌고 가 부상당한 군인들을 치료한 활동에 초점이 맞춰져 있다. 하지만 나이팅게일은 그보다 훨씬 중요한 역할을 많이 했다. 크림전쟁 전장에서 나이팅게일의 상징적 이미지는 밤에 랜턴을 들고 병동에서 부상병들 사이를 걷는 "등불을 든 여인"이다. 이 별명과 이미지는 군이 스쿠타리 병원에서 나이팅게일에게 바랐던 활동과 일치한다. 나이팅게일이 의사들을 도와 환자들을 보살핀 "여성"이었다는 사실은 그의 지칠 줄 모르는 노력이 전쟁 수행에 기여했다는 더 큰 이야기에도 잘 들어맞는다. 하지만 이 이야기는 일부에 불과하다. 부상당한 군인들을 보살핀 나이팅게일의 헌신과 전쟁터에서의 용감한 활동이 공중보건과 역학 발전에서 나이팅게일이 한 역할을 대부분 가리기 때문이다.

간호사로서 나이팅게일이 한 활동은 수많은 전기와 기사에서 주요 주제로 다뤄지는 데 반해, 공공보건 전문가나 역학 연구자로서 나이팅게일이 수행한 활동은 거의 알려지지 않았다. 극소수 학자들만이 통계학자로서 나이팅게일의 공로를 기록하고 있을 뿐이다. 이 극소수 연구자들의 연구를 근거로 나는 질병 예방, 위생, 질병 전파에 대해 연구하고, 토목공학 발전을 위해, 구체적으로 병원 건축을 위한 청사진을 개발했던 나이팅게일이 역학 연구자였다고 주장한다.[22]

나이팅게일은 질병의 확산과 예방을 연구하기 위해 자신의 관찰 자료를 적극적으로 이용했다. 19세기 초반 개빈 밀로이나 제임스 맥 윌리엄 같은 의사들이 선도적인 역학 연구자 역할을 수행했다면, 19세기 후반 질병 연구의 핵심 이론가는 바로 나이팅게일이었다. 나이팅게일은 간호사들이 질병 연구의 필수요소인 예리한 통찰을 제공한다는 사실을 보여줬다. 그는 "자세하게 관찰하는 간호사"가 가끔 환자를 방문하는 의사보다 "더 값지고 중요한 데이터"를 제공할 수 있다고도 말했다.[23]

크림전쟁이 끝나고 몇 달 후인 1856년 런던으로 돌아왔을 때 나이팅게일은 전쟁 중에 수집한 보고서와 관찰 자료를 정리했다. 전쟁부 장관은 그녀에게 병원의 상태, 특히 "결함들"을 점검하고 군대의 건강상태를 평가해달라고 요청했다. 나이팅게일의 연구결과는《영국군의 건강, 효율성, 병원 관리에 영향을 미치는 문제들에 관한 기록》이라는 제목의 800쪽 넘는 책으로 출판됐다.[24]

하지만 나이팅게일의 업적 중 가장 중요한 것은 군 병원에서 높은 사망률이 니다니는 이유와 관련해 자신의 견해를 수정했다는 데 있을 것이다. 그가 스쿠타리에 도착한 후에도 사망률은 감소하지 않고 오히려 증가했다. 나이팅게일이 첫 겨울을 보내는 동안 약 4,077명의 군인이 콜레라, 장티푸스, 발진티푸스로 사망했다. 처음에 나이팅게일은 사망자 수가 많은 것은 영양 부족과 보급품 전달 실패 때문이라고 말했다. 1855년 2월 영국 의회는 스쿠타리의 건강상태를 조사할 위생위원회를 구성했다. 1855년 7월에는 자메이카에서 콜레라를 연구한 개빈 밀로이가 헥터 개빈을 대신해 위생위원회에 합류했다. 위원회는 높은 사망률의 원인으로 결함이 있는 하수구와 환기되지 않은 건물을 지목했다. 이 발견은 나이팅게일이 전염병 확산을 이해하는 시각을 바꾸게 했고, 육군 병원의 위생상태에 더 많은 주의를 기울이도록 영감을 줬다. 나이팅게일은 위생조건 개선을 위한 선도적인 연구자이자 지칠 줄 모르는 옹호자였다.

나이팅게일은 〈리즈 머큐리Leeds Mercury〉에 실린 무기명 기사에서 위생위원회의 보고서는 "영국에는 전쟁 기간에 종합병원 행정의 기반이 되어줄 만한 시스템이 없으며, 영국에 이런 시스템이 없기 때문에 결과적으로 스쿠타리 병원을 페스트에 찌든 공간과 다를 바 없는 곳으로 만들었다"는 사실을 드러낸다고 지적했다. 위생위원회는 "앞으로 유사한 재난을 피하기 위해" 영국에 종합병원을 설립해야 한다고도 조언했다. 의회는 사우샘프턴에 1,000병상 규모의 종합병원을 건립할 계획을 제출했지만, 나이팅게일은 (운영 시스템이 마련되지 않은 채 진행되는) 계획은 "스쿠타리 병원과 같은 또 다른 큰 재앙"을 낳을 게 뻔하므로 이 병원들을 육군 병원의 모델로 삼을 수 없다고 주장하며 강하게 비난했다. 나이팅게일은 위생위원회가 "이런 병원은 독립된 건물들로 구성되거나, 병실에 칸막이를 설치하거나, 병동 양쪽에 창문을 만들어 철저하게 환기를 시켜야 하며, 병동은 의사들이 진료와 경제적인 관리를 할 수 있을 정도로 커야 한다는 사실을 분명하게 보여줬다"고도 말했다.[26] 노예제와 제국주의가 사회적 환경 변화에 따라 수많은 이들에게서 질병이 확산되는 양상이 바뀐다는 것을 보여주었듯이, 크림전쟁은 나이팅게일이 병원을 어떻게 설계해야 하는지를 더 잘 이해할 수 있게 해주었다.

＊　＊　＊

병원 상태에 대한 나이팅게일의 지속적인 비판은 빅토리아 여왕과 그녀의 남편 앨버트 공의 관심을 끌었다. 앨버트 공은 1834년 자신의 스승 애돌프 케틀렛이 설립한 런던통계학회의 충실한 후원자였다.[27] 1856년 8월 나이팅게일이 영국으로 돌아왔을 때 빅토리아 여왕과 앨버트 공은 그녀를 스코틀랜드에 있는 왕실의 여름 별장인 밸모럴 성으로 불렀다. 나이팅게일은 이 만남에서 군대의 건강상태를 조사할 왕립위원회 설립을 지지하겠다는 약속을 받았다. 나이팅게일은 위원회에 윌리엄 파William Farr를 합류시켜달라고 요청하기도 했다. 파는 영국공공기록원에서 중요한 통계 작업을 관장하는 선구적인 통계학자였다. 파는 나이팅게일이 전쟁 중 사망률에 대해 수집한 데이터를 분석하는 데 도움을 줬다.[28]

나이팅게일과 파는 함께 연구하면서 전투보다 병으로 죽는 병사들이 너 낳나는 사실을 확인했다. 전쟁터에서 부상으로 사망한 군인이 1명일 때 예방할 수 있었던 질병으로 사망하는 군인이 무려 7명이었다.[29] 나이팅게일은 사망률 통계 외에도 병원의 비위생적인 상태를 상세히 기록한 광범위한 보고서들을 발표했으며, 군대가 질병 확산을 막을 수 있는 방법도 제시했다. 나이팅게일이 쓴 책《병원에 관한 기록》은 "미열"이 있어 병원에 입원한 어떤 사람이 며칠 만에 열은 내렸지만 "불결한 상태의 병동에서 8주가 지나도록 건강을 회복하지 못한" 사례로 시작한다.[30]

초창기의 나이팅게일은 훗날 《영국군의 건강, 효율성, 병원 관리에 영향을 미치는 문제들에 관한 기록》이라는 책으로 출간된 자신의 첫 번째 보고서 내용에 충실했다. 이 보고서는 왕립위원회가 공식적으로 구성되기 전까지는 전쟁부와 육군 의무사령부 사이에서 오간 비밀 서신의 형태를 띄고 있었다. 나이팅게일이 위원회 설립을 위해 팬 뮤어 경을 처음 만난 것은 1856년 11월이지만 위원회는 1857년 5월에야 구성됐다. 이렇게 위원회 구성이 지연되자 나이팅게일은 자비로 보고서를 인쇄해 영국의 정치인과 관료들에게 배포했다. 이 보고서는 호평을 받았다. 보고서를 읽은 사람 중에서는 "나는 이 보고서야말로 군대와 국가에 주는 소중한 선물이라고 생각한다"고 말한 사람도 있었다.[31]

1858년 마침내 책으로 발간된 이 보고서에서 나이팅게일은 병원의 환경은 크림전쟁 기간에만 건강을 위협했던 것이 아니라고 설명하면서 과거 영국군의 위생 문제들을 추적했다. 예를 들어 그는 1811~1814년 포르투갈에서 벌어진 전쟁에 영국군이 참가했을 당시 영국군 야전병원에 발진티푸스가 창궐했다고 썼다. 나이팅게일은 이와 비슷한 사례들을 다수 제시함으로써 비위생적 환경이 어떻게 질병을 확산시켰는지 드러내는 더 높은 수준의 역사적 맥락을 제시했다. 그는 자신의 분석이 "미래에 유사한 재앙"을 방지하고 군대가 위생 정책을 개발하는 데 쓰이기를 바랐다.[32] 그의 주요 관심사였던 위생과 예방법 개발은 현대 공중보건의 핵심을 이루는 개념이다.

스쿠타리에 머무는 동안 나이팅게일은 야전병원과 인근 종합병원의 다양한 요소들을 추적하는 기록시스템도 개발했다. 이 과정에서 나이팅게일은 청결 정도부터 보급품의 질, 식단 내용, 화장실 위치, 묘지 위치에 이르기까지 모든 것을 기록했다. 물리적인 공간도 자세하게 조사했고, 병동의 크기, 지붕의 상태, 창문의 질과 크기, 위치도 꼼꼼하게 확인했다.[33] 영국군의 건강에 관한 책에서 나이팅게일은 신선한 공기의 중요성에 대해 쓴 토머스 트로터 등과 마찬가지로 부적절한 환기 문제를 지적했으며, 책의 한 섹션 전체를 "불충분한 환기"에 할애했다. 나이팅게일은 야전병원의 "환기 불량 상태"에 대해 언급한 위생위원회의 보고서를 인용하면서, 이런 병원에는 "드문드문 작은 구멍이 몇 개밖에 뚫려있지 않아 '뜨겁고 더러운' 공기가 밖으로 빠지지 않는다"고 말했다. 미아즈마 이론의 신봉자였던 나이팅게일은 질병이 공기를 통해 퍼진다고 믿었고, 병원에서 "불결한 공기"를 배출하기 위해 환기를 시켜야 한다고 주장했다.

불충분한 환기 외에도 나이팅게일은 하수구와 배수관 문제도 지적했다. 왕립위원회 회의에 나선 증언에서 나이팅게일은 자신이 도착했을 때 발견한 야전병원의 불결한 상황에 대해 "화장실에는 몇 달 동안 오물이 쌓여 있었고, 그 상태는 말로 표현히기조치 끔찍할 정도"라고 말했다. 병원 창문 아래에 개가 6마리나 죽어 있었고, 죽은 말이 수로에 몇 주 동안 방치돼 있었다고도 했다. 또 물탱크에는 더러워진 병원 유니폼이 들어있고, 쥐와 곤충이 득실거렸으며, "벽과 천장에는 유기물이 가득 매달려 있었다"고 증언했다.[34]

영국군 건강상태에 관한 보고서의 결론에서 나이팅게일은 "크림전쟁 기간의 위생 상황에 대한 정보는 그 어떤 전쟁의 위생 관련 정보보다 많다. 다만 그 이유는 군인들이 가장 취약한 질병과 방치로 인한 재앙에 굴복한 후에 치료를 통해 가장 좋은 건강상태와 효율성을 회복하는 과정을 우리가 완벽하게 관찰했기 때문이다(역사에서 이런 예는 없었다). 이 관찰은 거대한 규모의 실험이었다"고 말했다. 나이팅게일은 크림전쟁 초기 7개월간 사망률이 1665년의 흑사병 대유행의 사망률, 크림전쟁 이전의 콜레라 대유행의 사망률보다 높다는 사실을 지적했다. 하지만 위생개혁을 실시한 후인 마지막 6개월 동안의 사망률은 "영국 본토의 건강한 근위병 사망률과 거의 같았다"고 그는 말했다.[35]

나이팅게일은 전쟁 중 수집한 사망률 자료와 국내 사망률 통계를 이용해 1839~1853년 사이 군인 사망률이 민간인 남성 사망률보다 훨씬 높았다는 것을 보여줬다. "(20세의) 군인 1만 명 중 7,077명이 39세까지 살고, 그중 135명은 40세에 사망했다. 반면 20세 민간인 1만 명 중 8,253명이 39세까지 살고, 그중 106명은 40세에 사망했다."[36] 군인들의 사망은 대부분 질병에 의한 것이었다. "전투를 하다 사망한 군인은 긴 전쟁 기간에 사망한 군인 중에서 아주 작은 부분에 불과했다."[37] 나이팅게일은 군인들의 사망 원인을 "발효병zymotic disease"(19세기에는 열병, 홍역, 콜레라 같은 질병을 이렇게 불렀다), "흉부 및 결절 질환", "기타 질환(변사 포함)"으로 분류했다. 나이팅게일은 군대의 질병 분류 체계에 비판적이었다. 분류표의 맨 아랫부분에 나이팅게일은 덧붙였다. "기관지염과 인플루엔자는 군대의 질병 분류 체계에 속하

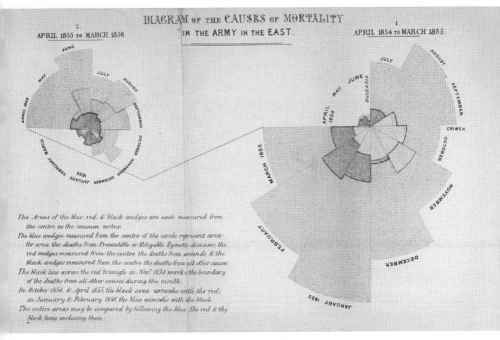

동부전선 군대의 사망 원인 도표

크림전쟁 기간 영국군의 사망 원인을 보여주는 나이팅게일의 장미 차트. 오른쪽 차트는 1854년 4월 ~1855년 3월, 왼쪽 차트는 1855년 4월~1856년 3월의 사망 원인을 각각 나타낸다. 쐐기 모양 조각들의 면적은 그 조각들이 나타내는 달의 사망자 수에 비례한다. 회색 조각(원본에서는 빨간색 조각)은 부상으로 인한 사망자 수, 엷은 회색 조각(원본에서는 파란색 조각)은 질병으로 인한 사망자 수, 진한 회색 조각(원본에서는 까만색 조각)은 기타 모든 원인으로 인한 사망자 수를 나타낸다. (웰컴 컬렉션)

지 않는다. 제대군인들이 앓는 카타르(조직의 손상을 수반하지 않는 점막 염증)는 대부분 폐결핵으로 보이며, 중증 카타르에는 유행성 카타르, 즉 인플루엔자와 기관지염이 포함된다."[38]

나이팅게일은 자신이 설명하려는 내용을 독자들이 시각적으로 쉽게 알아볼 수 있도록 당시 막 연구보고서에 등장하기 시작한 도표, 표, 다이어그램을 이용해 비교하고 통계를 제시했다. 나이팅게일은 크림전쟁의 사망률 자료를 보여주기 위해 "장미 차트rose chart"(맨드라미 차트coxcomb chart, 극지 영역 다이어그램polar area diagram이라고도 부른다)라는 새로운 종류의 그래픽을 개발했다.[39] 동그란 파이를 잘라 놓은 모양의 차트 전체는 1년간의 데이터를 나타내며, 각각의 조각들은 한 달간의 데이터를 의미한다. 각각의 파이 조각들은 사망자 수에 비례하는 면적을 각각 다른 색깔로 나타낸다. 예를 들어 어떤 조각은 부상으로 인한 사망을, 다른 조각은 "예방 또는 완화가 가능한 발효병"으로 인한 사망을, 또 다른 조각은 기타 원인으로 인한 사망을 의미한다. 1854년 4월부터 1855년 3월까지의 사망률 차트와 1855년 4월부터 1856년 3월까지의 사망률 차트를 간단히 살펴보면, 전투보다 질병으로 인한 사망자가 훨씬 더 많고 2년째에는 전체 사망률이 감소했음을 알 수 있다.[40]

비위생적인 병원의 위험성을 잘 보여주기 위해 나이팅게일은 런던의 병원 15곳에서 일하다 열병이나 콜레라 같은 "발효병"으로 사망한 수간호사, 간호사, 수녀의 사망률 데이터를 수집했다.[41] 나이팅게일은 윌리엄 파가 작성한 표도 제시했는데, 이 표는 간호사들의 사망률이 런던의 다른 여성들보다 훨씬 높다는 것을 보여준다. 게다가 병원에서 일하는 여성들은 런던의 일반 여성들보다 발효병으로 사망할 가능성이 더 높았다. 나이팅게일은 병원의 위생이 "매우 중요하다"고 주장하기 위해 이 수치들을 사용했다. "예방 가능했던 질병으로 잘 훈련된 간호사를 잃는 것은 훌륭한 군인을 같은 질병으로 잃는 것보다 더 큰 손실이다. 물론 군인도 간호사처럼 돈으로 살 수 없지만, 좋은 간호사를 찾기가 좋은 군인을 찾는 것보다 힘든 게 사실이다"라고 말하기도 했다.[42]

《병원에 관한 기록》에서 나이팅게일은 1756년 인도의 혼잡한 감방에서 사망한 영국 전쟁 포로들에 대한 이야기를 되짚었다. 나이팅게일은 "캘커타의 블랙홀 같은 곳에 150명의 사람들을 가둔다면, 감염이 너무 심해서 24시간 안에 거의 모든 수감자가 사망할 것"이라고 말했다.[43] 인도 감옥의 사례에 대한 나이팅게일의 언급은 환기의 필요성을 보여주는 전형적인 설명이다. 더불어 이 사건은 영국 의료 당국이 제국 곳곳에서 수집된 정보들을 어떻게 이용했는지도 보여준다.

＊　＊　＊

크림전쟁에서 수많은 환자를 대상으로 연구한 결과를 바탕으로 나이팅게일은 역학의 인구집단 연구와 비슷한 분석을 내놓았다. 나이팅게일은 질병이 집단 내에서 어떻게 퍼지는지에 초점을 맞췄다. 그는 요강을 갈아주거나 상처에 붕대를 감아주는 일보다는 병원 구조 연구, 통계 분석, 환기 개선법 등을 강구하는 데 에너지를 쏟았다.

전쟁은 나이팅게일에게 붐비는 병원, 허름한 텐트, 나무 오두막 등 다양한 환경 속에서 사망률을 비교할 수 있는 기회를 제공했다. 또 전쟁은 그에게 현대 역학의 주요 신조 중 하나인 예방조치의 중요성을 가르쳐줬다. 나이팅게일은 자신의 관찰 및 통찰 결과, 병원이 따라야 할 지침을 담은 책이 의사들에게 질병 확산을 막기 위한 규칙과 지침을 제공하기를 희망했다. 질병 예방법으로서 적절한 위생을 확보하려는 노력은 기원전 2000년 메소포타미아문명과 산스크리트어 문헌들에서도 나올 만큼 오래됐지만 나이팅게일의 시각, 특히 위생 개혁에 관한 견해는 19세기 중반 예방의학을 탄생시킨 중요한 전환점을 제공했다.[44] 나이팅게일의 이런 시각은 치료와 수술에 집중하던 군의관들의 의료행위를 역학적 의문과 문제를 연구하는 학문으로 변화시켰다.

나이팅게일은 자신의 연구를 바탕으로 당시의 지배적인 생각들에 도전했다. 가령 나이팅게일은 "민간병원과 군 병원 환자의 리넨에서 세탁부들에게로 '전염성' 질병이 전파되는 현상"에 대해 다뤘다. 나이팅게일은 "세탁부들이 환자들의 빨래를 하면 반드시 '전염'이 일어난다고 주장하는 사람들은 세탁 과정, 세탁 도구, 세탁 장소를 자세히 살펴본 적이 있는가?"라고 구체적으로 질문했다. 그러면서 덧붙였다. "만약 세탁부들에게 전염이 일어난다면 좁고, 어둡고, 습하고, 환기가 안 되고, 사람들로 가득 찬 방이나 헛간에서 세탁하기 때문일 것이다. (…) 리넨이 제대로 세탁되지 않고, 완전히 말려지지 않고, 세탁부들이 유기물과 더러운 공기를 들이마셔 중독된다는 것이 놀랄만한 일인가?" 나이팅게일은 여기서 한발 더 나아가 "전염" 이론은 이제 종식돼야 하며, 전염 이론을 연구할 시간에 "세탁시설을 개선해 제대로 된 작업실로 바꾸는" 노력을 하는 것이 훨씬 효율적이라고 주장했다. 나이팅게일은 "세탁부 한 명당 충분한 면적과 공간이 확보되고, 충분한 물을 사용할 수 있어야 하며" 배수와 환기가 적절하게 이뤄지고, 건조를 위한 방과 다림질을 위한 방이 분리돼야 한다고 강조했다. 이렇게 위생상태를 개선하면 세탁부들이 "열병에 걸리는 것"을 막을 수 있다고 말했다.[45] 나이팅게일은 위생적인 측면에서 "깨끗한 물을 충분히 공급"할 필요성도 강조했다. 나아가 개빈 밀로이 같은 위생개혁가들처럼 적절한 배수의 중요성도 역설했다. 나이팅게일은 이론에 의존해 적절한 위생의 필요성을 주장하기보다 사람들이 잘 알고 있는 공간의 구체적인 위생상태를 예로 들어 설득력을 확보했다. 그는 사람들로 가득 찬 환경, "유기물과 더러운 공기를 들이마시는 것"이 질병을 일으킨다고 말하면서 질병 확산 예방조치의 필요성을 지치지 않고 설파했다.

나이팅게일은 평생 질병 예방에 관한 글을 쓰는 데 전념했지만, 크림반도에서 돌아온 뒤부터는 수많은 병원의 실태를 직접 관찰할 수 없게 됐다. 크림전쟁 중 야전병원에서 일하면서 치명적인 병에 걸렸기 때문이다. 구체적인 병명은 불분명하지만, 대다수 학자들은 그녀가 브루셀라증에 걸렸다고 믿는다. 브루셀라증은 덜 익은 고기나 생우유 등 오염된 축산물 섭취로 인해 농물에서 사람으로 옮겨지는, 매우 전염성이 강한 세균성 질환이다.[46] 나이팅게일은 여생을 방에서 지내야 하는 자신을 "침대에 갇힌 죄수"라고 묘사했다.[47] 하지만 이런 제약에도 불구하고 나이팅게일은 공중보건과 질병에 관한 연구를 계속 이어갔다.

오랫동안 의사들은 사람들로 가득 찬 교도소와 노예선의 위험성에 대해서 지적해왔지만, 크림전쟁은 인구 밀집 공간의 위험성을 의사들에게 확실하게 인식시키는 역할을 했다. 그리고 미국 남북전쟁 기간에 의사들은 이 위험성에 대해 더 절실하게 깨닫게 됐다.[49] 나이팅게일의 활동은 과학적 아이디어를 대중에게 널리 알리려면 위급한 상황 중의 사례들을 얼마나 많이 대중에게 제시해야 하는지 생생하게 보여주는 예라고 할 수 있다.

* * *

1856년 나이팅게일이 영국으로 돌아온 직후인 1857년부터 1858년까지 인도에서 반란이 일어났다. 영국 정부와 군대, 대중의 관심은 즉각 남아시아로 옮겨졌다. 영국의 인도 식민지배는 1600년 동인도회사가 설립될 때부터 시작된 상태였다. 인도에서 영국으로 향신료를 수입하는 런던 상인들의 네트워크로서 처음 설립된 동인도회사는 인도 아대륙의 광활한 지역들에 제국의 지배력을 행사하는 강력한 군사·정치 조직으로 성장했다. 1740년대 프랑스와 영국의 전쟁이 인도로 확대됐을 때 동인도회사는 사업을 확장했고, 그 과정에서 현지 인도인들로 구성된 새로운 군대를 조직해 군사력을 갖게 됐다. 동인도회사는 군사력으로 인도에 있는 유럽 무역회사들을 지배하고 지역 세력들을 굴복시켰다. 1756년 동인도회사는 2만 명의 인도인들로 구성된 군대를 보유한 상태였고, 이 군인들은 세포이sepoy라는 이름으로 불렸다. 1803년이 되자 인도인 군대 규모는 10배로 커져 26

만 명이 됐다.[50] 19세기 전반에 걸쳐 세포이의 숫자는 약 31만 1,000명으로 늘어났다. 당시 인도에 배치된 영국군은 4만 명 정도였다.[51] 1857년 인도인 병사들이 비위생적인 막사 환경 등에 불만을 품고 인도 전역에서 영국군에 대항해 반란을 일으켰다. 하지만 결국 세포이들은 패배했고, 그 직접적인 결과로 영국 정부는 1858년 의회법에 의거해 인도를 완전히 장악했다. 권력은 동인도회사에서 빅토리아 여왕에게로 이양됐다.

나이팅게일은 영국 제국주의가 인도에 정착시킨 광범위한 관료체계를 이용하기로 했다. 인도 주둔군의 위생상태를 조사할 왕립위원회를 만들어 정부에 권고안을 제시하자는 에드윈 채드윅의 제안을 적극적으로 받아들인 것이다. 나이팅게일을 스쿠타리로 보냈던 시드니 허버트는 군의관, 민간의사, 위생학자, 여왕 주치의, 변호사로 구성된 "인도 주둔 군대의 위생상태 조사를 위한 왕립위원회(1859~1863년)"를 조직하는 데 도움을 줬다. 존 스노와 함께 연구를 했으며 영국 공공기록원에서 통계학자로 일했던 윌리엄 파, 위생학자 존 서덜랜드가 이 위원회에 핵심위원으로 합류했으며 허버트는 위원장을 맡았다.[52]

나이팅게일은 위생과 관련된 법들이 "향후 인도의 지배체제, 군대, 민간징부의 일부"가 되어야 한다고 생각했다. 나이팅게일은 한 영국 관료가 "탈환한 도시를 청소하고, 공기를 오염시키는 사람, 말, 당나귀, 송아지, 낙타, 코끼리의 사체 수천 구를 매장하기 위해" 위생 감독관을 임명했지만 봄베이 총독부는 "선례가 없다"는 이유로 청소를 허가하지 않았다고 말했다. 그는 영국 정부가 개입한다고 해도 적절한 위생상태가 계속 유지될 것이라고는 기대하지 않았으며, 결국 이 문제는 봄베이 총독부가 맡아야 할 일이라고 생각했다. 그러면서도 19세기와 그 이후 권력자들 대부분이 그랬던 것처럼 과학을 이용해 사람들을 지배할 수 있다고 그는 봤다. 그는 영국 당국이 "위생을 문명의 시녀로" 사용해야 한다고 주장했다.[53]

나이팅게일을 비롯한 전문가들은 빅토리아 시대 영국의 기준에 따라 인도의 건강상태를 평가했다.[54] 나이팅게일과 왕립위원회는 인도 사람들이 고수하는 건강 및 치료 관습에 대해 비난했다. 병과 치료에 대한 인도 사람들의 지식을 무시했으며 인도의 관습, 문화, 가치를 인식하지 않았다. 대신 나이팅게일과 위원회는 인도가 영국의 개입이 필요한 지역이라는 결론을 내렸다.

과학과 의학이 제국주의 확산의 도구로 기능한 것은 확실하지만 제국주의도 과학의 발전에 기여했다. 예를 들어 카보베르데의 전염병과 검역에 관한 논의에 제국주의는 확실한 기여를 했다. 제국주의는 나이팅게일이 위생과 질병 전파에 대한 연구를 수행할 수 있게 방대한 양의 기록을 제공하는 거대한 관료체계를 만들어냈다. 또한 제국주의는 나이팅게일이 당시 급성장하던 분야인 응용통계학의 핵심이 된 원칙들을 만들어낼 수 있게 해주었다. 나이팅게일은 인도를 자신의 지적 연구의 원천으로 인식했다. 왕립위원회를 20년 넘게 이끈 후인 1879년에도 "인도에 대한 나의 관심은 결코 줄어들 수 없다"고 천명했다.[55]

나이팅게일은 병을 앓고 있었기 때문에 인도에는 갈 수 없었다. 하지만 수많은 보고서와 위원회 회의록을 접했고 여러 행정관과 서신을 교환했다.[56] 공중보건 분야가 발전함에 따라 의사들은 관료체계에 의해 생성된 보고서, 즉 지역에 대한 상세한 정보를 제공하는 보고서에 더 많이 의존하기 시작했다. 크림전쟁 동안 나이팅게일은 윌리엄파와 협력하면서 자신이 한 번도 가본 적 없는 지역의 통계자료를 분석한 적이 있었다. 인도의 최전선이 아닌 침대에서 위생을 연구하면서 나이팅게일은 과학지식 생산을 위해 꼭 인도에 머물 필요는 없다는 것을 보여줬다. 당시 떠오르고 있던 역학 분야는 특정 지역에 대한 집중 연구보다는 데이터 분석과 권고안 제시가 더 중요한 학문이었다. 물론 나이팅게일은 남아시아에 가고 싶다고 했다. 많은 편지에서 인도에 가고 싶다는 생각을 밝히기도 했다. 그럼에도 나이팅게일의 지적 연구는 그녀가 인도에 발을 디딘 적이 없다는 사실에도 불구하고, 역학 발전에 중요한 영향을 지속적으로 미쳤다.

나이팅게일은 연구를 위해 인도로 가는 대신 새로운 역학적 방법에 의존했다. 광범위한 의료 체계가 이미 자리를 잡아 공식적으로 건강상태를 기록하는 데 이용되고 있었기 때문이다. '인도 주둔 군대의 위생상태 조사를 위한 왕립위원회'는 의료서비스를 제공하고 건강상태를 조사하기 위해 의사들을 파견했다. 나이팅게일은 의료 관료들과 정부 관료들을 설득해 건강을 진지하게 생각하도록 만들었고, 그 결과 많은 위생조치들이 재백냈다. 위원회 실립으로 공식 기록과 메뉴얼, 회의록 등 더 상세한 보고서 작성이 이뤄지고, 인도의 건강상태를 관찰하고 기록하는 의료진도 늘어났다.

나이팅게일은 의학계의 권위자로서 명성을 얻었기 때문에 인도에서 근무했던 많은 군 관계자 및 의료 전문가들과 직접 접촉할 수 있었다. 이들은 인도 근무를 마치고 런던에 돌아와 자신들의 관찰 결과, 공식 서신, 그리고 그 지역의 건강에 대한 이해를 알려주는 다른 자료들을 나이팅게일과 공유했다.[58] 이렇게 제국주의는 나이팅게일이 영국을 떠나지 않고 인도 전문가가 될 수 있을 정도로 광범위한 관료체계를 확립했다. 그 덕분에 나이팅게일은 1863년 작성한 인도 관련 보고서에서 자신은 한 번도 가본 적이 없는 곳의 문제를 정확하게 설명했다. "최악의 위치에 자리잡은 가장 크고 중요한 기지 중 하나인 알라하바드 기지는 그 위치도 문제지만 배수나 하수도 시설이 전혀 없으며, 땅에서는 물이 '증발하고 스며들고 흘러넘친다'라고 그는 썼다.[59]

나이팅게일은 왕립위원회가 인도 전역 150~200개 기지에 보낸 건강상태에 대한 설문지 초안을 작성했다. 완료된 응답은 '기지보고서 statational return'라고 불렀다. 나이팅게일은 "핵심위원들cabinet"의 도움을 받아 이 정보를 분석했다. 여기서 핵심위원은 서덜랜드, 허버트, 파 같은 사람들이었는데 이 중 파는 사망률과 출산율, 전염병 확산에 관한 통계 정보에 초점을 맞췄다. 위원회는 또 기지보고서를 제출한 일부 군 관계자들을 인터뷰했다. 대부분 나이팅게일이 작성한 위원회의 최종보고서는 1864년에 출판됐다.[60]

* * *

제국주의는 지식생산을 개인 차원으로부터 탈피시켰다. 정보를 수집한 사람이 그 정보를 분석하는 사람이 아닐 수 있게 만들었기 때문이다. 물론 정보 수집은 분석적 선택에 의존하지만, 관료체계 확대는 전문가들이 건강상태를 조사해서 문서를 작성하고 배포하기 위해 꼭 특정한 지역에 머물 필요가 없게 만들었다. 제국주의의 이러한 특징은 다른 지역에서 이뤄지는 질병 전파에 관한 연구 방식에도 영향을 미쳤다. 19세기 런던, 뉴욕, 파리, 그리고 많은 다른 주요 도시에서 의사들은 전염병을 연구하기 위해 대규모 협회를 결성했다. 이 과정에서 의사들은 관료체계를 통해 제공된 보고서를 이용했다.[61] 제국주의는 건강 연구를 위해 통계지식과 서술보고서를 사용하는 관행을 대중화했다.

더 구체적으로 말하면, 통계는 제국의 도구 역할을 했다. 통계는 영국 당국의 관점에서 다루기 어려운 사람과 장소들에 관한 이야기를 제공함으로써 제국주의의 목적 달성을 촉진했다. 영국 당국은 한 지역의 인구를 기록하고, 사망률과 출생률을 추적하고, 유럽의 군대들과 세포이의 차이를 정량화하는 데 통계를 이용했다.[62] 정부, 의료, 군 관계자들은 통계적 기법으로 인도를 이해하게 됐다. 통계는 영국 당국이 인도에 대한 통제력을 강화하는 데 사용한 일련의 분석 포인트들을 제공했다.[63] 예를 들어 한 지역에 거주하는 인도인의 수를 알면 그들을 통제할 군인의 수를 결정하는 것이 아주 용이해졌다. 통계 자료를 통해 영국 군인이나 지역 주민들이 전염병에 시달리는 특정 지역의 위험성을 당국에 경고할 수도 있었다. 인도에 대한 연구는 새로운 역학 분야의 지표로서 통계 지식이 가졌던 가치를 잘 드러낸다.

전염병 확산을 평가하기 위해 최초로 통계에 의존한 것은 영국 소호에서 콜레라가 유행하는 동안 이뤄진 파의 통계 수집이 아닐 확률이 높다. 나이팅게일로 거슬러 올라갈 수도 있다. 19세기 중반, 통계학은 당시 부상하던 사회과학 중에서 사실상 새로운 연구 분야였다.[64] 나이팅게일은 이 통계학 분야에서 주요 인물로 급부상했다. 심지어 〈왕립통계학회지〉는 나이팅게일이 추천한 방법을 바탕으로 영국 병원들의 통계를 발표했다.[65]

1858년 나이팅게일은 여성 최초로 왕립통계학회 회원에 선출됐다. 1860년 국제통계회의는 "나이팅게일 양의 '통합적 병원 통계계획' 연구는 모든 정부에 전달돼야 한다"며 그녀의 연구에 박수를 보냈다.[66] 이 회의 전에 나이팅게일은 샤프츠베리 경에게 편지를 보내 1860년 국제통계회의에서 각국 정부들이 통계를 폭넓게 사용하도록 촉구해 달라고 요청했었다. 영국의 여러 병원은 1862년 나이팅게일의 방법을 이용한 다양한 연구 결과를 발표했다.

통계학자로서 인정받은 나이팅게일은 인도의 건강문제 연구에 전념하기 시작했다. 그의 침실은 인도에서 온 보고서들로 뒤덮이고, 그녀는 의학 전문가와 군 관계자, 그리고 다른 방문객들과 인도의 건강에 대해 인터뷰하는 데 엄청난 시간을 보냈다. 왕립위원회에서의 활동은 나이팅게일을 통계학의 권위자로 만들었고, 그는 통계학 분야를 견고하게 형성하는 데 공을 세웠다. 20세기 초, 통계학자 에드윈 코프는 나이팅게일의 통계 작업을 극찬하면서 그의 업적을 케틀렛이나 파의 공헌과 같은 수준에서 다룬 논문을 〈미국통계학회지〉에 발표했다.[67]

나이팅게일은 1861년 영국 인구조사에 "병약자" 수 조사가 포함돼야 한다고 요청했다. 그는 윌리엄 파에게 보낸 편지에서 "우리는 영국의 병약자 및 질병 전체를 조사해야 합니다. 그렇게 하면 모든 계층 사람들의 평균적인 위생상태를 제대로 파악할 수 있을 것입니다." 라고 말했다.[68] 나아가 주택에 대한 정보 수집도 이뤄져야 한다고 주장했다. 인구조사를 통해 아픈 사람들이 어디에 살고 있는지 조사함으로써 영국에서 매년 사망하는 사람들의 수보다 좀 더 구체적인 정보를 수집하길 희망했다. 또 주거 상황과 질병 확산 사이의 관계를 지도화하자고 했다. 그녀의 요청은 1861년 인구조사 법안의 일부로 의회에 제출되었지만, 끝내 거부됐다.[69] 당시의 실패에도 불구하고, 미국과 몇몇 다른 국가들은 나중에 질병과 주거 문제를 인구조사 양식에 포함시켰다.[70]

* * *

나이팅게일은 여생을 계속 인도의 건강상태에 대해 연구했지만, 그 사이에 과학은 급진적인 변화를 겪고 있었다. 1870~1880년대에는 프랑스 과학자 루이 파스퇴르와 독일 의사 로베르트 코흐에 의해 세균이론germ theory이 발전했다. 1883년 콜레라가 이집트에서 발생하자 독일 정부는 코흐에게 콜레라연구위원회를 이끌도록 했다. 이집트에서 전염병이 가라앉은 후, 코흐는 질병이 계속 피지고 있는 인도의 캘커타로 여행을 허가해 달라고 독일 정부에 요청했다. 캘커타에서 그는 수백 건의 부검을 실시했으며 사람들이 목욕하고, 씻고, 마실 물을 얻는 현지의 물 "탱크"에서 세균을 발견했다. 물탱크를 통해 17건의 콜레라 사례를 추적해낸 코흐는 이 세균을 분리해 배양했다.

현미경을 이용해 관찰한 결과, 콜레라균이 막대기 모양의 다른 세균과 달리 "쉼표처럼 약간 구부러져 있다"고 그는 설명했다. 그는 콜레라에 감염된 사람들의 대변과 오염된 리넨에서 콜레라균을 발견했지만, 다른 형태의 설사 환자들에게서는 콜레라균을 찾아내지 못했다. 콜레라를 일으킨 물에 있는 미세 원소를 정확히 밝혀냄으로써 그는 존 스노의 수인성 전염론을 발전시켰다.[71]

나이팅게일은 처음에 코흐의 이론을 무시한 채 위생개혁만을 지지했다. 하지만 그의 동료인 존 서덜랜드 박사가 "멋진 비엔나 현미경"을 구입해 콜레라균을 관찰했다. 이후 마지못해 코흐의 이론을 받아들였지만, 의심을 감추지는 못했다.[72] 의학계의 다른 많은 사람들처럼 나이팅게일은, 당시의 역학자들 대부분이 세균이론을 인정하고 있음에도 불구하고, 세균이론으로만 질병 전파를 설명할 수는 없다고 생각했다. 세균이론은 건강에 해로운 위생 조건들보다 세균의 힘과 작용을 더 중요한 요인으로 본다고 생각했기 때문이다.

세균이론은 19세기 전반 의료계, 정부 당국, 상인, 그리고 군대를 양분시켰던 전염과 검역에 대한 논쟁에 활기를 불어넣기도 했다. 전염론은 환자들에 의해 전염병이 확산하기 때문에 감염된 사람들을 나머지 사람들로부터 격리해야 한다는 주장이었다. 세균이론의 전제도 이와 비슷했다. 세균이론은 감염된 사람과 마찬가지로 세균이 질병 확산의 원천이라고 봤다. 나이팅게일에 따르면, 세균이론 지지자들은 세균을 격리하거나 근절함으로써 유행병을 예방할 것이라고 믿었다. 나이팅게일과 비슷한 생각을 한 사람들은 전염병 확산의 요인 중 하나로 물리적 환경을 고려해야 한다고 강조하면서 더 미묘한 주장을 내놓았다.[73] 나이팅게일은 오물, 오수, 불충분한 환기, 그리고 다른 비위생적인 환경이 어떻게 질병을 발생시켰는지 지적했다.

나이팅게일은 세균에 대해 너무 집중하면 환경적 요인이 가려진다고 봤다.[74] 1883년 봄베이 위생국장인 토마스 길럼 휴렛에게 보낸 편지에서 "우리가 인도에서 수행한 모든 연구에 따르면, 콜레라는 사람에서 사람으로 전파되지 않으며 건물, 흙, 공기, 물의 오염 때문에 발생하는 지역적인 질병이므로 검역, 저지선 설치, 의학 조사로 콜레라에 치명타를 입힐 수 있을 것입니다."라고 썼다. 나이팅게일은 콜레라 확산을 막는 유일한 방법은 "질병 발생 지역에서 건강한 군대와 건강한 사람들을 분리하는 것, 그리고 청소, 석회수 세척 같은 다양한 위생 작업을 통해 흙, 공기, 물과 건물을 건강한 상태로 만드는 것"이라고 주장했다.[75]

나이팅게일은 위생의 긴급성을 더 자세하게 설명하기 위해 이집트의 상황을 언급했다. 그는 이집트 내 영국 당국이 휴렛이 봄베이에서 시행한 것과 같은 위생 조치를 취했다면 콜레라 유행병은 "절대 오지 않거나 정도가 약한 유행병이 되었을 것입니다."라고 강조했다. 또 이집트와 유럽 모두에서 "우리를 병에 걸리게 만든 것은 이 '세균이론'입니다."라고 말했다.[76]

나이팅게일은 1880년내 밀에 세균이론을 믿게 됐지만, 세균의 기원에 대해서는 의문을 품었다. 그녀는 오물이 세균을 발생시키므로 세균 확산을 막기 위해 위생적인 조치가 필요하다고 주장했다. 하지만 인도에서 진행된 코흐의 연구는 그 반대라는 것을 시사했다. 코흐는 대변에서 발견되는 콜레라균이 인간의 몸에 있다는 것을 보여줬기 때문이다. 즉 하수구 불량과 위생 불량으로 인해 대변이 수로로 흘러들어 세균이 퍼진다는 주장이었다. 본질적으로, 코흐와 나이팅게일은 무엇이 먼저인지에 대한 생각이 달랐다. 그럼에도 이들의 주장은 서로 배타적이지 않았다. 적절한 위생상태를 유지하고 하수구, 배수구, 그리고 물 공급을 조사하고 감시해 세균 확산을 막을 수 있다는 점에서 이들의 주장은 같았다. 하지만 당시 나이팅게일의 관점에서는 이 두 논리가 서로 다른 진영에 속하는 이론이었다. 한쪽에는 세균에 대한 대처가 중요하다고 생각하는 의사들이, 다른 진영에는 신체적 환경과 공중보건이 중요하다고 생각하는 위생 연구자들이 있었다. 나이팅게일은 의사들이 공중보건에 관한 결정을 내릴 수 있는 권한을 쥐면 위생 개선을 위한 노력은 경제적인 지원을 받지 못하게 될지 모른다고 우려했다. 1886년 인도 총독 더퍼린 경에게 보낸 편지에서 나이팅게일은 "위생은 전문적인 영역입니다. 의사들은 대부분 전염론자들이기 때문에 격리 등의 조치를 권고할 것입니다. 또 의사들 중에는 위생적인 건축 문제를 연구하는 사람이 한 명도 없습니다."라고 말했다.[77]

나이팅게일은 더퍼린에게 과학은 단지 이론의 문제가 아니라 실천의 문제이기도 하다고 설명했다. 그는 자신의 통계학 연구에 대해 언급하면서 지난 23년 동안 "질병과 사망에 관한 보고서에 따르면 영국 군인과 세포이의 사망률이 감소했으며 감옥에서 사망률도 감소했다"고 지적했다. 도시의 사망률이 "극적으로 개선되었으며, 그 결과는 어떤 일을 해야 하는지 보여준다"고 주장했다. 또 "도시의 행정관료들은 건강상태 개선을 위한 조치를 어떻게 실행해야 할지 알고 싶

말년의 나이팅게일

나이팅게일은 불편한 몸으로 인해 외출을 거의 할 수 없었지만, 런던의 집에서 머물며 질병을 연구하는 데 몰두했다. 대영제국의 관료체계는 그가 집안에서 온갖 자료를 분석하고, 통계 내고, 대안을 모색할 수 있는 토대를 마련해주었다. 그 덕에 나이팅게일은 현대 질병 역학 및 통계학자로서 자신의 역량을 제대로 발휘할 수 있었다.

어 한다"고 피력했다. 나이팅게일에게 위생은 실천의 문제지만 세균은 이론의 문제였다. 그녀는 건강한 상태를 유지하기 위해 현장에서 여러 조치를 취해야 한다고 계속 주장했다.[78]

전체적인 맥락에서 나이팅게일은 인도의 건강 문제를 "인도에서 나타난 자연스러운 현상"이 아니라 "합리적 관리"의 산물로 인식했다. 트로터와 밀로이처럼 나이팅게일도 열대기후와 외국의 지형들이 전염병 확산을 야기한다는 영국인들의 오래된 생각에 도전했다. 나이팅게일은 건강상태가 자연이나 기후가 아닌 인간의 결정으로 만들어진 환경으로부터 비롯된다는 대담하고 정교한 주장을 내세웠다. 인도인들이 불결하며 야만적이라는, 인종차별적이고 부정적인 관점을 종종 전파했지만, 그는 이런 상황이 선천적인 열등함의 결과가 아니라 변화할 수 있는 상황 조건이라고 봤다.[79]

나이팅게일이 런던의 집에서만 지내면서 이런 연구와 주장을 할 수 있었던 것은 제국주의 덕에 가능했다. 제국주의는 나이팅게일에게 적절한 위생 시설의 필요성을 보여주는 자료를 제공했다. 그는 출생, 사망, 질병 관련 통계뿐만 아니라 인도의 건물, 수로, 하수구, 배수구에 관한 보고서를 연구하는 데 수년을 보냈다. 인도의 영국 제국주의는 그에게 질병이 비위생적인 환경에서 번성한다는 추가적인 증거를 지속적으로 제공했고, 그 결과 나이팅게일은 세균이론을 질병 확산에 대한 유일한 설명으로 믿는 사람들에게 계속 도전할 수 있었다. 이는 수십 년 동안 역학, 공중보건, 사회의학, 의료 인류학, 그리고 다른 많은 하위 분야 발전에 영향을 준 중요하고 건강한 토론으로 이어졌다. 따라서 제국주의는 현대과학의 많은 분야에 토대를 마련

해줬다고 할 수 있다.[80]

실제로 코흐의 콜레라균 발견도 제국주의 덕에 가능했다. 제국주의는 영국, 프랑스, 독일 같은 강대국들이 아프리카를 식민지로 만들고 제국을 확장하기 위해 치열한 경쟁을 벌이던 소위 아프리카 쟁탈전에서 생겨났다.[81] 이렇게 생겨난 제국주의는 코흐가 캘커타의 물을 연구하고 부검을 할 수 있게 해줬고, 시신과 더러운 리넨에서 세균의 존재를 추적할 수 있게 해줬다.

제국주의는 코흐의 연구팀이 오염된 수원 근처 마을에서 콜레라의 영향을 추적해 증거를 수집하도록 도왔고, 그 증거로 유행병의 원인을 밝혀낼 수 있게 했다. 하지만 인도에서 코흐가 벌인 연구 활동을 소개하는 유명한 이야기들 속에는 그가 연구대상으로 삼았던 인도 사람들은 중요하게 다뤄지지 않는다. 코흐에 관한 이야기들은 사람들이 아니라 그의 아이디어에 초점을 맞추고 있다. 이집트에서 콜레라 유행이 발생한 것은 유럽 강대국이 수에즈 운하를 장악하기 위해 각축전을 벌일 때였다. 유럽 제국주의의 확대는 전염병이 어떻게 확산하는지 이해하기 위한 영국, 프랑스, 독일 간 경쟁으로 이어졌다. 코흐의 발견은 독일 제국에 주도권을 주었고, 영국은 자국의 제국주의적 권위를 세우기 위해 코흐의 발견을 부정했다.[82] 영국 당국은 코흐가 연구한 오염된 수조의 물을 마신 사람들이 콜레라에 걸리지 않았다는 사실 등 여러 가지 사례를 들어 코흐의 이론을 반박했다.[83] 이 논쟁은 두 제국이 각자의 이론을 입증하기 위해 의존했던 사람들이 없었다면 불가능했을 것이다.

이 논쟁에서 주역은 유럽 제국주의 당국과 파견된 의료진이었다.

제국주의는 제국 확장을 위한 유럽 국가들 사이의 경쟁으로 간주될 뿐, 실제 콜레라 환자와 사망자들은 아예 언급하지 않았다. 제국주의는 사람들을 피지배민으로 규정하고, 그들을 콜레라 유행의 원인을 조사하기 위한 연구대상으로 만들었다. 제국주의의 이런 정복 활동이 어떻게 과학 이론들을 낳았는지에 관한 이야기는 초창기 유럽인들에 의해 조금씩 언급되기도 했지만 끝내 역사 기록에서 사라졌다. 부검, 오염된 물탱크의 물을 마셔 병에 걸린 사람들, 하수구 근처에 사는 사람들에 대한 언급은 거의 없이 오로지 과학에 관한 새로운 이야기만 부각됐다. 숫자가 된 사람들의 이름은 아예 기록되지 않았다. 제국주의는 나이팅게일과 코흐와 같은 의학 연구자들을 선도적인 인물로 만들었지만 그들이 어떻게 자료를 수집했으며, 어떤 상황이 증거를 쉽게 이용할 수 있도록 그들을 도왔는지에 대해서는 아무도 주목하지 않았다.[84]

* * *

코흐는 자신의 연구업적으로 인정받았지만, 나이팅게일은 역학자라기보다 크림전쟁 당시 "등불을 든 여인"으로 대중에게 더 많이 알려져 있었다. 하지만 나이팅게일이 병원에서 간호사로 환자들을 돌본 시간은 매우 짧았다. 나이팅게일은 간호사로서보다 질병 전파에 관해 연구하고, 토론하고, 분석하고, 보고서를 쓰는 데 자신의 경력 대부분을 할애했다.

나이팅게일의 이런 활동이 잘 알려지지 않은 이유는 뭘까? 과학지식의 발전이 일반적으로 유럽 백인 남성들에 의해 이뤄진다는 통념 때문이었다. 사람들은 과학지식 발전이 스쿠타리의 야전병원에서 일하거나 인도 주재 영국군과 인도 전역에 대해 침실에서 분석한 여성에 의해 이뤄진다고 생각하지 않았다. 지식생산에 관한 대중의 고정관념은 나이팅게일의 연구 활동을 가리고, 그를 역학자가 아닌 간호사로만 인식하게 만들었다. 나이팅게일이 전기나 논문의 주제로만 주로 다뤄지는 데도 원인이 있다. 그의 활동은 공중보건의 기원에 대한 연구에 점점 더 많이 등장하고 있지만, 아직도 그는 당시 전염병 확산을 연구한 남성 의료 전문가들과 달리 취급되고 있다. 토마스 트로터, 개빈 밀로이처럼 나이팅게일도 외국을 여행했고, 대영제국 전역의 의료 상태와 질병의 원인을 조사하고, 프로토콜을 확립하고, 자신의 연구 결과를 발표했다. 나이팅게일이 남긴 방대한 출판물은 역학자로서 그의 역할을 보여주는 증거다.

물론 연구자로서 나이팅게일의 활동은 간호사로서의 일과 완전히 분리된 것은 아니었다. 전쟁과 제국주의는 나이팅게일의 관심을 환자 개개인에 대한 보살핌에서 공중보건으로 옮겨가게 만들었다. 나이팅게일은 스쿠타리 병원의 경험을 바탕으로 적절한 환기, 과밀 금지 규칙 및 청결을 옹호했으며, 병원 복도와 병실에 필요한 공간의 양을 계산하는 데 사용할 수 있는 수식을 만들어냈다.

그는 병상에 누워 여행할 수 없는 상황에서도 특정 지역의 환경적·물리적 상태를 조사하며 건강상태에 관한 연구를 계속했다. 배수구나 하수구 등의 환경적 요인에 집중했던 나이팅게일은 세균이론을 받아들이는 것을 주저했다. 세균이론은 자신이 스쿠타리에서 관찰하고 인도, 러시아, 그리고 세계의 다른 지역에서 전해들은 냉철한 현실을 훼손하는 것처럼 보였기 때문이었다. 그는 미아즈마 이론을 지지했고 미생물의 존재에 의문을 제기했지만, 역학 분야 형성에 기여한 일련의 관행들을 확립하는 데 중요한 역할을 했다. 자메이카의 개빈 밀로이와 카보베르데의 제임스 맥윌리엄처럼, 나이팅게일의 접근방법과 분석 주제는 그 어떤 이론보다 가치 있었다. 환경조건에 대한 나이팅게일의 이론은 공중보건을 발전시켰다. 사망률, 출생률, 질병 발생률에 대한 신중한 분석은 전염병의 주요 특징으로서 통계 분석을 정립하는 데 도움을 주었고, 그의 보고서와 서신은 전염병을 추적하고 연구하는 관료체계의 역할을 발전시켰다.

결과적으로 볼 때, 역학에 대한 나이팅게일의 기여는 질병 예방에 대한 시각을 특정 장소나 사람들을 초월한 이론으로 끌어올리려는 노력에서 비롯되었다. 역학 분야는 부분적으로 인도와 크림전쟁에서 얻은 증거에 의존해 확립됐기 때문이다. 토머스 트로터, 아서 홀로이드 같은 19세기 초반의 의사들은 질병의 원인, 확산, 그리고 예방에 대한 새로운 사고방식을 발전시켰지만, 그들의 생각은 공식적으로 인식 가능한 역학 관행으로 체계화되지 않았다. 이들의 연구는 혼잡한 공간의 문제를 드러내고, 지방자치 단체의 위생규제 필요성에 대한 인식을 높이며, 전염병 확산 추적 방법을 만드는 사례연구로 기능했다. 이후 밀로이의 연구는 변화를 예고하는 서막이었다. 그는 역학자로 알려져 있었기 때문이다.

나이팅게일은 자신을 역학자라고 자처하거나 모든 회원이 남성인 런던역학학회의 일원이라는 사실을 언급하지 않았다. 그럼에도 불구하고 전염병을 추적하기 위해 통계를 사용하는 관행, 특히 현대 역학과 공중보건 연구의 핵심이 된 통계 사용 관행을 확립했다. 나이팅게일은 생전에 역학 연구자로 인식되지는 않았다. 하지만 역사학자들은 증거를 통해 나이팅게일이 역학 연구자였다고 해석하고, 그의 의학적 통찰을 근거로 그가 역학 분야에 얼마나 큰 기여를 했는지 평가할 수 있을 것이다.

19세기 중반으로 접어들며 플로렌스 나이팅게일의 이론은 전 세계적으로 알려졌다. 의사와 개혁가들은 나이팅게일이 제시한 이론들을 다른 사람들과 장소에 적용했다. 1861년 미국에서 남북전쟁이 일어났을 때 군, 민간, 의료 관계자들은 일제히 나이팅게일의 이론을 받아들여 실행에 옮겼다.

6장

자선에서 편견으로

미국위생위원회의 모순적인 임무

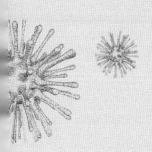

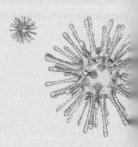

1861년 미국 남북전쟁이 발발했을 때 에이브러햄 링컨 대통령은 미국인들에게 전쟁 수행을 지지해달라고 요청했다. 많은 중상류 백인 여성들은 남북전쟁을 자신들의 활동 영역을 확장할 기회로 보았다. 이들은 플로렌스 나이팅게일의 영웅적인 노력에 대해 읽은 사람들이었고, 건강과 위생이 자선의 새로운 전선이라고 생각하면서 나이팅게일의 가르침을 따랐다. 하지만 크림전쟁에서 나이팅게일의 대처는 의학을 진보시킨 반면, 남북전쟁 중 여성 개혁가들의 활동은 의사들이 흑인에 대한 인종차별적인 이해를 굳히도록 하고 그 결과 역학을 퇴행시켰다.[1] 미국 의사들은 영국 의사들과는 달리 전염병 확산을 조사하는 데 있어 인종 차이를 중요한 특징으로 공식 분류했다. 그 결과 전염병은 공중보건의 중신 요소로서 인종 정체성을 확고히 하는 비참한 결과를 낳았다.[2]

이 시기에 주요한 인물로 떠오른 사람이 엘리자베스 블랙웰이다. 블랙웰은 1849년 여성으로서는 최초로 의사 면허를 취득했다. 나이팅게일처럼 그는 질병이 열악한 사회적 조건과 건강에 해로운 환경에서 비롯된다고 믿었다. 실제로 그의 의과대학 졸업 논문은 미국으로 온 많은 아일랜드 이민자들이 발진티푸스 환자라는 사실을 다뤘다. 영국에서 태어난 블랙웰은 1850년에 나이팅게일을 만났다. 이 두 여성은 처음에는 의학에서 여성의 중요성에 대해 비슷한 인식을 공유했지만 나중에는 서로 의견이 달라졌다. 나이팅게일은 블랙웰이 간호사를 훈련시키길 원했다. 하지만 블랙웰은 간호가 장기적으로 의학 분야에서 여성의 열등한 지위를 확고히 할 것이라고 생각했다. 이러한 견해차에도 불구하고, 블랙웰은 뉴욕시에서 의사로 일하면서 질병 발생을 막기 위한 가장 효과적인 조치가 위생이라는 나이팅게일의 주된 신념을 계속해서 따랐다.[3]

남북전쟁이 시작됐을 때 블랙웰은 나이팅게일로부터 힌트를 얻었다. 전쟁이 여성들을 의료계로 인도할 기회를 제공할 것이라고 믿은 것이다. 처음에 그는 이미 시작되고 있던 다양한 개혁 노력을 한데 모으고, 남북전쟁 이전부터 이런 노력을 해온 사람들과 연대를 모색했다. 1861년 4월 말 쿠퍼 유니온(미국 뉴욕 맨하튼에 위치한 명문 사립대학)에서 여성 개혁가들을 모아 조직을 만들었다. 그곳에서 그들은 육군 의료부와 협력, 간호사 양성, 여성 구호활동 통합이라는 세 가지 주요 목표를 내세운 여성중앙구호협회WCAR를 설립했다.[4] 블랙웰과 그의 여성 동료들은 자신들이 합법적으로 인정받으려면 조직의 얼굴이 되어줄 남자가 필요하다고 판단했다. 장관인 헨리 벨로우즈가 지도자 역할을 하기 위해 나섰다. 그는 워싱턴 DC로 가서 대통령을 만나 그들의 계획을 공유하기로 되어 있었다.

한편 지적 장애인을 옹호하는 것으로 이미 명성을 얻고 있던 도로

테아 딕스도 활동을 시작했다. 블랙웰처럼 그도 나이팅게일의 원칙을 따랐고, 직접 만나려고 노력하기도 했다. 1855~1856년 크림전쟁이 한창일 때 딕스는 진료와 치료에 대한 지식을 얻기 위해 유럽의 병원들을 방문했다. 딕스는 스쿠타리에도 갔으며, 나이팅게일을 만나지는 못했지만, 그곳의 야전병원에서 나이팅게일이 했던 활동을 두 눈으로 확인했다.[5] 이렇게 여행을 하는 동안 딕스는 간호사들이 어떻게 정치적인 전략을 이용해 군의 관료체계 속에서 활동할 수 있는지 배웠을 것이다. 남북전쟁이 발발했을 때 딕스는 나이팅게일이 도움을 요청하기 위해 시드니 허버트에 접근했던 것과 같은 방식으로 전쟁장관 사이먼 캐머런에게 접근했다.

* * *

벨로우즈는 결국 딕스와 팀을 이뤘다. 블랙웰보다 딕스가 위생개혁을 위한 자신의 활동을 지원하는 데 더 적합하다고 판단한 것이다.[6] 뉴욕을 떠난 후 벨로우즈는 군 기지들을 돌아다니면서 건강에 해로운 상황들을 목격했고, 뉴욕의 개혁가들이 노력의 범위와 규모를 확장할 필요가 있다는 사실을 깨닫기 시작했다. 군대에 의류, 붕대, 그리고 다른 의료품들을 제공해야 할 뿐만 아니라, 캠프를 괴롭혔던 위생 문제들도 해결해야 한다고 벨로우즈는 생각했다. 군 관계자들은 처음에 대부분 여성으로 이뤄진 조직이 "눈에 거슬린다"면서 위생위원회 설립 제안을 거부했다. 하지만 벨로우즈가 군 당국과 전쟁부 장관, 링컨 대통령에게 민간 조직이 군대를 지원할 수 있다고 설득함으로써 지원이 긴급했던 군대와 여성들의 참여 결심을 결합시킬 수 있었다. 벨로우즈는 남자들이 위원회 활동을 이끌 것이며 여성들은 군대 활동에 간섭하지 않을 것이라고 약속했다. 링컨 대통령이 제안을 받아들였고, 1861년 6월 13일 미국위생위원회USSC 설립을 승인하는 선언문에 서명했다.[7]

벨로우즈가 연방정부와 맺은 협의 결과에 따라 조직을 이끄는 건 남성이었고 여성들은 뒤로 물러났다. 여성들은 육군 장교의 보조자로서 하위직에 배치됐다. 블랙웰은 전쟁이 여성들을 의사로 훈련시킬 수 있는 기회를 제공하기를 바랐지만, USSC에 대한 블랙웰의 기대는 벨로우즈의 협상으로 물거품이 됐다. 블랙웰은 WCAR과 계속 일했지만, 의사로서가 아닌 간호사로서 여성들을 훈련시켰다.[8]

1861년 7월 21일 마나사스 전투라고도 알려진 제1차 불런 전투는 군사 교전이 야기하는 의료 위기를 군과 정부 당국에 드러냈다. 수백 명의 부상자가 전장에 남겨지거나 임시 병원으로 후송됐다. 전쟁은 전쟁터에서 사상자를 내기도 하지만 환경을 파괴해 전염병 확산의 빌미를 제공했다. 사람들을 군대로 집결시킴에 따라 인구 분포가 크게 달라져 천연자원이 고갈되고 물이 부족해졌다. 군대가 한 지역에서 다른 지역으로 이동할 때마다 생태계가 파괴되고 땅이 망가졌으며, 기지를 세울 때마다 농토가 훼손되고 나무들이 뽑혔다. 이런 극적인 변화로 인해 여러 건강 위기가 발생했지만, 위기를 해결해낼 시스템은 전혀 없었다.[9]

플로렌스 나이팅게일의 연구는 전쟁이 야기하는 건강 위기에 대한 경고였을 수도 있다. 일부 민간인들이 나이팅게일의 위생 조치에 관심을 가지면서 서서히 그의 이론을 받아들였지만, 많은 군인들은 그의 경고를 무시하면서 위생보다는 전략, 공중보건보다는 정치, 환기보다는 승리를 중요하게 생각했다. 당연히 부상당한 병사들의 비참한 상태, 인간과 동물의 사체, 군부대 내의 위생 문제에 대처하는 기반구조가 있을 턱이 없었다. 루이스 C. 던컨 대령은 남북전쟁 초기 북군 의무사령부의 문제점을 지적한 논문(1917년)에서 "1861년 당시의 육군 의무총감은 의심할 여지 없이 훌륭한 신사였지만, 샌프란시스코 사람들이 지진에 대한 준비가 되지 않았던 것만큼이나 그는 전쟁에 대한 준비가 되어 있지 않았다"고 지적했다.[10] 군의관은 있었지만 병원 시스템은 없었다는 의미다. 던컨에 따르면 최초의 야전병원은 1862년 4월 한 의사가 버려진 군 시설을 넘겨받아 텐트 병원으로 개조할 때까지 존재하지 않았다.[11]

북군은 불런 전투에서 패했고, 이 패전은 군대의 전쟁 준비에 대한 의문을 불러일으켰다. 던컨은 불런 전투의 패배는 단지 군대가 전투에서 패배한 것이 아니라, "당시의 지배적인 믿음 중 일부가 하루아침에 타격을 받은 사건이었다. 그 지배적인 믿음 중 하나는 사람들을 무장시켜 모아놓으면 군대가 된다는 생각이었다"라고 썼다. 던컨에 따르면, 민간의사들은 애국심과 자격 여부에 상관없이 전쟁터의 의료 문제에 대치할 준비가 돼 있지 않았다. 전투 당시 "사전 계획, 조직, 의무병, 보급, 응급의무부대, 대피병원 중 어느 것도 준비되지 않은 상태"였다는 것이 던컨의 설명이다. 실제로 불런 전투에서 부상당한 사람들의 고통은 의료 부실이 초래한 자연스러운 결과를 보여준다. 던컨은 "이 비참한 방치는" 특정인의 잘못이 아니라 "부상자들을 과학적으로 돌보는 시대가 아직 아니었기 때문"이라고 주장했다.[12] 던컨에 따르면, 불런 전투는 북군 전체의 많은 군 관계자들에게 조직적인 의료 지원이 필요하다는 신호를 보낸 사건이었다.

불런 전투 이후 버지니아와 메릴랜드 전역에 주둔한 육군 관계자들은 워싱턴의 재무부 건물에 임시로 설치된 USSC 본부에 침대, 부상당한 팔다리를 지탱하기 위한 철제 요람, 침대에서 글을 쓰기 위한 테이블, 심지어 오락을 위한 도미노까지 물밀 듯 요청했다.[13] 위원회는 이들의 요청을 수락하면서, 적절한 환기를 보장하는 캠프 설계법, 깨끗한 물에 접근하는 방법 등 위생 문제 전반에 관한 조언을 동시에 제공하기를 원했다.

USSC는 군에 위생 조치를 취하도록 촉구함으로써 공중보건 분야를 발전시키는 데 도움을 주었다. USSC 위원이자 훗날 이 위원회의 역사를 저술한 찰스 J. 스틸은 영국위생위원회가 USSC에 미친 영향, 크림전쟁이 위생 과학 발전에서 수행한 역할에 대해 다음과 같이 설명했다. 그는 남북전쟁 초기에는 "모든 사람들이 크림전쟁의 경험에 대해 생생하게 기억하고 있었다"면서 이 경험은 "그 자체로 위생 과학의 중요성을 설명하는 것"이었다고 말했다.[14] USSC는 이런 믿음에 기초해 설립된 조직이었다. 스틸은 영국의 역학자 개빈 밀로이가 영국위생위원회의 일원으로 크림반도에 가서 전쟁으로 인한 의료 위기에 대처했으며, 밀로이의 이런 행동은 역학자들 간 전 세계적 네트워크가 형성됐다는 사실을 드러낸다고 말했다.[15]

병원을 청결하게 유지하고 보급품을 배급하는 단순한 활동만으로도 군대 캠프 내의 건강상태는 변화했다. USSC의 개입 효과를 판단하기는 어렵지만, 위원회의 연구는 질병 전염이 물리적 세계의 조건으로부터 발생한다는 점을 일반인과 의료계의 많은 이들에게 인식시켰다. 물론 위생은 세균과 바이러스 확산을 막을 수 있는 마법의 총알은 아니며 그 효과 역시 판단하기 어렵다. 나는 사망률보다는 전쟁이 질병 확산에 대한 인식 전환을 어떻게 자극하고 예방책을 세우는 데 도움을 주었는지에 관심이 더 많다. 건강증진 대책으로서 위생 정책은 전쟁으로 인해 탄력을 받았다. 위생 정책은 대서양 양쪽 지역과 세계 곳곳에서 이뤄진 질병 전파 관련 연구들에 의존한 것이었다.

1861년 USSC는 질병 예방을 위한 팁을 제공하는 14쪽 분량의 소책자 〈군인의 건강 유지를 위한 규칙〉을 발행했다. 나이팅게일처럼 이 문서에서도 예방을 강조했다. 미국 전역의 북군 장교들에게 배포한 이 소책자에는 취침할 때 군복을 벗은 뒤 "셔츠와 속바지"만 입고 자도록 명령하는 것부터 적어도 일주일에 한 번은 물로 목욕을 하도록 권고하는 내용까지, 41개의 간결하고 명확한 규칙이 제시돼 있었다. 일주일에 한 번 목욕하는 것은, 리넨을 바꾸는 방법으로 몸의 청결을 유지하던 이전 관행과 전혀 다른, 19세기의 새로운 청결 유지법을 의미했다. 이 소책자의 매뉴얼은 머리를 손질하는 방법도 자세히 다뤘다.[16]

이 책에 명시된 규칙들은 전염병 확산을 막기 위해 가능한 한 깨끗하고 질서 있게 캠프를 유지할 것을 군 관계자들에게 촉구했다. 규칙 14는 "캠프 생활에서 소변에 주의를 기울이지 않는 것보다 더 흔한 질병의 근원은 없다"는 말로 시작한다. 이 규칙은 배변용 참호를 "캠프에서 적당한 거리를 유지하도록" 하고, 병사와 장교들이 서로 다른 참호를 사용하도록 지시하고 있다. 장교들은 병사들이 참호가 아닌 곳에서 배변하는 것을 금지하며, 배변용 참호에는 "청소조"가 매일 흙이나 석회 또는 "다른 소독제들"을 뿌려야 한다고도 적시했다. 또 청소조는 도살된 소의 내장을 캠프에서 멀리 떨어진 곳에 즉시 매장하고 최소 4피트(약 1.2미터)의 흙으로 덮어야 한다고도 명시했다.[17]

이 소책자의 다른 규칙들은 특히 환기와 텐트 배치에 관한 나이팅게일의 믿음을 반영하고 있다.[18] 지휘관들은 텐트를 어디에 치는지보다 전략 개발과 전투에 더 관심이 있었을지 모르지만, USSC의 소책자는 텐트들을 서로 가까이 배치하지 말고 군인들을 그 안에 과밀 수용하지 말라는 규정을 제시했다. 규칙 18은 "경험이 증명한 바에 따르면 하천가나 야외에서 자는 쪽이 지나치게 사람이 많이 들어간 텐트 안에서 자는 것보다 건강에 덜 위험하다"고 말한다.[19] 여기서 말하는 "경험"은 크림전쟁의 경험을 뜻한다.[20] 크림전쟁 당시의 경험을 인용한 다른 규칙으로는 "가능한 한 캠프파이어를 많이 허용해야 한다"는 내용도 있었다. "공기를 정화하고 벌레의 공격을 방지하는 데" 유용하다는 이유에서였다. 미아즈마 이론의 옹호자로서 나이팅게일은 벽난로가 환기를 촉진하고 불이 공기를 정화한다고 믿었다. 모기가 말라리아, 황열병, 그리고 다른 질병의 매개체라는 것을 과학자들이 아직 알아내지 못한 때였지만, 이런 관행은 모기가 매개하는 질병의 확산을 줄이는 데 도움을 주었다.[21]

하지만 군인들에게 이러한 규칙들은 여성스럽게 보였을 것이다.[22] 일주일에 한 번 물로 목욕하고 머리 손질하는 것을 대수롭지 않게 여겼을지도 모른다. USSC 소책자는 얇고 주머니에 들어갈 수 있을 정도로 작았으므로, 군 지휘관들은 이 소책자에서 제시하는 규칙들을 쉽게 무시했을 것이다. USSC 규정에 대한 군 관계자들의 거부감을 상세히 설명한 자료는 없다. 다만 예방 가능한 질병이나 군대 용어로 "캠프 질병"이라고 부르는 증상으로 사망한 군인이 많았다는 사실은 장교들이 이 규정들을 무시했음을 반증한다. 남북전쟁에서도 크림전쟁 때처럼 군부대나 병원에서 감염으로 사망한 병사가 전투에서 사망한 병사보다 더 많았다.[23] 군인들은 캠프에서 기침을 하다가 죽거나 심한 설사로 인한 탈수증으로 사망하곤 했다.

이런 상황에서 전쟁은 거대한 관료체계를 낳았고, 관료체계는 위생에 관한 새로운 이론을 보급해 역학 발전을 촉진했다. USSC는 환기, 목욕 및 물리적 공간 구성의 중요성을 더 많은 대중이 인식할 수 있도록 도왔다.[24]

*   *   *

미국위생위원회USSC는 남북전쟁의 양상을 바꾸었다. 처음에는 여성들이 전장에 나가는 것을 군대가 반대했지만, 크림전쟁 당시의 영국위생위원회와 마찬가지로 USSC는 결국 여성들이 공식적인 자격으로 군대 캠프와 선상에 살 수 있는 길을 열어줬다. 이 시기 이전의 여성들은 비공식적으로 캠프를 따라다녔다. 이렇게 비공식적으로 캠프를 따라다녔던 여성들은 조리사나 비서 역할을 했고, 일부는 군인의 아내 또는 성노동자였다. USSC는 캠프 내 여성들의 위치를 공식화했다. 여성들은 부상 치료, 붕대 감기, 텐트 청소, 죽은 동물 제거, 물

끓이기, 요리, 텐트 치기, 작업 기록 등 다양한 임무를 수행했다. 그들 중 몇몇은 지칠 줄 모르는 헌신적 봉사로 유명세를 탔고, 나이팅게일처럼 전장의 천사로 묘사되기도 했다. 대표적인 노예폐지론 진영 신문인 〈리버레이터〉는 레놀즈 부인이라고만 알려진 한 여성의 용기 있는 업적을 보도했다. 샤일로 전투에서 부상자들을 돌본 레놀즈는 일리노이 주지사에 의해 주 민병대 소령으로 임명된 여성이었다. 신문기사 끝부분에는 포성이 울리고 총알이 날아가는 전쟁터에 나선 여성의 모습을 묘사한 시가 실렸다. "이슬 같은 입술과 반짝이는 머리칼을 가진 전쟁터의 미인은 불굴의 의지로 병사들의 갈라진 상처를 치료한다. 그녀는 자신에게 소리 없는 기도를 하며 죽어가는 병사들을 외면하지 않는다."[25] 전쟁터의 천사로 묘사된 여성의 이미지는 전쟁 내내 대중매체에서 소개되었고, 심지어 USSC의 공식 엠블럼에도 날개 달린 간호사의 모습이 사용됐다.[26]

천사로서 여성의 이미지는 여성의 업적을 찬양하는 역할을 했지만, 여성들이 일상에서 일하면서 겪는 어려움과 USSC의 활동을 전반적으로 가리는 부작용도 낳았다. USSC에는 부상병을 치료하고 위생조치를 지원하는 의사들도 많았지만 이들은 서서히 그 일에서 손을 떼기 시작했다. 수많은 여성과 민간의사들은 캠프를 청결하고 체계적으로 유지해야 한다는 절박성으로 전쟁에 참여했다. 하지만 전염병 확산을 이해하기 위해 활동한다는 명분을 내세우던 많은 의사들은 시간이 지나면서 인종 차별을 체계적으로 강화하는 엉뚱한 활동에 가담했다.

17세기에 국제 노예무역이 성행할 때부터 일부 의사와 관찰자들은

미국위생위원회에 소속된 여성들의 의료활동

주로 남성 의료진을 보조하는 역할에 머물렀지만, USSC가 설립한 전시병원에서 여성들은 부상자들을
돌보고, 청소하고, 요리하고, 의료기록을 관리하는 등 여러 가지 임무를 수행했다.

아프리카인이 유럽인보다 선천적으로 열등하다고 가정하며 인종 차이를 이론적으로 제기하려 들었다. 아프리카인이 특정한 질병에는 더 취약하고, 다른 질병에는 더 면역력이 강하다고 주장하는 사람들도 있었다.[27] 18세기와 19세기 내내 지속된 이런 편견은 노예제 찬반논쟁이 한창이던 때 노예제에 의학적·과학적 정당성을 부여하려는 사람들 사이에서 인기를 얻었다. 사실 노예제를 폐지하고자 했다면 이런 편견을 와해시키는 활동이 선행됐어야 마땅하다. 노예해방은 노예제를 정당화하는 인종적 편견을 무력화할 기회를 제공했다.

링컨 대통령은 1863년 남부연합의 노동력을 고갈시키기 위한 전시 전략으로 노예해방선언을 했다. 노예해방선언은 수십만 명 노예들이 플랜테이션을 탈출해 북부로 도주하게 만들었다. 나아가 노예해방선언으로 인해 북군의 군사적 목표는 연방 보존에서 남부연합 전역의 노예해방으로 확대됐다. 노예였던 사람들이 북군의 캠프에 물밀 듯이 밀려들었다. 북군은 흑인 남성 중 일부는 일꾼으로 고용하고 극히 일부는 병사로 입대시켰지만 탈출한 노예들 대부분, 특히 여성과 어린이에게는 일자리를 줄 수가 없었다. 자유를 얻어 도망친 노예들은 의식주가 해결되지 않아 병에 걸리고 사망했다.[28] 이전에 노예였던 사람들 사이에서 창궐한 질병은 흑인부대로 확산됐고, USSC 회원들은 이들을 치료했다. 해방된 노예들뿐만 아니라 북부의 자유 흑인들까지 포함된 흑인부대는 분리된 연대 형태로 북군에 편입됐다. 이렇게 북군에 속하게 된 흑인부대의 인원은 약 18만 명이었다.

흑인부대가 북군에 편입된 후 질병이 퍼지가 백인 의사들 대부분은 인종이 질병 확산의 요인 중 하나라고 생각하기 시작했다.

이 편견은 나이팅게일이 강조했던 위생의 중요성을 약화시켰다. 나이팅게일 역시 인종적 차이가 존재한다고 생각했으며 영국인을 지구상에서 가장 훌륭한 인종으로 간주했지만, 인종적 차이를 이용해 콜레라 같은 전염병의 확산을 설명하지 않았다. 세균이론이 널리 받아들여진 후에도 나이팅게일은 비위생적인 환경이 질병을 초래한다고만 주장했다. 나이팅게일은 코흐가 콜레라균을 몸에 지닌 사람들이 있다는 사실을 증명한 후에도 질병 전파의 원천이 환자의 선천적인 특징에 있다고 믿지 않았다. 카리브해 지역에서 일한 개빈 밀로이 같은 의사들은 인종차별적인 편견을 드러내면서도 자연환경과 인공적인 환경에서 질병의 원인을 찾아내려고 했다. 밀로이가 흑인들의 생활환경을 비난하고 그들의 높은 질병 발병률을 깨끗한 가정을 유지하지 못한 탓으로 돌리기는 했어도, 질병 확산의 주요 원인이 인종적 차이에 있다고 말하지는 않았다.

밀로이와 나이팅게일은 인종을 전염병 확산과 연관시키지 않았지만, 일부 영국 의사들이 인종에 주목한 예는 있었다. 제임스 맥윌리엄은 1845~1846년 카보베르데에서 유행한 황열병을 조사하면서 인터뷰한 사람들의 인종을 "물라토" "다크 물라토" "흑인"으로 명시했다. 하지만 맥윌리엄은 전염병 유행의 최초 발생지를 확인하고 그 원인을 밝히기 위한 연구에서 이런 인종적 차이를 근거로 설명하지 않았다. 맥윌리엄의 연구보고서를 읽은 영국 의료당국과 군 관계자들 역시 질병에 대한 취약성과 인종적 차이를 연관시키는 주장을 하지 않았다.

영국의 이런 추세에도 불구하고 USSC 의사들은 인종 정체성이 질병의 원인과 연관된다는 구시대적 이론을 부활시켜 초기 역학 분야의 발전 방향을 변화시켰다. 이들은 인종적 차이로 질병의 원인을 설명할 수 있다고 생각했다. USSC는 질병 확산에 관한 연구에서 물리적 환경의 중요성을 고려하는 대신 인종 정체성에 초점을 맞췄다. USSC는 엄청난 노력을 기울여 흑인과 백인의 키, 몸무게 등의 특징들을 조사했다. 이 특징들에 따라 질병 발생률과 사망률이 달라지는지 알아보기 위해서였다.

전쟁 기간 USSC는 조사원들을 전장에 파견해 물리적 환경(캠프의 위치, 물 공급, 배수 상태), 식량, 술 보급 여부, 군인들의 배경 등과 관련된 191개 문항의 설문지를 돌리게 했다. 이는 영국 관료들이 제국 내 건강상태를 연구하기 위해 현장에서 설문지를 사용한 것과 유사한 접근법이었다. USSC는 캠프 생활을 개선하고 군대를 지원하는 최선의 방법을 결정하기 위해 1,400개의 보고서를 수집했다.[30]

하지만 이 조사는 이상한 방향으로 흘러갔다. USSC의 사무총장 프레드릭 로 옴스테드는 위원회의 통계분석관인 E. B. 엘리엇과 함께 미국에서 태어난 백인 군인과 외국 태생 군인을 비교하기 위해 의사들에게 군인들의 체중 등을 측정하라고 요청했다. 그들은 이런 정보 수집이 향후 군인들의 신체적 특성에 따라 어떤 부대가 어떤 지리적 위치에 배치되는 게 좋은지 결정하는 데 도움이 될 것이라고 생각했다. 일부 의사들은 키가 영양과 건강상태를 측정하는 데 유용한 지표가 될 것이라고도 말했다.[31]

백인 군인, 외국 태생 군인, 흑인 군인을 비교해 사망률과 질병 취약성을 설명하려는 USSC의 분류 작업은 노예제도를 비롯해 다양한 형태의 억압을 정당화하기 위한 수단으로 인종적 차이를 이용하는 더 큰 담론의 일부로 편입됐다. 아일랜드 사람들은 19세기 미국에서 차별을 당했지만, USSC는 그들을 별도의 집단으로 식별하지 않았다. 오히려 그들은 다른 이민자들과 함께 "외국 태생" 범주에 분류됐다. USSC가 외국 태생 군인들에 대해 수집한 증거는 전쟁이 끝난 후에도 거의 또는 전혀 설득력이 없었다. 이런 증거는 인종적 차이에 관한 과학적 논쟁에 영향을 미치지 못했다. 흑인의 인종적 차이를 강조했던 19세기 후반의 권력자들 역시 이런 데이터를 이용해 외국 태생 백인 군인들을 차별하지 않았다.[32]

* * *

갑작스럽고 위협적인 전염병 발생과 부상당한 군인들의 처참한 상태를 개선하기 위한 여성 개혁가들의 대응 차원에서 조직된 USSC는 인종적 차이를 구체화하는 데 필요한 데이터를 수집하는 조직으로 변화했다. USSC는 군의관들에게 "흑인의 생리학적 상태"라는 제목의 설문지를 보냈는데, 그 질문들은 흑인 병사들이 본질적으로 백인 병사와 다르다는 믿음에 바탕을 두고 있었다. 이러한 상황은 평등이라는 전제 이래 여성 개혁가들이 주도해온 노예제 반대 활동이 명분을 무너뜨렸다. 설문지의 첫 번째 질문은 "불필요한 질병을 성공적으로 예방하기 위한 활동의 기초가 되는 사실은 무엇인가?"였다. 하지만 나머지 질문들은 인종 차이에 대한 개념에 초점이 맞춰졌다. 흑인 병사들의 "질병 저항능력"을 방해하는 "원인"에 관한 질문부터 선천적 면역능력, 위생, 질병 취약성, 흑인 병사들에게만 영향을 미치는 특정한 "병리학적 병변"에 이르기까지 질문했다. 흑인 병사들의 심리적인 건강상태에 대한 설문도 있었는데, 19세기에는 이런 상태를 "향수nostalgia"나 "긴장상태nervousness" 같은 용어로 표현했다.[33]

또 이 설문지는 흑인 병사들의 피부색을 구분하면서 의사들에게 "순수한 흑인"이 "혼혈인"과 어떻게 다른지 비교하고, "인종 간 결합으로 태어난 2세의 생명력과 건강상태"에 대해 기술하도록 요구했다.[34] 혼혈인에 대한 우려는 남북전쟁 이전부터 의학 및 대중담론에서 분분했다. 1843년 앨라배마 주 모빌 출신의 의사 조시아 노트는 한 의학 저널에 〈혼종 물라토: 백인과 흑인의 인종 간 결혼으로 인한 인류 멸종 가능성〉이라는 논쟁적 논문을 발표하기도 했다. 노트는 백인과 흑인은 별개의 종에 속하며, 자신이 "혼종"이라고 부른 인종 간 결합의 2세는 생리적으로 "순수한" 아프리카인이나 백인보다 열등하다고 주장했다. 노트는 그들이 "지능은 중간 정도이고", "인내력이 약하며", "백인이나 흑인보다 키가 작았다"고 덧붙였다. 또 "물라토 여성들은 생식이나 출산과 관련된 질병에 취약하다"면서, 이 여성들이 "자식을 잘 키우지 못하며" "간호도 잘하지 못한다"고 단언했다. 그는 이 여성들이 낳은 아이들은 "어린 나이에 사망한다"고도 주장했다. 노트의 이런 생각이 USSC의 설문지에 영향을 미쳤을 가능성이 있다. 실제로 USSC 설문지에는 "백인과 흑인의 혼합이 신체 내구성에 어떤 영향을 미쳤습니까?"라는 질문이 포함돼 있었다.[36]

노트가 제시한 증거 중 하나는 질병 취약성에 관한 것이었다. 그는 1837년과 1839년, 1842년 모빌에서 황열병이 유행하는 동안 "흑인

흑인과 백인 간 결혼으로 생긴 2세 물라토

19세기에 공공연히 자행된 인종차별은 혼혈인에 대해 특히 가혹하고 무자비한 잣대를 들이댔다. 백인과 흑인 사이에서 태어난 '물라토'를 두고 벌어진 설전들이 당시의 야만적인 풍토를 대변한다. 스페인화가 호세 데 알치바가 그린 '물라토'.

종과 가장 적게 연결된 사람들은 황열병에 한 번도 걸리지 않았다"고 말했다.[37] 몇 년 후 노트는 황열병은 미아즈마가 아니라 모기에 의해 전염된다는 이론을 제시했다. 당시로서는 혁명적인 이론이었다. 하지만 남북전쟁 기간에는 황열병에 대한 그의 예리한 통찰보다 혼혈인의 선천적 약점에 대한 편견이 더 많은 관심을 끌었다. 인종에 관한 노트의 가설은 "물라토"의 존재에 대해 같은 정도로 매료돼 있던 북부와 남부 사람들의 문화적 담론들과 합쳐졌다. 남부에서는 아프리카 혈통 흑인들의 다양한 피부색이 노예 매매, 특히 여성 노예 매매에 영향을 미쳤다.[39]

이런 상황은 19세기 북부 사람들이 읽었던 소설들에서 나타난다. 예를 들어 해리엇 비처 스노의 《톰 아저씨의 오두막》에서는 "혼혈인" 또는 "피부색이 밝은 사람들"이 플랜테이션 내의 집 안에서 일한 반면 피부색이 "어두운" 사람들은 밖에서 일해야 했던 상황이 묘사된다.[40] 《톰 아저씨의 오두막》은 노예제 폐지론자들에게도 널리 읽혔다. 노예들에게 우호적인 백인들은 프레더릭 더글러스나 해리엇 제이콥스 같은 유명한 노예제 폐지론자들을 혼혈인, 즉 "물라토"로 부르곤 했다. 혼혈인이라는 개념은 남부와 북부 모두에서 특정한 가정과 고정관념을 토대로 형성되는 문화적 담론으로 기능했다. 쿠바, 브라질, 카리브해 지역, 남아메리카 같은 곳의 인종 분류체계와 달리 미국에서 "혼혈"은 별도의 범주로 존재하지 않았다. 미국에서는 "한 방울 원칙one-drop rule" 때문에 먼 조상 중 흑인이 한 명이라도 있을 경우 "흑인"으로 분류됐기 때문이다. 인종을 미세하게 구분하는 게 법적인 의미가 없었다는 뜻이다.[41]

그럼에도 불구하고 USSC 설문지는 의사들에게 혼혈인의 신체적인 내구성에 대해 물었다. 혼혈인이 열등하다는 생각은 인종 간 결합, 즉 혼혈생식에 대한 남북전쟁 이전의 편집증적인 편견에서 비롯된 것이었다. 이런 생각을 퍼뜨린 사람들은 흑인이 백인에 흡수되면 인류가 멸종할 것이라고 주장함으로써 인종이 혼합되는 것을 막으려고 시도했다.[42] 천문학자이자 남북전쟁 기간 USSC의 통계분석관이었던 벤저민 A. 굴드는 병사들에 관한 통계를 수집해 폐활량을 포함한 여러 범주에서 흑인, "물라토", 백인 병사들 간 차이를 요약해 도표로까지 나타낸 수백 쪽짜리 책 《미군 병사들에 대한 군사 통계와 인류학적 통계학에 관한 연구》를 출간하기도 했다.[43]

USSC는 심지어 흑인과 백인의 몸에 난 털의 양을 측정하는 데에도 관심을 가졌다. 매사추세츠 출신의 의사 아이라 러셀은 흑인 병사와 혼혈 병사 2,129명을 목욕하는 동안 관찰해 "털이 어느 정도 많은지" 측정해 0에서 10까지 등급을 매겼다.[44] 이 프로젝트는 USSC가 인종 정체성에 과학적 의미를 점진적으로 부여했다는 것을 잘 드러낸다. 크림전쟁 중 영국 의료당국이 역점을 둔 전시 위생학의 임무는 질병 확산을 완화하기 위한 물리적 환경에 초점을 맞추는 것이었다. 하지만 러셀이 남북전쟁 중 흑인 군인들의 벌거벗은 몸을 염탐한 것은 이런 접근법을 뒤집는 행위이자 흑인의 몸에 대한 자신의 음란한 생각을 위생학 연구로 포장한 행위였다.

러셀의 연구는 흑인 군인과 혼혈 군인에 대한 가장 포괄적인 자료를 제공했다. 그는 혼혈 군인들이 "순수한" 흑인들보다 신체적으로 열등하다는 증거를 거의 발견하지 못했다. 오히려 러셀이 확보한 증거는 혼혈인의 키가 더 크다는 것을 드러냈다. 이는 혼혈인들이 더 건강하다는 뜻이었다. 그 후 러셀은 블랙 유니언 소속으로 리치먼드에서 근무했던 의사 J. D 해리스와 협력했다. 해리스는 "인종의 혼합은 신체의 내구성이나 생식 능력을 손상시키지 않으며" 오히려 강화한다고 주장했다. 하지만 많은 의사들은 질병 취약성 또는 면역력이 인종 정체성과 관련이 있다는 편견을 버리지 않았다.[45]

메이슨–딕슨 선(남부와 북부를 나누는 선) 양쪽 사람들이 모두 혼혈인에 대해 문화적 관심을 보였다는 사실은 남북전쟁 이후 남북 의사들 사이에서 화해의 기초를 제공했다. 러셀은 남부연합의 의사 조지프 존스를 방문했는데, 그는 러셀이 열등하다고 여겼던 흑인 인종을 백인 인종이 흡수할 것이라는 증거로 자신의 혼혈 자녀들을 지목했다. 더 많은 증거를 원했던 러셀은 리치먼드에서 노예 경매장을 운영했던 상인과 이야기했다. 그 노예 상인은 러셀에게 혼혈인들이 더 비싸며 "호텔 웨이터, 하녀, 정비사"로 사용하기 위해 판매된다고 말했다. 더불어 혼혈 여성들은 신체적 아름다움 때문에 성노동자 용도로 구매한다고 덧붙였다.[46]

러셀은 혼혈 군인이 남북전쟁 이전에 많은 사람들이 믿었던 것처럼 열등하지 않다고 주장하기 위해 이들 증거를 군인들에 대한 자신의 평가와 결합했다. 물론 홀로이드나 맥윌리엄처럼 러셀도 질병이 어떻게 확산하는지 이해하기 위해 사람들을 인터뷰했다. 하지만 인터뷰를 통해 당시의 지배적인 의학 이론에 도전하고 새로운 데이터 수집법을 개발함으로써 의학 지식과 역학을 발전시켰던 영국의 의사들과 달리 러셀은 전염병 연구에 인종을 중요한 범주로 포함시킨 남북전쟁 이전 의사들의 연구방법을 더 체계적으로 만들기 위해 인터뷰를 이용한 것이다. 러셀의 연구는 인간을 상품화한 노예주들의 이야기에 의존한 것이기 때문이다. 노예주들의 생각은 그대로 러셀의 생각이 됐다. 게다가 러셀은 연방정부 소속 의사였다. 따라서 러셀의 이런 견해는 의료계와 연방정부가 흑인들을 분류하는 방식으로 굳어졌다. 남북전쟁은 노예제를 종식시켰지만, 인종 분류를 통해 의도적으로 데이터를 왜곡한 USSC의 행위로 인해 인종차별을 강화하는 데 악용되는 잘못된 결과가 도출됐다.

* * *

영국의 의사들과 달리 러셀은 흑인부대를 조사할 때 인종을 의학 분석의 범주로 삼았다. 러셀은 미주리 주 벤튼 캠프의 흑인 병사들을 치료한 두 병원의 보고서를 읽은 후 "폐렴은 이 인종에 골칫거리"라고 지적했다. 러셀이 전염병 확산을 분석하는 방법으로 인종을 우선시한 유일한 의사는 아니었다.[47] USSC 검사관 조지 앤드류는 흑인 병사들이 선천적으로 폐가 약해서 "일반적으로 질병, 특히 폐의 질병"이 더 빨리 진행됐다고 주장했다.[48] USSC가 보낸 설문지에 답하기 위해 전국 각지에 흩어져 있던 의사들은 "유색인종 부대의 질병에 관한 보고서"라는 제목으로 회신을 보냈다. 이들 보고서 중 상당수는 현재 남아있지 않거나 수백 박스에 이르는 방대한 USSC 기록 속에 묻혀 찾기 힘든 상태다.[50] 이들의 회신 내용이 대부분 소실됐음에도 불구하고, 우리는 USSC가 의사들에게 흑인부대에 대해 백인 군인과 다르게 생각하도록 요구하는 질문을 개발했고, 의사들이 인종을 유효한 생물학적 범주로 사용하도록 장려하는 조사 체계를 확립했다는 것을 알고 있다.

이런 종류의 진단은 초기 역학의 전제를 약화시켰다. 세계 다른 지역의 많은 의사들은 질병이 어떻게 퍼지는지를 이해하기 위해 물리적인 세계와 인공적인 환경으로 눈을 돌렸다. 그들은 환자의 증상을 관찰한 후, 환자가 왜 아픈지를 이해하기 위해 주택, 하수구, 배수관 그리고 혼잡한 환경으로 눈을 돌렸지만, USSC 의사들은 그 반대였다. 이들은 환자의 피부색으로 눈을 돌려 그들의 몸속이나 몸의 표면에서 발생하는 질병에 대한 해결방법을 찾으려고 노력했다. 그들은 자연환경이나 인공적인 요인을 연구할 때도 인종적 정체성을 질병의 원인으로 강조했다. 흑인 병사들이 처했던 열악한 의식주가 아니라 폐가 약해 사망률이 높다고 주장함으로써 폐 질환 발생의 책임을 흑인 병사 개인에게로 돌렸다. 결국 의사들의 이 같은 발언은, 흑인들은 폐 기능이 약해 대규모 결핵 유행이 발생한다는, 수십 년 동안 지속된 편견을 강화하는 도구가 됐다.[51] 남북전쟁은 노예제도를 종식하는 전쟁이었지만, 그 기간의 USSC 활동은 노예제 시대의 생각들을 되살려 인종적 차이를 증폭시키는 데 크나큰 역할을 한 셈이다.

USSC는 노예제도에서 비롯된 남북전쟁 이전 남부 사람들의 편견을 바탕으로 흑인 병사들이 자신의 건강에 대해 원시적인 수준에서 이해하고 있다고 판단했다. 제22 일리노이 의용병 보병부대 외과의사 벤저민 우드워드는 흑인들의 의식이 이런 수준에 머무는 탓에 질병 저항능력이 떨어지고, 병에 걸리면 죽을 때가 됐다고 생각하기 때문에 "심각한 질병의 공격을 거의 버티지 못한다"고 주장했다. 심지어 우드워드는 흑인 병사들은 "(자신의) 조상들이 믿던 미신에서 비롯된 운명론에 사로잡혀 있으며," 정령들이 자신들을 "치료하거나, 병들게 하거나, 마법에 걸리게 할 수 있는 힘을 지녔다"고 믿는다고 말하기도 했다.[52] 우드워드는 이런 시각을 강조함으로써 흑인 병사들이 원시적이고 보통사람과는 다른 존재라고 주장했다.[53] 흑인 군인 상당수가 미신을 믿었고 아프리카인의 믿음과 문화에 충실했던 것은 사실이다. 하지만 이들 흑인 군인 대부분은 독실한 기독교인이기도 했다.[54] USSC 의사들은 흑인 병사들 상당수가 질병과 죽음에 대해 기독교적인 생각을 하고 있다는 점은 거의 언급하지 않았다. 오히려 흑인을 원시적인 인종 또는 다른 인종으로 인식하게 만드는 사례들을 강조했다. 의사들은 흑인이 백인과 다른 존재라는 것을 강조하는 방법으로 종교를 이용했다. 흑인 병사들이 죽기 직전에 한 말들이 미신에서 기인한 내용이라는 의사들의 주장은 19세기 내내 지속되면서 남북전쟁 이전의 고정관념을 부활시켰다. 이런 고정관념은 마크 트웨인이 《허클베리 핀》에서 등장인물 짐에 대해 풍자적으로 묘사한 부분에서 잘 드러난다.

의학적 권위를 이용해 USSC 의사들은 완전한 평등을 얻으려던 흑인 병사들의 노력을 빙해하는 진단을 내렸다. 예를 들어 1865년 아칸소 주 북군 의료책임자 조지프 스미스는 흑인 병사들이 "백인 병사들만큼의 지능을 갖고 있지 않으며, 흑인 병사들과 흑인부대에 대한 적절한 감시 조치가 반드시 이뤄져야 한다. 흑인의 문화는 도덕적·지적으로 부족하며, 이런 부족함 때문에 흑인 병사들은 백인 병사에 비해 질병에 저항하는 능력이 떨어진다"라고 썼다.[55] 사실 19세기 중반에는 인도에서부터 런던, 뉴올리언스까지 많은 의사들이 도덕성, 지능, 사회적 지위가 질병 취약성을 설명할 수 있다는 생각에서 벗어난 상태였다. 그럼에도 미국의 USSC 의사들은 이러한 시대 흐름에 뒤처진 채 이전의 의학 신념에 의존했다.[56] 스미스의 주장은 전염병 확산에 대한 새로운 역학적 이해가 형성된 뒤 서양세계의 다른 의사들이 폐기한 논리를 따르고 있다. 더 중요한 것은 이런 논리가 도덕, 지능, 문화를 지표로 해 주장을 펼친다는 데 있었다. USSC 의사들은 전투, 질병, 죽음에 시달리는 전쟁 환경이 군인들에게 미치는 영향을 고려해 의학적 진단을 내리지 않았다. 대신 흑인들이 자유를 얻을 정도로 건강하지 않다는 주장을 늘어놓기 위해 의학적 권위를 남용했다.

* * *

흑인의 건강에 대한 USSC의 공식 보고서는 의학보다는 문화에 대해 더 많은 것을 밝혀냈다. 하지만 과학적 조사 결과로 포장된 탓에, 이 보고서들에 영향을 미친 편견과 문화적 관점은 전염병에 관한 의학적 원칙의 일부가 됐다. 아이라 러셀은 흑인 군인들이 백인 군인들과 다르다고 계속해서 주장했다.[57] 러셀은 흑인 군인들이 결핵에 압도적으로 많이 걸리지만 말라리아에도 그만큼 많이 걸린다고 말했다. 이 주장은 흑인들이 말라리아에 대해 선천적인 면역력을 가지고 있다는 남북전쟁 이전의 생각을 약화시켰다.[58] 러셀이 내린 결론의 영향력은 그가 수행한 구체적인 발견보다는 백인 군인과 흑인 군인

남북전쟁 당시 흑인부대 모집 포스터

남북전쟁 초기에 미국은 흑인들의 입대를 허용하지 않았다. 그러다 링컨이 노예해방 선언을 한 직후 흑인과 혼혈인을 대상으로 한 유색인종 부대가 창설됐고, 전체 북군의 약 10%를 차지하는 175개 연대가 조직돼 전쟁이 끝날 때까지 활약했다.

을 줄곧 다른 범주에 배치해 전염병이 인종적 차이와 연관된다는 믿음을 체계화했다는 데 있다.

러셀은 흑인부대 내 질병 발생의 원인이 열악한 상황에 있다고 생각하면서도 여전히 인종적 차이를 질병 발생의 주요 원인으로 지목했다. 질병 확산을 이해하기 위해 의존한 요소 면에서 그는 근본적으로 나이팅게일과 정반대였다. 나이팅게일은 인종적 우열에 대해 언급하면서도 질병을 확산시키는 주요 원인으로 비위생적인 환경을 강조했다. 이와 대조적으로 러셀은 비위생적인 환경에 대해 언급하면서도, 질병을 확산시키는 주요 원인으로 인종 정체성을 강조했다. 러셀은 사람들로 가득 찬 환경이 흑인들의 태생적 빈약 체질을 손상시켰다고 주장했다. 그는 노예제가 지속되는 동안 열악한 조건들, 특히 부실한 음식 섭취가 흑인들의 건강을 손상시켰다고 동정적으로 말하기도 했다. 놀랍게도 이런 언급 뒤에 그는 흑인들이 노예 상태에서 벗어나면서 음식, 주거지 등 기본적인 필수품들이 부족해졌기 때문에 의료 위기를 맞았다고 덧붙였다.[60] 그의 주장은 나이팅게일의 주장과 비슷한 요소를 가지고 있음에도 불구하고, 처음부터 끝까지 흑인이 백인보다 선천적으로 열등하다는 가정하에 연구를 진행했다.

러셀은 사망한 흑인 병사들의 시신을 부검함으로써 인종적 차이에 대한 자신의 견해를 더욱 확고히 하려 들었다. 그는 각 군인의 키, 몸무게, 피부색, 나이를 표로 정리한 후 심장, 폐, 비장, 간 그리고 뇌의 크기와 무게에 대해 꼼꼼히 메모했다. 그러고는 흑인 병사의 뇌가 백인 병사의 뇌보다 작으며 이는 흑인의 열등함을 드러내는 과학적 증거라고 목소리를 높였다.[61]

러셀의 뇌 크기 비교는 흑인이 열등하다는 남북전쟁 이전의 믿음을 뒷받침했다. 의사이자 당시 성장하고 있던 두개학과 민족지학 분야의 전문가였던 새뮤얼 모튼은 두개골의 크기를 측정함으로써 인종 간 지적 능력 차이를 연구했다. 800개가 넘는 두개골을 살펴본 후 모튼은 아프리카인과 아메리카 원주민 모두 백인과 다르다고 주장했다. 모튼은 1839년에 출판한 《크라니아 아메리카나*Crania America*》에서 백인이 가장 큰 두개골을 가지고 있기 때문에 지적 능력이 가장 우수하며, 그 지적 능력은 백인을 인간 중에 가장 높은 위치에 위치시켰다고 주장했다. 모튼은 이에 비해 "흑인은 기질 면에서 쾌활하고, 유연하고, 나태하기 때문에 인류의 가장 낮은 등급에 해당한다"고 말했다.[62] 모튼의 책은 과학적 인종차별주의를 발전시켰고, 미국의 많은 사람들, 특히 남북전쟁 이전의 남부 사람들 대부분에게 노예제도를 정당화하는 명분을 제공했다. 모튼의 견해는 과학자들 사이에서도 폭넓은 지지를 얻었다. 모튼의 생각에 동의하지 않는 사람들도 소수 존재했다. 하지만 이들이 모튼의 견해에 동의하지 않은 것은 아프리카인과 아메리카 원주민이 백인에 비해 열등하지 않다고 생각해서가 하니라 모튼이 남성과 여성을 구분하지 않았다는 이유에서였다.[63] 모튼이 활동하던 필라델피아의 흑인 지성인 중 일부가 자신들이 백인의 지능과 깊음을 증명하는 증거를 제시하면서 모튼이 주장을 반박하긴 했다.[64]

사실 이런 편견들이 19세기 전반 과학자와 지식인들 사이에서 지지를 얻었지만, 전염병 확산 이론과는 관련이 없었다. 그런데 흑인 병사들의 신체 부위를 측정하고 무게를 쟀던 러셀을 비롯한 USCC 의사들은 모튼의 이론을 받아들여 전쟁 중 흑인과 백인 사망률의 차이를 이해하는 방법으로 활용했다. 이들은 논쟁적인 이론을 이용해 의료 위기를 이해하려고 했다. 질병 확산의 원인을 규명하기 위해 외부 요소들에 집중하는 세계적 추세를 거스르고, 전염병이 내부적인 특성들에 의해 발생한다는 오래된 편견을 되살렸다. 영국의 의사들과 달리 이들은 소위 위생학 연구방법의 일부로서 두개학에 눈을 돌렸고, 군인들의 건강과 군대 캠프를 넘어 더 많은 대중의 건강을 보호하려는 연방정부의 노력에 잘 확립된 인종차별적 전통을 주입했다.

* * *

남북전쟁은 러셀이 수많은 사체를 연구할 수 있게 함으로써 민족지학의 가능성을 되살리게 했다. 아마추어 두개골 수집가들에게 샘플을 보내달라고 요청하며 전 세계를 샅샅이 뒤지던 모튼에게 남북전쟁 발발은 자신의 연구를 발전시킬 수 있는 합법적인 기회, 정부가 허가한 기회를 제공했다. 모튼은 세인트루이스의 벤튼 캠프에서 800건의 부검을 수행했다. 이 숫자는 모튼이 전쟁 전에 했던 모든 부검의 숫자와 비슷했다.[65] USSC의 임무는 위생상태에 대한 과학적 조사였지만 러셀은 청결, 질서, 위생에 대한 연구를 하지 않은 채 부검을 통해 과학지식을 얻으려고 했다. 전쟁 전에 많은 의사와 그들의 견습생들은 인간의 몸을 연구하기 위해 사체를 찾았고, 때로 비윤리적이고 불법적인 방법으로 사체를 얻었다. 의욕이 넘치는 의사들은 노예들의 시신을 이용하곤 했다. 노예들의 주검은 남북전쟁 이전의 미국에서 가장 보호받지 못한 시신이었기 때문이다.[66] 시신에 대한 조사를 바탕으로 흑인은 백인과 다르다고 말하는 러셀의 주장은 모튼의 과학적 인종차별을 증폭시킨 이론이었다.

USSC는 인종적 우열에 대한 편견을 굳히는 데 한몫을 했다.[67] 또한 USCC는 매사추세츠의 의사인 러셀이 인종, 건강 그리고 의학 사이의 연관관계를 발표하는 국제적 토론에 참여할 수 있게 다리를 놓았다. 인종 차이에 관한 연구, 특히 "물라토"로 알려진 사람들이 백인이나 "순수한" 흑인과 어떻게 다른지를 광적으로 조사했던 러셀은 브라질에서 "물라토"를 연구하는 한 "교수"의 글을 인용하기도 했다. 이 교수는 "물라토"가 "순수한 흑인"보다 뛰어난 체질을 지니고 있으며 "건강하고 활동적인 데다 죽지도 않는다"고 주장했다. 러셀은 미주리, 켄터키, 테네시에서 전시 복무를 기점으로 "혼혈" 병사들이 "순수한 흑인들보다 더 많아졌다"고 주장하면서 자신의 이론을 강화했다. 이 주장을 더욱더 확고히 하기 위해 그는 산토도밍고에 사는 어느 의사의 논문을 인용한 오하이오 의사의 연구를 찾아 재인용하기도 했다. 산토도밍고의 이 의사는 혼혈인이 전염병에 대응하는 능력이 우수하다는 주장을 한 사람이었다. 러셀이 인용한 오하이오의 의사는 "물라토"가 선천적으로 약하다는 증거가 없음을 보여주는 쿠바 의사의 데이터로 논문을 썼다.[68]

남북전쟁 발발은 러셀이 인종 분류와 연계해 전염병을 연구할 수 있는 발판을 만들어줬다. 그의 관찰은 미국의 인종적 차이에 대한 편견을 체계화했을 뿐만 아니라 브라질, 쿠바, 산토도밍고의 의사들이 종속된 사람들을 연구대상으로 삼아 의학이론을 만들어낼 수 있는 사회적 환경을 노예제도가 어떻게 제공했는지 드러내기도 했다. 이 의사들은 보고서에 자신들의 관찰 결과를 기록하고 통계를 수집했지만, 노예제도가 자신들에게 어떻게 연구 기회를 제공했는지에 대해서는 침묵했다. 이들은 플랜테이션이 노예들을 연구대상으로 제공했다는 사실을 말하지 않았다. 또 노예제도라는 외부 환경으로 인해 백인 노예주들이 여성 노예들을 강간하고, 위협하고, 억압할 수 있었으며, 그 결과 "물라토"라고 불리는 혼혈인들이 탄생했다는 사실도 언급하지 않았다. 혼혈인들은 의학 연구의 대상이 됐지만, 혼혈인을 만들어 낸 물리적 환경에 대해서는 아무도 말하지 않았다.

다양한 피부색에 대한 의사들의 관심은 흑인의 건강, 선천적인 약점, 생리학적 특성에 대한 연구를 더욱 촉진했다. 이로 인해 그들의 연구는 확장되고, 그들은 전문가로 부상할 수 있었다. 전쟁 전에 매사추세츠에서 주로 일하던 러셀은 국제적인 의학 논의에 참여하거나 흑인들을 치료한 경험이 거의 없었다. 하지만 남북전쟁 덕에 러셀은 많은 흑인 환자를 만날 수 있었고, 그 경험은 러셀을 전문가로 만들었다. 1864년 1월 미주리 주 벤튼 캠프의 아프고 부상당한 흑인 병사들에 대한 월례보고서에서 러셀은 "다양한 피부색을 가진 아프리카 흑인들에서부터 푸른 눈과 빨간색 머리칼을 가진 앵글로색슨인들로" 구성된, 조직된 지 얼마 안 된 부대들에 대해 묘사했다. 다양한 피부색에 대한 러셀의 관심은 인종적 범주가 중요하다는 USSC의 믿음을 강화시켰다. 실제로 러셀은 보고서에서 "백인"이라는 말을 지우고 더 구체적인 표현인 "앵글로색슨인"이라는 단어를 고의적으로 쓴 것으로 보인다.[69]

전쟁 전에 러셀은 왕진을 가고 환자를 치료하는 일을 주로 했다. 남북전쟁이 아니었다면 러셀의 지적인 활동은 동료들에게 편지를 쓰거나 비공식적인 논의를 하는 수준을 넘지 못했을 것이다.[70] 당시는 의사들의 조직이 막 태동하던 때였다. 예를 들어 미국의사협회AMA는 남북전쟁이 발발하기 10여 년 전인 1847년에야 창립됐다.

남북전쟁은 러셀을 비롯한 USSC 의사들에게 질병의 원인에 대한 이론을 발전시킬 수 있는 전문적인 지위와 네트워크를 제공했다. 군과 식민지 관료체계의 틀 안에서 의학 이론을 만들어낸 카리브해 지역과 인도의 영국 의사들처럼 USSC도 군의관들이 자신의 이론을 개발하고, 발전시키고, 발표할 수 있는 거대한 관료체계를 만들어냈다. 러셀은 질병 전파와 인종 분류에 관한 연구에 전념했고, USSC는 이론을 널리 퍼뜨릴 네트워크와 청중을 그에게 제공했다. 러셀의 편지와 보고서는 군의관과 USSC 관계자들이 인종적 차이의 개념을 받아들이도록 만드는 지식생산의 하위 영역으로서 기능했다. 이전 장에서 논의한 영국 의사들의 사례처럼 러셀의 이론도 비공식적인 맥락에서 공식적이고 전문적인 영역으로 옮겨갔다. 전쟁이 끝난 후 러셀은 〈반란전쟁의 의학·외과학 역사〉를 비롯해 학술지에 여러 건의 논문을 발표했다. 19세기 후반 러셀의 연구는 우생학과 과학적 인종차별에 뿌리를 둔 인종적 위계질서의 개념을 뒷받침했다.[71]

전쟁 후 전문가가 된 사람은 러셀만이 아니었다. 엘리샤 해리스는 1855년 뉴욕에서 위생개혁에 전념하는 의사로 일을 시작했다. 남북전쟁이 발발하자 그는 USSC의 주요 관리로 부상했다. 전쟁이 끝난 후에도 위생상태에 대한 그의 헌신은 계속되었다. 그는 미국 공중보건협회의 창립자 중 한 명으로, 초대 사무총장과 제5대 회장을 역임했다. 《미군 병사들에 대한 군사 통계와 인류학적 통계학에 관한 연구》를 쓴 벤저민 굴드의 연구는 후에 인종적 차이를 인정한 찰스 다윈 등에 의해 인용됐다.

＊　＊　＊

흑인 군인들의 신체적 특징을 기록하려는 USSC의 노력은 단지 인종적 차이에 관심을 보이는 의사들의 호기심만을 대변하는 게 아니었다. 이 노력은 심각한 정치적 결과를 초래했다. 평등이라는 명목으로 흑인들을 구속으로부터 해방시키기 위한 전쟁이 치러지는 동안 USSC는 흑인들이 선천적으로 열등하다는 것을 강조하는 수많은 자료를 만들었다. 그들은 처음부터 흑인 노예화를 정당화하고 인종주의적 이데올로기를 뒷받침하는 보고서를 냈다. 17세기 이후 의사와 권력자들은 아프리카인과 아프리카 혈통 사람들을 열등하다고 여겨왔지만, 미국 연방정부 차원에서 인종에 관한 이런 의학적 주장이 제기된 적은 없었다. 물론 5분의 3 타협(기재된 노예들 중 5분의 3만 과세와 하원 구성 비율의 인구수로 인정하자는 남부와 북부의 타협), 드레드 스콧 판결(미국 연방대법원은 노예로 미합중국에 들어온 흑인과 그 후손은 그가 노예이든 노예가 아니든 미국 헌법 아래 보호되지 않으며, 미국 시민이 될 수 없으므로 연방법원에 제소할 권리가 없다는 판결) 등 정치적·법적 논란을 불러온 사건들이 있었지만 말이다. 그런데 연방법에 따라 조직된 USSC의 지도자들이 의학적으로 볼 때 흑인은 열등하다는 주장을 했다. USSC는 흑인의 몸을 조사하고, 평가하고, 부검할 수 있는, 전례 없이 강력한 힘을 가지고 있었다. 남북전쟁 이후 정치적 권리와 참정권에 대한 담론이 격화되기 시작한 것과 때를 맞춰 USSC의 이런 작업이 이뤄졌다. 연방정부는 흑인들에게 출생에 따른 시민권과 참정권을 부여하는 수정안을 통과시켰지만, USSC 지도자들은 과학과 의학의 외피를 입은 흑인 열등설을 지속적으로 내놓았다. 그들이 수집한 통계 자료는 흑인이 열등하다는 경험적 증거에 힘을 실어주는 역할을 했다. 흑인이 열등하다는 주장은 그 이전에 이미 표면화된 상태였지만, 관찰과 사례를 바탕으로 했으므로 반박의 여지가 있었다.[74] 하지만 USSC의 의료 사례연구는 노예해방 이후 인종적 질서를 확고히 하는 작업에 과학적 권위를 부여했다.[75]

USSC의 보고서 작성 방식은 의학 통계 관행에도 막대한 영향을 미쳤다. 분류를 기초로 한 데이터 수집은 전염병 확산 연구에서 이런 인종 분류법이 더 많이 사용되도록 만들었다. 나이팅게일이 남아시아인와 영국 군인의 차이를 언급하긴 했지만, 그 차이가 그의 주된 관심사는 아니었다. 또 인종적 위계질서와 관련한 주장을 펴는 데 전념하지도 않았다. USSC가 이런 형태의 데이터 수집을 고집한 결과 특히 오늘날 과학자들, 역학자들 및 공중보건 당국마저 인간 전염병의 확산을 이해하는 데 인종 범주로 분류해 통계를 내는 방식을 너무도 자연스럽게 따르고 있다.[76]

인종 분류와 인종차별을 강화한 USSC 의사들의 연구는 여성들이 하는 일을 가리는 담론도 만들었다. 설문은 의사들의 견해와 관찰만을 중시하는 수사적 틀로 작용했고, 여성 개혁가들에게는 관찰과 생각을 표현할 기회가 거의 주어지지 않았다. 자신의 이론을 분명하게 밝힐 수 있는 공식적인 통로가 있었던 나이팅게일과 달리 USSC의 여성들에게는 공식적인 통로가 닫혀버렸다. 전쟁 후 많은 사람들이 회고록을 쓰고 연구내용과 보고서를 정리해 책으로 출판하면서 사람들의 관심을 끌었다.[77] 하지만 전쟁 중에 이뤄진 설문조사는 남성의 목소리를 대변했을 뿐, 여성들의 위생개혁 노력에 대해서는 묻지 않았다. 인종적 차이에 대한 강조가 지속적으로 이뤄졌다는 사실은 의사들의 지식만을 부각하는 과학적 권위가 필요했음을 드러낸다.

결과적으로 USSC 의사들은 공식적인 통로를 이용해서 남북전쟁의 정치적·법적·사회적 약속에 명백히 반하는 노예주와 남부 의사들의 편견을 부활시켰다. 노예제도에 대한 의사들의 편견은 USSC의 활동 기록에 그대로 담겨있다. 다만 특정 의사들의 말을 주의 깊게 추적하지 않는다면, 아이라 러셀이 남북전쟁 이후 남부의 노예 경매업자들과 대화함으로써 의학 지식을 얻었다는 사실을 우리 대다수는 알아챌 수 없을 것이다.

노예제에서 건져낸 지식을 이용하려는 이러한 관행은 전쟁이 끝난 후에도 계속됐다. 실제로 일부 의사들은 남북전쟁이 끝나고 오랜 세월이 지난 후에도 전염병 확산에 관한 지식을 얻고자 노예제에 대한 어떤 정보라도 필사적으로 찾아내려고 했다.

7장

"묻히지 못한 자들의 노래"

노예제, 남부연합, 역학 연구

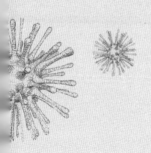

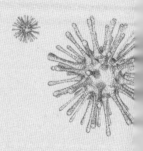

아이는 아마도 울고 있었을 것이다. 감독관이 아이를 찾으러 왔을 때 엄마는 아이의 손을 잡고 오두막을 나와 목화밭에서 멀리 떨어진 빈터 나무 아래, 두 명의 백인 남자가 서 있는 곳으로 데려갔다. 백인 중 하나인 노예 소유주는 아이의 이름조차 알지 못했겠지만, 몸값만은 쉽게 매겼을 것이다. 다른 한 명인 백인 의사도 자신이 하려는 치료가 효과가 있을지 확신하지 못해 안절부절못했을지 모른다.[1]

어쩌면 의심도 저항도 없었을지 모른다. 남북전쟁은 이미 발발했고 예상치 못한 적이 출현한 상태였다. 질병이었다. 그랬다면 아이의 엄마는 의사의 치료가 보이지 않는 적들로부터 아이와 자신을 보호해줄 것이라 믿고 소리를 지르지 않았을 것이다. 이 시나리오대로라면 아이 엄마는 자신 있게, 심지어 자랑스럽게 사랑하는 아이를 키 큰 히코리 나무 그늘에 서 있는 두 남자에게 데려갔을 공산이 크다. 바람에 날려온 목화가 눈송이처럼 엄마의 머리와 옷, 아이의 손에 붙었을 것이다. 감독관은 아이 엄마의 뒤를 따라가며 말했다. 의사의 치료로 아이를 구할 수 있다고, 당신 아이가 선택된 것은 행운이라고. 먼저 치료를 받은 사람들도 있었지만, 모든 사람이 의사를 만날 기회를 얻은 것은 아니었다. 사실 의사는 아무런 불안감도 없었다. 천연두가 퍼지는 것을 막는 방법을 설명한 논문을 읽었기 때문에 자신만만했다. 노예 소유주도 걱정하지 않았다. 자기가 어린 소년뿐만 아니라 농장에 있는 모든 노예와 자신의 가족, 근처에 사는 사람들을 보호하고 있다고 확신했기 때문이다.

의사는 왕진가방에 손을 넣어 의료용 키트와 이전에 천연두 예방 접종을 받은 사람에게서 떼어낸 딱지를 보관한 양철 상자를 꺼냈다. 양철 상자에는 백신을 접종한 후 생긴 물집에서 흘러나온 무색 액체인 "림프"도 같이 들어있었다. 이 림프는 작은 튜브에 넣거나 유리 조각 두 장 사이에 끼워 말린 형태로 보관됐다.[2] 의료용 키트 안에는 의사가 물집을 뚫거나 딱지를 긁어내기 위해 사용하는 수술용 칼인 랜싯이 있었다.

의사는 랜싯을 손에 들고 건강한 아이와 엄마에게 다가갔다. 아이 엄마는 날카로운 칼이 자신들을 향해 다가오는 것을 보고 처음에는 움찔했을지도 모른다. 아이가 울었을 수도, 엄마가 의사에게 이 시술을 하지 말라고 애원했을 수도 있다. 하지만 엄존하는 노예제 아래서 노예들의 외침은 간단히 무시됐다. 의사가 아이를 안아 올렸다. 감독관과 주인은 아이를 나무에 기대게 하고 엄마를 땅에 쓰러뜨렸을지도 모른다. 의사는 아이의 팔을 잡고 랜싯으로 살을 찔렀다. 그 다음 핀셋으로 림프를 꺼내 피가 나는 아이의 팔에 이식했다.

미국 남북전쟁 기간에 천연두는 많은 이들을 감염시켰다. 전쟁이 시작되기 훨씬 전에 의사들과 시 공무원들은 바이러스 확산을 막기 위해 천연두에 감염된 환자를 격리하곤 했다.[3] 격리는 효과적인 예방책이었지만, 전쟁 중에는 방대한 인구 이동으로 인해 그게 불가능해졌다. 군대의 이동, 노예해방, 민간인의 이동은 바이러스의 확산을 야기했고, 의료 공무원들이 효과적인 계획을 세우는 것을 방해했다.[48] 19세기 중반의 의사들은 천연두 확산을 막기 위해 백신 접종에 의존했다. 하지만 전쟁이 발발하면서 백신 부족과 함께 백신 물질의 장거리 수송이 어려워졌다. 중앙 저장소에서 백신 물질을 얻을 수 없을 때, 의사들은 최근 접종한 사람의 농포에서 딱지나 림프를 채취해 다른 사람에게 곧장 투여하거나 나중에 사용하기 위해 백신 접종 키트에 보관했다.[5]

18세기 후반 에드워드 제너에 의해 영국에서 백신 접종 방법이 개발되기 전에는 천연두에 대한 면역력을 기르기 위해 다른 방식, 인두법variolation이라는 방법을 사용했다. 백신 접종은 약한 천연두 바이러스를 사용하는 반면, 인두법은 팔을 긁거나 칼로 상처를 내 실제 천연두 농포에서 추출한 물질을 넣었다. 인두법은 아프리카, 중국, 인도에서 수 세기 동안 사용됐지만 미국에서는 노예제 시대인 18세기 보스턴에 처음 소개됐다.[6] 오네시무스라는 아프리카인 노예가 유명한 청교도 목사 코튼 매더에게 이 인두법으로 천연두 감염을 예방할 수 있다고 알려준 것이 시작이었다. 오네시무스는 매더에게 아프리카에서 접종받은 팔의 흉터를 보여주며 그곳에서는 흔한 방법이라고 설명했다. 1721년 여름, 천연두 유행이 보스턴을 강타해 주민들 사이에 공포와 경악을 일으키자 오네시무스의 인두법에 대한 이야기에 흥미를 느낀 매더는 이 새로운 아이디어가 신으로부터 나왔다고 믿었다. 보스턴의 영향력 있는 인물이었던 매더는 전염병에 직면해 인두법을 채택할 것을 주장했다. 인두법이 아프리카 미신이라고 믿었던 의사들 대부분은 망설였다. 게다가 그들은 아프리카인 노예의 의학적 식견을 받아들일 수 없다고 말했다. 그런데 한 의사가 인두법에 관심을 가졌다. 잽디엘 보일스턴이라는 의사가 자기 아들과 노예 둘(잭이라는 이름의 남자 노예와 잭의 열두 살 난 아들)에게 인두법을 실험한 것이다.[7]

보일스턴에 따르면, 두 아이 모두 7일째에 열이 났다. 9일째가 되자 천연두가 두 아이에게 나타났고 며칠 만에 회복됐다. 반면 성인인 잭은 가벼운 반응만 보였다. 그는 열이 나지 않았고 팔에 농포 몇 개만 나타났다. 보일스턴은 몰이라는 노예 여성에게도 실험을 했다. 이 여성의 반응은 잭과 비슷했다. 이후 보일스턴은 백인 남성 2명을 상대로 다시 실험했는데, 이 둘은 가벼운 천연두 증상을 나타냈다. 보일스턴은 잭과 몰이 이전에 천연두에 노출된 게 분명하다고 결론을 내렸다. 잭과 몰의 몸은 인두법 접종에 강하게 반응하지 않았기 때문이다. 그 이후로 보일스턴은 노예, 백인, 그리고 아메리카 원주민을 포함한 수십 명의 다른 사람들에게 인두법을 실험했다.[8]

자신의 연구결과를 기록한 책에서 보일스턴은 인두법 접종 효과를 보여주는 증거자료를 제시했다. 보일스턴은 환자들 사이의 인종적 차이에 대해 어떠한 주장도 하지 않았지만, 그의 설명에 인종차별적 요소가 전혀 없었던 것은 아니다. 노예제 아래서 의사들은 아프리카인 노예 및 아프리카 혈통 사람들의 접종과 향후 몸에 나타나는 반응을 아무런 제약 없이 관찰했다. 즉 노예제도는 보일스턴이나 매더 같은 사람들이 예방책으로 인두법 접종을 이해하고 연구하는 데 적잖은 영향을 도움을 셈이다. 몰, 잭 그리고 잭의 아들은 노예였다. 따라서 노예들의 주인이었던 보일스턴은 법적 책임이나 처벌을 걱정하지 않고 의학실험을 할 수 있었다.[9] 노예제도는 오네시무스가 주인에게 자신의 의학지식을 전달할 수 있게 만들기도 했다. 마지막으로, 국제 노예무역은 오네시무스처럼 노예가 된 아프리카인들을 통해 의학지식이 신대륙으로 전파될 수 있는 길을 열었다.[10]

보일스턴의 연구에서 노예들은 인간 몸이 인두법 접종에 어떻게 반응하는지 확인하는 데 도움을 줬다. 이렇게 노예들은 인두법 접종에 대해 널리 알리는 역할을 했다. 즉 북미의 영국 식민지에서 인두법 접종은 노예제 덕에 새로운 의료행위로 자리 잡았다.

1796년 영국의 의사 에드워드 제너는 좀 더 새롭고 안전한 기법을 개발했다. 우유를 짜는 여성들은 우두cowpox에 노출돼도 면역력을 보인다는 관찰 결과에 기초한 기법이었다. 우두는 소들이 감염되는 질병으로 천연두와 비슷하다. 제너는 우두 바이러스를 이용한 백신 접종법을 개발함으로써 미국, 유럽 및 세계 다른 지역에서 천연두 전염병 예방법을 크게 변화시켰다.

미국 남북전쟁 동안 천연두 예방접종을 시행하는 관행은 폭발적으로 늘어났다. 전시에 노예로 가득 찬 농장과 군인으로 가득 찬 군대 캠프에서 바이러스가 퍼지는 것을 막기 위해서였다. 남부 의사들 대부분은 전쟁 전에 천연두 유행을 겪지 않았다. 따라서 백신 접종을 한 경험도 없었다. 그들이 천연두 백신을 투여하거나 치료한 것은 전시에 천연두가 유행하고 나서였다.

당시 의료용어가 통일되지 않은 탓에 전시에 백신 접종을 어떻게 시행했는지 구체적 기록으로 남은 것은 없다. 다만 모든 군인에게 백신을 접종하겠다는 남부연합의 결정은 대규모 인구집단에 걸친 접종의 효과를 관찰할 수 있는 전례 없는 기회를 의사들에게 제공했다.

당시 남부의 모든 의사가 백신 접종을 어떻게 하는지, 백신 접종이 다른 의학적인 문제를 일으켰을 때 무엇을 해야 하는지, 괴저나 영양실조 등 질환이 있는 사람들에게 접종해도 되는지 등을 알고 있는 것은 아니었다. 따라서 남부의 의사들은 북부 의사들에게 도움을 요청하고, 유럽과 대영제국 전역의 의사들이 발표한 사례연구를 이용했다. 이는 의학저널, 논문 및 소책자 형태로 배포된 사례연구들이 어떻게 역학 발전에 기여하는 의사들의 글로벌 네트워크를 형성했는지를 잘 드러내준다.

* * *

히코리 나무 아래에서 의사, 주인, 감독관은 우는 노예 아이의 팔에 림프를 주사하고 있었다. 천연두로부터 아이를 보호하는 것이 주목적이 아니라, 아이의 몸을 이용해 많은 접종용 림프를 채취하기 위해서였다. 접종용 림프가 급박하게 필요했기 때문이다. 뉴욕에서는 제조소에서 림프를 판매하기도 했지만, 북부의 봉쇄조치로 인해 남부 사람들은 충분한 양의 림프를 수입할 수 없었다.[11]

이런 림프 부족에 직면한 남부 의사들은 예방접종을 위한 재료를 얻는 가장 효과적인 방법으로 아이들에게 의지했다. 백신 채취에 사람을 이용하는 것은 위험하다는 사실이 입증되었지만, 그들은 아이들을 물건 취급하면서 이 관행으로 되돌아갔다. 처음에 의사들은 군인을 이용하는 것을 고려했다. 하지만 남부연합군에서 복무한 의사 조지프 존스는 군인들의 몸이 "힘든 전투" "고단함" "습관의 불규칙성"을 견딘 육체라는 점을 들어 반대했다. 존스는 "어리고 건강한 아이들"이 백신 물질을 수확할 수 있는 가장 깨끗한 몸을 제공한다고 주장했다.[12] 어린이 중 고아나 빈곤층 또는 기타 소외된 집단의 아이들은 인두법 접종과 백신 접종을 위한 재료를 생산하는 데 오랫동안 사용됐다. 이 장의 뒷부분에서 논의하겠지만, 남북전쟁에서 노예의 자식들이 백신 문제 해결을 위해 주로 이용됐을 가능성이 매우 높다. 남부연합 의사들은 노예제의 속박이 아이들에게 건강한 식단, 훌륭한 생활 조건, 신선한 공기를 제공한다는 노예제도 찬성 세력들의 주장에 의지했을지도 모른다.

의사들은 림프를 얻기 위해 유아를 이용하기도 했다.[14] 노예 엄마의 품에 안긴 아기는 말은커녕 걷지도 못하는 자신의 여린 몸이 이런 일을 감당해야 한다는 사실을 전혀 모른 채 잠을 잤다. 날카로운 면도칼 같은 랜싯이 종이처럼 얇은 피부를 뚫고 아기를 깨워 울음소리를 높였다.[15] 의사는 2~3일 후 아기의 몸에서 열이 나기를 바라며 다시 찾아왔다. 열은 아기의 몸이 바이러스와 싸우는 과정이 작동하기 시작했음을 알리는 신호였다.

며칠 후 엄마가 아기의 이마에 입을 맞추면서 열을 재거나 삼베로 만든 가운을 입고 아이를 감쌀 때면 여린 아기의 몸에서 작고 붉은 물집이 터지기 시작했다. 물집은 팔, 배, 등, 다리, 이마, 얼굴, 눈꺼풀, 목 뒤 또는 아랫도리 어디에든 나타날 수 있었다. 유아는 정해진 인간 발달과정을 따르지만 노예제와 남북전쟁이 유아의 발달과정에 개입했다. 노예제와 남북전쟁은 유아의 몸이 새로운 시간표에 따라 작동하도록 만든 것이었다. 8일째가 되면 물집은 액체로 가득 차면서 더 커지고 부풀어 올랐다.[16] 아기의 몸은 진통을 계속 겪고 물집은 계속 커졌다. 림프는 무색의 액체에서 우윳빛 액체로 변했고, 물집은 가장자리에 붉은 반점이 있는 농포로 변했다. 이때 의사는 림프를 채취하기 위해 물집을 절제했다. 아기의 몸에 남아있던 물집은 딱지로 굳어 떨어져 나가고, 평생 갈 상처나 핏자국을 남겼다. 전쟁과 속박이 의도적인 감염을 일으킨 것이다.

이런 흉터와 파인 자국이 유아가 노예로서 처음 한 노동, 플랜테이션의 기록이나 장부에는 실리지 않는 노예 유아의 첫 임무였음을 알아채는 사람은 거의 없었다.[17] 노예 소유주와 후대의 역사학자들은 부채와 신용, 손실과 이익, 사업과 경제 논리로만 상황을 파악했고, 노예제도 아래서 가장 취약했던 사람들이 이런 노동을 했다는 사실을 제대로 인식할 수 없었다.[18]

노예 유아와 어린이를 이용하는 비정상적인 행위는 사실 사회적으로 취약한 사람들을 백신 매개체로 사용하는 더 큰 패턴의 일부였다. 가령 프랑스의 한 의사는 19세기 초 중국에서 베트남으로 백신을 운반하려 했지만, 유리나 천에 담아 운반할 경우 림프의 오염을 초래할 위험이 있었다. 그러자 그는 어린이를 보균자로 이용했다. 이 의사만 그런 것도 아니다. 스페인의 카를로스 4세 밑에서 일했던 한 외과의사는 22명의 남자 고아들을 멕시코로 향하는 배에 태운 후 그들의 어린 몸이 백신 물질을 생산하도록 예방접종을 했다. 멕시코에 도착했을 때, 그들은 필리핀에서 아카풀코로 보내진 26명 멕시코 어린이들에 대한 접종을 위해 사용됐다. 이탈리아와 유럽 전역에서도 비슷한 사례들이 많았다.[19]

백신 접종 후에는 합병증과 문제가 자주 발생했다. 모든 의사가 이 시술을 수행한 경험이 있는 것도 아니고, 모두 같은 절차를 이용한 것도 아니었기 때문이다. 남부연합군의 의사 존스는 백신 접종 후 피부에 붉은 반점과 물집이 생기는 세균성 질환인 단독이 "흑인 여성들과 어린이들" 사이에서 발생했다는 한 의사의 보고를 인용했다. 이 여성과 어린이들은 모두 같은 물질로 만든 백신을 맞은 사람들이었다. 이들 모두 그 후에 사망했다. "흑인에게 접종한 것과 같은 백신을 동일 의사에게 맞았던 통통하고 건강한 백인(아마 감독관이었을 것이다)이 독성 물질 때문에 매우 심하게 아프다 팔 근육의 상당 부분을 잃은 후 간신히 살아났다"는 사례가 보고되기도 했다.[20]

백신 접종으로 문제가 발생한 것은 이뿐만이 아니었다. 비슷한 사례들이 급증했다. 남부 의사들이 접종한 백신이 심각한 부작용을 일으키지 않았을 경우 "가짜 백신"을 맞았다고 할 정도였다. 남부 의사들은 이런 실패가 일어난 원인으로 몇 가지를 지목했다. 백신이 잘못 접종됐거나, 백신 물질이 활성화되지 않아서라는 설명이었다. 예방접종을 한 사람의 기존 상태 때문에 접종이 효과를 내지 못했다고 말하는 의사들도 있었다. 의사들은 괴저나 영양실조가 군인의 건강을 해치고, 랜싯에 의한 피부 찰과상이 감염을 유발할 수 있다는 것을 발견하기 시작했다. 마지막으로 가장 놀라운 사례는 백신 접종을 한 지 며칠 만에 다른 질병 증상을 보이는 사람들이었다.

남부연합 의사들은 백신 물질이 다른 전염병, 특히 매독을 전염시킬 수 있다는 것을 알아챘다. 매독은 보통 성적 접촉을 통해 감염된다. 매독의 초기 증상은 흔히 굳은 궤양으로, 세균이 들어간 살이 담뱃불에 덴 것처럼 보이게 한다. 쉽게 간과되는 증상이다. 이러한 증상은 몇 주간 이어지다 사라지지만, 세균은 2기가 시작되기 전 몇 년 동안 몸 전체에 발진을 일으키며 체내에 잠복할 수 있다.

19세기 의사들은 천연두 예방접종을 한 후 매독에 걸리는 사람들을 보고는 놀라움과 당혹감을 감추지 못했다. 멤피스의 한 의사는 1866년 존스에게 보낸 편지에서 "이 주제는 나에게 많은 생각을 하게 했고, 그 질문에 적용할 수 있는 어떤 것이든 자세히 관찰하게 만들었다. 하지만 내가 이 문제에 대해 명확한 의견을 가지고 있다고 할 수는 없다"고 썼다.[21]

백신 접종이 매독을 유발할 수 있다는 것을 의심하지 않는 남부 의사들도 있었다. 어느 남부 의사는 "일부 환자의 경우, 백신 물질 주입 탓에 매독이 발생한 게 확실하다고 북군 의사들은 입을 모아 말한다"고 언급했다. 나아가 그는 1846년에 비슷한 주장을 펼쳤던 이탈리아 의사의 말을 인용하면서, 1860년 파리의학아카데미에서 프랑스 의사들로 구성된 위원회가 백신 물질이 매독을 옮길 수 있음을 주장했다고 덧붙였다. 프랑스 의사들은 "한 환자에게 두 가지 질병이 동시에 나타나는 증상, 나아가 매독 2차 증상에 의해 전염성을 보이는 현상"을 확인한 상태였다.[22] 의사들이 유아와 어린이의 몸에서 림프를 채취하고자 한 또 다른 이유가 여기에 있었다. 유아와 어린이는 군인들보다 건강할 뿐 아니라, 사람들을 매독에 감염시킬 수 있는 성 경험이 없었기 때문이다. 1863년 미주리 주에서 일어난 사건에서 드러났듯이, 노예제도를 없애기 위해 싸운 북군 의사들조차 노예 아이들에게 림프를 채취하는 것이 가장 이상적이라 생각했다.

1863년 세인트루이스 벤튼 캠프에서 800명 넘는 병력을 포함한 흑인부대가 천연두 유행에 직면했다. 군의관은 "의료품 조달업자에게서 구한 바이러스"로 백신 접종을 시작했지만, 그 결과 최소 100명이 궤양에 걸렸다. 예방접종이 실패했기 때문에 천연두는 부대 전체에 빠르게 퍼졌다. 그즈음 새로 모집한 군인들로 이뤄진 제9 아이오와 기병대가 벤튼 캠프에 도착했다. 신병들 대부분이 예방접종을 받지 않은 상태였다. 캠프 군의관은 뉴욕에서 조달받은 림프를 군인들에게 투여한 후 많은 병사의 팔에 염증이나 단독, "선상 조직 팽창"이 발생한 것을 발견했다. 천연두가 급속하게 확산하면서 일부 병사는 열과 피로감을 호소했다. 팔, 다리, 가슴에 빨간 뾰루지가 생긴 병사들도 있었다. 공황 상태에 빠진 병사들은 말 그대로 각자도생에 나섰다. 그들은 예방접종을 받은 사람들의 팔뚝 상처에서 나온 물질을 이용해 스스로 접종을 하기 시작했고, 그 결과 심각한 궤양이 생겼다. 군의관에 따르면 "깨끗하지 않은 접종결과" 여러 명의 사망자가 발생했다. 그나마 건강을 유지한 병사들은 이전에 받은 접종으로 인해 흉

터가 생긴 사람들뿐이었다.[23]

백신 물질이 다른 전염병을 야기하고 천연두에 더욱 취약하게 만들었다고 판단한 북군 의사들은 유행 확산을 막을 방법을 고안하려 갖은 애를 썼다. 1863년 말 전염병이 처음 발생했을 때 의사들은 "유아와 건강한 사람으로부터, 의료물품 제공업자를 통해, 그리고 다른 방법으로 적절한 백신 림프를 공급받는 데 어려움을 겪었다"고 말했다.[24] 게다가 그렇게 어렵게 구한 백신마저 문제가 있었다. USSC의 지도자 중 한 명인 엘리샤 해리스는 "그런 사건들은 의료진의 마음에 깊은 불안감을 불러일으켰다"고 썼다. 그러자 의료당국은 흑인 어린이에게 눈을 돌렸다. 실제로 의료당국은 "신선한 바이러스는 뉴욕 같은 곳에서 구했으며, 새롭고 제대로 된 이 바이러스 물질은 세인트루이스의 건강한 흑인 어린이들에게서 얻은 것"이라고 밝혔다.[25]

더 많은 백신 물질을 채취하기 위해 의료품 납품업자들이 어린이들을 감염시켜 "신선한 바이러스"를 얻은 건 그때가 처음은 아니었을 터이다. 이 어린이들은 남부의 노예제도를 벗어나 북부연방과 남부연합 국경 지역인 미주리 주로 이주한 난민의 자식이었을 것이다. 남부의 노예 플랜테이션에서 도망친 노예들이 미주리 주와 같은 접경지대로 피난하는 것은 위험을 자초하는 일이었다. 노예 소유주의 손아귀에서는 벗어났지만, 그곳은 여전히 노예제도가 합법인 세계였기 때문이다. 링컨의 1863년 노예해방선언은 남부연합에만 적용되었고, 경계 주에서는 노예제도가 그대로 유지됐다. 노예해방선언의 목적은 연방정부에 반기를 든 주에서 노예를 해방시킴으로써 남부연합에 속한 주들의 노동력을 고갈시키고 경제를 마비시키는 것이었다. 링컨은 경계 주(미주리 주, 델라웨어 주, 켄터키 주, 메릴랜드 주, 웨스트 버지니아 주)들을 북부연방에 존속시키기 위해 이곳의 노예제도를 합법으로 유지했다.

노예였던 사람들이 1863년에 미주리 주로 들어왔을 때 북부연방 관계자들은 그들을 "밀수품"으로 여겼다. 이 용어는 그들이 자유민인지 노예인지를 확실하게 드러내지 않는 명사였다.[26] 그들은 도망칠 때 입었던 옷을 그대로 입은 채 지냈고, 먹을 것도 없었으며, 사냥이나 낚시를 할 도구조차 없었다. 잠잘 곳은커녕 몸을 따뜻하게 하거나 젖은 땅을 덮을 담요 한 장마저 없었다. 벤튼 캠프의 간호감독관은 "흑인들은 추운 날씨에 주인을 피해 숲과 들판에 누워 있었다"고 전했다.[28] 미주리 주의 군 관계자들이 벤튼 캠프를 건설한 본래 목적은 그들을 수용해서 병원을 제공하기 위해서였다. 벤튼 캠프는 아이라 러셀이 USSC의 건강과 의학에 관한 과학적 연구의 일환으로 흑인 군대를 실험하고 연구한 곳이었다(6장 참조). 러셀은 이곳에서 "실패한 백신 접종이 '밀수품'과 피난민, 야전과 막사, 병원에 있는 모든 신병에게 어떻게 '끈질긴 통증'을 일으켰는지" 기록하기도 했다.[29]

크림전쟁 당시 세워진 병원들처럼 남북전쟁 때의 병원은 러셀 같은 의사들이 한 곳에 모인 다중을 관찰하는 장소였다. 러셀를 비롯한 연방정부 소속 의사들은 대규모로 백신을 접종했을 때 사람들에게 나타나는 반응을 이런 병원에서 쉽게 관찰했고, 백신 접종이 궤양을 일으킬 때의 상황에도 주목할 수 있었다. 의사들이 군인에게 나타나는 백신 접종의 영향을 관찰하는 것은 드물지 않았다. 하지만 노예제도가 여전히 합법이던 미주리 주 벤튼 캠프의 도망 노예들을 관찰하는 것은 그들의 건강과 복지를 위한 인도주의적 관심이라기보다 힘의 불균형을 드러내는 행동이었다. 도망 노예들은 여전히 군대 캠프 주변에 늘어선 텐트들, 즉 비바람을 피하고 휴식을 취하며 영양을 공급받고 남부군으로부터 보호받을 수 있는 곳에서 거주했을 뿐이다. 한편 러셀이 기록했듯이 야전병원은 사람들로 가득 차고 환기가 제대로 되지 않아 치료가 이뤄지기보다는 건강문제를 일으키는 경우가 더 많았다.[30] 그 결과 캠프 내 흑인과 세인트루이스 전역의 사람들에게 천연두가 확산하는 것을 막는 건 거의 불가능했다.

마찬가지로 북군 의사가 흑인 아이들의 몸을 이용해 백신 림프를 만드는 행위를 제지하는 것도 거의 불가능했다. 노예제도가 여전히 합법인 그곳에서 북부 의사들은 북군 병사들을 보호하기 위해 흑인 어린이들의 몸을 거리낌 없이 사용했다. 북부연방정부의 지원을 받은 아이라 러셀이 흑인 병사들의 몸을 마구잡이로 더듬으며 조사를 주도했던 캠프에서 의료와 보건에 흑인 아이들의 몸을 사용하는 일은 군 체계를 따르는 적법한 행위로 간주됐다. 많은 흑인이 어쩔 수 없이 땅바닥에서 잠을 자는 악조건에서 흑인 아이들은 달리 갈 곳이 없었다. 엄마와 자매와 이모들의 품으로부터 분리된 흑인 아이들은, 자신의 아버지와 삼촌, 형들이 병사로 동원된 전쟁이 진행되는 내내 손에 랜싯을 들고 접근하는 의사로부터 보호받지 못했다.[31]

19세기 역학사의 다른 사건들과 마찬가지로 이 절차에 대한 서술 역시 묘사되는 사람들의 의지와 관점을 가렸다. 앞서 언급했듯이 트로터가 자신의 책 서문에서 괴혈병에 대한 관찰 결과를 말할 때도 배에 타고 있던 환자들이 아프리카인 노예라는 사실이 지워졌다. 대신

남부 목화 플랜테이션에 예속된 흑인 노예들

열악한 의식주에 시달리며 강제노동을 하다 탈출한 흑인 노예의 아이들은 천연두 예방접종을 위한 백신 생산 도구로 쓰였다. 아이와 부모의 동의를 받기는커녕 아무런 보호조치도 없이 흑인 아이들의 몸을 마구 이용한 사람들은, 정작 자신들의 연구실적을 자랑하는 논문과 책자에서는 흑인 아이들의 흔적을 지워버렸다.

트로터는 그들을 "수많은 사례"들이라고 뭉뚱그렸다. 비슷하게 북부 연방의 의사들은 도망 노예의 아이들, 자신들에게 "도움"을 줄 수밖에 없었던 아이들의 정체성을 세인트루이스의 난민이었던 "건강한 유색인종 어린이"라는 말로 가렸다.

남북전쟁 당시 북부는 백인을 보호할 일종의 방패막이로서 해방 노예들이 머물 난민 캠프를 만들었다. 흑인 아이들의 몸을 이용해 림프를 채취한 것은 그 아이들이 원해서 이뤄진 일이 아니었다. 림프를 제공하면, 자기 가족과 도망 노예들에게 도움을 줄 거라는 꼬임에 넘어갔을 뿐이다. 이런 일은 사회·경제·정치 세력이 공모해 아이들을 세인트루이스에서 가장 취약한 위치로 몰아넣은 방식과 관련이 있다. 이런 힘의 역학관계는 트로터가 괴혈병의 원인과 특징에 대해 연구할 때나 제임스 맥윌리엄이 카보베르데에서 발생한 의문의 전염병에 대한 데이터를 수집했을 때 노예선 바닥에서 펼쳐졌던 힘의 역학관계와 정확히 일치한다.

*　*　*

이렇듯 전염병 연구와 예방책 및 치료법 개발은 노예제도, 식민주의, 전쟁으로 인한 힘의 불균형에 의존했다. 19세기 내내 의학계는 그걸 당연하게 여겼다. 이런 불균형은 인도와 크림전쟁에 관한 플로렌스 나이팅게일의 통계 자료 수집, 자메이카에서 개빈 밀로이의 연구, USSC에 고용된 군의관들의 연구를 가능하게 했다. 이런 불균형은 남북전쟁 기간 남부연합 의사들에게도 큰 영향을 끼쳤다. 남부연합 의사들은 전쟁이 전염병 확산이라는 생물학적 위기를 어떻게 초래했고, 어떻게 군인들의 건강을 해치는지 목격했다. USSC, 영국위생위원회 그리고 유럽의 의료당국들처럼 남부연합 지도자들은 전염병 확산을 조사하고 문서로 기록할 필요성을 인식했다. 남부연합 의사들은 문제를 일으킨 "가짜" 백신을 연구했고, 접종이 실패한 결과를 보고했다.

이런 노력 덕에 남군 의사들이 전쟁 기간 자신들이 겪은 경험을 상세히 설명할 수 있는 통로가 마련됐다. 나아가 전쟁이 일어나기 전에 그들이 무엇을 했는지 파악할 수 있는 토대도 만들어졌다. 카리브해에서 인도, 서아프리카에 이르는 지역까지 대영제국의 먼 지역에 사는 피지배인을 통제하기 위해 설계한 군의 관료체계가 의도치 않게 중요한 세부사항들을 제공한 것과 유사하게, 남부연합 지도자들이 현장 보고를 요구함으로써 의사들은 자신의 관찰 결과를 기록하고, 이론을 설명하고, 백신 물질을 확보하기 위해 노예 아이들을 이용했던 현실을 보고서로 남겼다. 남부연합의 관료체계에 따른 노예 아동 이용 실태에 관한 보고는 그 보고체계가 아니었다면 기록으로 남지 못했을 남북전쟁 이전의 관행을 드러내기도 했다.[32]

남북전쟁은 대영제국에 필적하는 엄청난 규모의 관료체계를 만들어냈다. 이 체계가 마련된 후 주먹구구식으로 운용되던 모든 관행이 일목요연한 문서로 기록·보존되었다. 남부연합의 관료제도는 백신 물질을 얻기 위해 노예 유아와 아이들을 이용해온 관행을 표면으로 드러냈다. 1864년 2월, 천연두가 무섭게 확산하자 남군 의무총감은 병원장들에게 "남부연합의 대도시 한 곳당 외과 보조의 한 명씩을 파견해 아직 제대로 백신을 접종하지 않은 모든 건강한 백인과 흑인 어린이에게 무료 접종을 신속히 실시할 것"을 요청했다.[33]

이 요청을 받은 리치먼드의 의사 제임스 볼튼은 "버지니아 주 전역을 4주 동안 돌면서 백인과 흑인 아이들에게 예방접종을 했다"고 보고했다. 그 후 볼튼은 "상처의 딱지를 모으기 위해 접종을 실시한 곳에 다시 갔다." 백신 접종 자리에 앉은 딱지들을 모아 다른 사람들에 접종할 때 사용하기 위해서였다. 남부연합 의사 조지프 존스의 보고서에 인용된 편지에서 볼튼은 "이번 원정의 결과는 건강한 흑인 아이들로부터 얻은 800개의 딱지였다"고 썼다. 볼튼의 버지니아 원정은 남부연합 통치 아래 노예제도가 유지되는 동안 이루어졌다. 따라서 노예 아이와 그 가족들은 이러한 절차에 저항할 기회조차 없었을 것이다. 볼튼은 "비정상적인 현상"을 보인 사례는 단 한 번뿐이었다고 보고했다. "연주창을 앓아 얼굴이 울퉁불퉁한 '물라토' 아이의 얼굴과 팔에서 접종 후 농가진이 발생한" 사례였다. 남부연합의 의사로서 볼튼은 노예 아이의 시신에 접근할 수 있었다. 그는 전시 관료체계에 의존해 모든 이상 징후를 기록하고 연구 결과를 동료들과 공유했다.

역학적 관점에서 보면, 노예제도는 수백 명 흑인 아이들을 농장에 가두어둔 채 쉽게 백신 물질을 채취하고 연구 대상으로 삼을 수 있는 전례 없는 환경을 만들었다. 볼튼은 노예 아이들에게 800회나 백신을 투여한 뒤 이 작업을 통해 어떻게 "딱지"를 만들었는지 기록함으로써 백신 물질을 만드는 데 아동이 유용한 도구가 된다는 확실한 증거를 제공했다. 숫자가 워낙 많았던 덕에 그는 이상을 나타내는 사례 하나를 기록할 수 있었다. 그가 어린이를 "물라토"라고 표기한 것은

USSC 의사들 사이에서 흔했던, 흑인 혈통유산에 따라 사람을 식별하던 19세기식 의료 행위를 그대로 보여준다.

볼튼의 백신 물질은 군대의 수요를 충족시키기에 충분하지 않았다. 하지만 그의 역학 분석은 전쟁 후에도 계속됐다. 남북전쟁 중 북부 위생운동의 선봉에 섰으며 후에 선구적인 통계학자이자 공중보건 전문가가 된 엘리샤 해리스는 볼튼의 백신 접종 연구보고서에 의존했다. 해리스는 남부연합군의 의무총감이 "유럽에서 신선한 백신 림프를 수입했다"면서, "이와 동시에 의무총감은 볼튼을 비롯한 의사들에게 플랜테이션에 있는 건강한 유아들로부터 최대한 많은 바이러스를 만들어내라는 임무를 맡겼다"고 썼다. 해리스는 볼튼의 활동이 대체로 성공적이었다면서, "그는 일정 기간 동안 천연두와 불결한 궤양을 제거하는 데 사용할 수 있는 양의 바이러스를 확보했다"고 설명했다. 해리스는 1차로 이 백신을 접종한 성인 1,300명 중 단 한 명에게서만 바이러스가 비정상으로 작동해 환자가 완전한 보호를 받지 못했다고 덧붙였다.[35]

* * *

북부 의사인 해리스가 보고서를 작성한 건 남북전쟁이 끝난 뒤였다. 노예제가 폐지된 상태였음에도 해리스는 노예제도에서 비롯된 데이터를 이용했다. 해리스는 "불결한 궤양"을 일으키는 백신 접종 실패를 가장 우려했다. 불결한 궤양은 잘못된 시술이나 중복이환(둘이나 그 이상의 질병 과정이 공존하는 상태)으로 발생하곤 했다. 해리스는 전쟁 기간에 적이었던 한 남부 의사의 연구에 의존하기도 했다. 전쟁이 끝난 후, 효과적인 천연두 백신 접종을 위해 역학적 이해를 증진해야 한다는 시각이 양쪽 의사들을 협력하게 한 것이다. 남부와 북부의 의사들은 전쟁이 "가짜 백신 접종"을 연구할 수 있는 독특한 장을 만들어냈다고 생각하며 서로의 발견결과를 활용했다.[36] 이는 북부 의사들이 남부 인종주의를 자신들의 분석에 포함시켰다는 것을 의미한다. 더불어 USSC 의사 아이라 러셀이 남북전쟁 이전 노예 소유주들의 인종 분류법을 기초로 흑인들을 설명했던 시각이 더 광범위하게 퍼졌다는 뜻이기도 하다.

이런 상황은 전쟁이 끝나고 노예제가 종식됐음에도 불구하고 연방 정부가 사용한 용어들에 적잖은 영향을 미쳤다. 해리스는 백신 접종에 대한 의학적인 이해를 높이기 위해 노예제로부터 얻은 증거들에 의존했다. "가짜 백신 접종"을 일으키는 요인들에 대해 우려했던 그는 여러 질병에 의해 손상되지 않은 백신 물질을 얻기 위해 유아들을 접종 대상으로 삼았던 볼튼의 방식을 선택했다. 하지만 해리스는 볼튼의 증거가 노예제에서 비롯됐다는 사실은 무시했다. 대신 볼튼을 비롯한 의사들이 플랜테이션에서 유아들을 "발견했다"고 에둘러 말했다. 볼튼은 이 유아들을 발견한 게 아니다. 노예제가 이 유아들을 태어날 때부터 노예 소유주의 재산으로 만든 결과였다. 남부연합 의사들은 "대부분 성인인 1,300명"의 이익을 위해 이 유아들의 몸을 강제로 이용했다.

남북전쟁은 남부 의사들에게 백신 접종에 관한 중요한 증거를 제공했다. 이 주제에 관심이 깊었던 토머스 P. 우드이라는 의사는 후에 노스캐롤라이나에서 공중보건의 아버지로 알려졌다. 우드는 남북전쟁 중 남부군의 노스캐롤라이나 보병대 군의관으로 경력을 시작했다. 전쟁이 끝난 후 1866년까지 그는 천연두가 계속된 노스캐롤라이나 윌밍턴에서 이전에 노예였던 많은 사람을 치료했다. 윌밍턴에 있는 천연두 전문병원에는 1865년 10월부터 1866년 7월까지 761명의 환자가 입원했다. 한 설명에 따르면 "이 병에 걸린 사람들 대부분은 흑인이었다." 우드는 자유를 찾아 농장에서 탈출한 자유인들을 위한 병원을 윌밍턴에 설립했고, 그곳에서 1,300명 넘는 환자를 치료했다.[37] 그는 환자의 몸에서 나온 농포를 이용해 "자신의 몸에 여러 번 접종했다."[38] 그는 제너를 영웅으로 여겨 개인 서신과 책, 논문 등에서 제너를 칭찬했고, 최선의 천연두 예방접종법에 대해 논의했다.[39] 소에게 천연두를 주입함으로써 백신 물질을 획득하려던 시도가 왜 실패했는지 다룬 논문에서 우드는 지나가는 말로 아이들이 전쟁 동안 백신 물질을 수확하는 데 사용됐다며 다음과 같이 언급했다. "시골 아이들에게서 백신 물질을 배양해 효과를 높이려는 시도가 계속 실패하면서 원하는 만큼 백신을 얻을 수 없게 됐다. 그 뒤 시행된 것이 소에 백신 물질을 접종하는 방법이었다."[40]

우드의 설명은 대부분 노예였던 아이들 사용이 왜 의학사에서 사라졌느지를 보여준다. 우드 같은 의사들은 역사학자가 아니었다. 다만 의사들은 의학지식을 발전시키기 위해 출판물을 냈고, 이 과정에서 의료계의 오랜 관행에 대한 단서를 우연히 제시해준 초기 역학자들이었다. 예방접종을 논의하면서 우드는 유아와 어린이에게 접종하던 오래된 관행을 언급한다. 그가 말하는 관행은 전쟁 이전이었을 가능성이 높지만, 관련 기록은 거의 없다. 이러한 관행에 관한 이야기는 그의 논문 끝부분에서 간단하게 다뤄졌다.

그러나 전쟁은 우드를 전문가로 만들었고, 지나가는 말로라도 노예 유아와 어린이들을 사용하는 관행을 묘사할 수 있는 발판을 그에게 제공했다. 노스캐롤라이나보건위원회의 "형성기"를 다룬 어느 논문(1944년)에서 저자는 우드에게 의술을 행할 기회를 준 것은 전쟁이었다고 쓰고 있다. 우드는 약사로 경력을 시작했고, 여러 의사의 개인 제자로 수련한 뒤 입대해 군의관이 됐다. 그 후 그는 강의를 듣고 시험을 통과해 노스캐롤라이나 연대의 보조의사가 됐다. 전쟁이 끝난 후 그는 명예 의학 학위를 받았다.[41] 이전에 노예였던 사람들을 치료함으로써 우드는 천연두 전문가가 됐다. 우드는 남군의 의사로서 다른 남군의 의사들이 백신 확보를 위해 어떻게 유아와 어린이를 이용했는지를 보고한 전시 관료체계 기록에 접근할 수 있었고, 이는 그의 전문 지식을 구체화시켰다.

* * *

노예가 된 아이들의 몸에서 림프를 채취한 일은 역사 기록에서 거의 사라졌다. 남군 의사들은 전쟁 중 이 관행에 대해 보고했다. 그들의 기록은 남군의 수도 역할을 했던 리치먼드에 저장됐지만, 전쟁이 끝날 때 완전히 소실됐다. 남부연합군에서 복무했던 의사 조지프 존스는 이후 남부에서 소실된 의료기록을 복원하기 위해 대대적인 노력을 펼쳤다. 펜실베이니아 대학교에서 의학 학위를 취득하고 조지

아대 화학 교수로 일하며 개인 진료를 병행하던 존스는 전쟁이 전염병 확산을 연구할 기회를 제공하고 있다는 점을 간파했다.[42] 이후 기병대 사병으로 입대한 존스는 전염병, 특히 장티푸스와 파상풍 확산에 관심을 가졌다. 그는 6개월 동안 남부연합의 "가장 건강하지 못한 지역"에서 600건 이상의 질병을 치료했다. 전쟁이 끝난 후 존스는 이 정보를 분류하는 데 열정을 쏟았다.[43]

존스의 기록 중 일부는 지금까지 남아있다. 이 기록은 존스의 연구가 어떤 것이었는지 알게 해준다. 1863년 2월 9일, 당시 조지아 주 오거스타의 종합병원에 있던 존스는 남부연합의 새뮤얼 P. 무어에게 편지를 썼다. 파상풍에 관해 광범위한 연구를 했고 "캠프 내에 퍼진 장티푸스를 막 조사"하고 있다는 내용이었다. 존스는 이 연구가 끝나면 간헐열, 재귀열, 울혈열을 연구할 생각이라고도 썼다. 무어는 존스가 계속 연구하도록 격려했다. 무어는 "특정 유형 열들의 성격, 역사, 병리학에 대해 자유롭고 철저하게 연구할 수 있는 기회를 '붙잡지 않은 채 그냥 지나쳐서는 안 된다'"고 썼다. 나아가 존스에게 "철저한 연구"를 부탁하면서, 그의 연구가 과학을 발전시킬 뿐만 아니라 "군대에서 실질적으로 가장 중요한 연구"가 될 것이라고 상찬했다.[44]

예상치 못한 그리고 전례 없는 전염병 확산으로부터 증거를 채집해 사용하는 관행은 카리브해 지역과 인도에서 영국 의료전문가들이 체계적으로 수립한 연구 방식이었다. 영국 당국은 군대를 지원하기 위해 플로렌스 나이팅게일을 배치했지만, 그녀가 해외에서 확보한 과학적 지식으로 막대한 이득을 보았다. 비슷하게 영국 왕실은 카리브해 지역에 투자한 영국의 경제를 보호하기 위해 개빈 밀로이를 자메이카로 보냈지만, 그곳에서 콜레라 예방법을 연구한 밀로이의 과학적 통찰력을 높이 평가했다. 남군의 의무총감은 전쟁이 전염병 발생으로 이어졌으며, 이들 질병 연구가 군대 복지 개선을 넘어 과학을 발전시킬 수 있다는 점을 인식했다. 존스와 무어의 서신 교환은 19세기 중반의 몇몇 의사들이 단순히 간병인으로 머물지 않았음을 보여준다. 전쟁은 이 의사들을 의학 연구자로 키웠다. 그들의 연구는 역학 발전에 기여했으며, 그들의 관찰은 질병 이해의 기초가 됐다.

존스의 이 같은 열정은 그가 왜 남부연합 동료들의 연구기록을 복원하기 위해 대대적인 노력을 펼쳤는지 설명해준다. 존스는 그들도 자신과 마찬가지로 전쟁 정보를 수집하고, 처리하고, 다양한 질병이 어떻게 확산하는지 연구하도록 지시받았다는 사실을 알고 있었다. 존스에게 가장 중요한 것은 천연두 예방접종이었다. 사고, 예상치 못한 결과, 사고 및 실패에 대한 보고는 무엇이 잘못되었으며, 어떻게 절차를 개선할 수 있을지 이해하는 데 특히 도움이 됐다. 존스는 전쟁 중에 "군인과 시민이 많이 사망한 것은 백신 접종과 직접적으로 관련이 있다"고 썼다. 나아가 몇몇 의료 장교들이 이 주제에 대한 보고서를 작성했다고 지적했다. 가령 리치먼드 윈더병원의 책임자인 잭슨 챔블리스는 "다양한 지역성 질병과 피부질환에 관한 설명과 함께 수많은 '가짜 백신 접종' 사례들"에 대해 기록했다.[45]

이 기록들은 전쟁 말기 북군이 리치먼드를 점령하고, 그 직후 화재가 발생하면서 소실됐다.[46] 존스에 따르면, 이 기록들은 "인류의 복지에 관한 가장 중요한 주제 중 하나"에 속한다.[47] 존스는 남부 곳곳의 전 남부연합 군의관들에게 편지를 보내 그들이 가지고 있는 보고서 사본을 보내달라고 요청했다. 남부에서 몇몇 의학 저널이 창간된 것을 제외하면, 의사라는 직종의 전문화는 아직 초기 단계에 있었다. 미국의사협회는 20년 전인 1847년에야 설립된 상태였다(미국의사협회 저널은 1883년이 돼서야 창간됐다). 전쟁이 USSC 창설로 이어져 의사들이 좀 더 긴밀하게 협력하기 시작한 것과 마찬가지로, 전쟁은 남부 의사들을 남부연합의 기치 아래 결속시켰다. 전쟁이 끝난 후 그들은 보고서를 수집, 보존, 통합하고 과학적 아이디어를 발전시키는 데 도움을 주는 전문적인 네트워크를 만들기 위해 협력했다. 남북전쟁은 이 전쟁이 발발하지 않았다면 서로 떨어져 존재했을 의사들을 연결하는 지역적 정체성의 개념을 굳혔다.[48]

남부연합 의사들이 생산한 의학 지식을 복원하려는 존스의 노력은 남북전쟁 이후 남부연합의 흔적을 없애려는 연방정부의 눈길을 피해 이뤄졌다. 존스는 남군의 의사들에게 비밀리에 연락을 취하지 않았다. 그는 공개적으로 편지를 썼고, 심지어 백신 접종에 대한 북부 의사들의 증거까지 얻었으며, 북부 의사들이 자신의 연구 결과를 인용하도록 했다.[49] 남부 의사들이 제공해준 증거를 바탕으로 존스는 우드처럼 예방접종의 기초가 된 과학을 옹호했다. 제너의 기법을 단호하게 지지하고, 접종 문제가 발생한 것은 예방접종을 시행하는 사람들의 무지와 부주의 때문이라고 주장했다. 존스는 "우리는 동포들의 노동을 폄하하고, 그들이 마땅히 가져야 할 것들을 훔치려 했으며, 저급한 수단에 의존해 백신 접종을 비웃었던 영국 의사들에게 공감하지 않는 것만큼 백신 접종 반대자들의 의견에도 공감하지 않는다"고 쓰기도 했다. 그는 1811년 러시아 황제와 1818년 뷔르템베르크(현재의 독일 남서부) 왕이 자신들의 관할구역에 거주하는 모든 사람에게 예방접종 의무화를 시행했다고 언급했다.[50] 19세기의 많은 의사들처럼 존스도 자신의 주장을 뒷받침하기 위해 전 세계 사례들을 인용했다. 그럼에도 불구하고 많은 남부 백인뿐만 아니라 연방정부는 여전히 존스의 주장을 받아들이지 않았다. 존스가 전쟁을 통해 확보한 증거로 예방접종의 효과는 물론 접종이 효과를 나타내지 못하는 결정적 요인을 밝혀냈음에도 말이다.

* * *

노예제, 식민주의, 크림전쟁처럼 남북전쟁도 특정 지역에 밀집한 사람들을 연구할 수 있게 만들었다. 남부연합 당국은 전군에 백신을 접종하기 위한 계획을 주도했다. 그들은 주로 생물학적 적으로부터 군대를 보호하기 위해 접종을 시행했지만, 광범위한 예방접종 프로그램은 남부연합 의사들이 환자의 몸이 어떻게 반응하는지를 관찰할 수 있게 해주었다. 이들은 영양 부족이나 환기 부족으로 몸이 부실해질 경우 예방접종에 좋지 않은 반응을 초래한다는 가설을 실험했다. 나아가 백신 접종이 어떻게 다른 질병을 전염시킬 수 있는지도 연구했다. 또 어떤 몸은 효과적인 백신 물질을 생산하고, 다른 몸은 그렇지 않은지도 관찰할 수 있었다. 남북전쟁은 백신 접종에 대해 매우 명확하고 교과서적인 정보를 남부연합 의사들에게 제공했다. 더불어 현장에서 미처 예상치 못했던 부작용에 관한 이론을 공유할 수 있게 도왔다.

남부연합 의사들은 군인들에 대한 백신 접종 효과를 연구하는 데서 나아가 전쟁 포로들에게도 눈길을 돌렸다. 불결하고 사람이 가득찬 텐트에 갇힌 채 굶주리고, 목마름에 시달리고, 수척해지고, 병들고, 고통을 당한 북군 포로들은 백신 접종과 관련된 심각한 문제들(대부분은 괴혈병이었다)을 관찰할 기회를 남군 의사들에게 제공했다. 남군 병사들과 북군 포로들 모두 괴혈병에 시달렸다. 존스에 따르면 많은 병사가 "약한 괴혈병 증상을 보였지만", 증상의 경미함 탓에 예방접종을 할 때 이 질환에 거의 주의를 기울이지 않았다.

괴혈병은 좁은 공간에 과밀 수용된 북군 포로수용소에서 훨씬 더 흔하게 발생했다. 남부연합 의사들은 특히 모든 전쟁 포로수용소 중 가장 비인간적이고 끔찍했던 것으로 악명 높은 조지아 남서부 남부연합 수용소 앤더슨빌의 상황을 면밀히 조사했다. 남부연합 당국은 천연두 유행을 막기 위해 북군 포로들에게 예방접종을 하기로 결정했다. 하지만 백신을 맞은 포로들이 특이한 반응을 보이기 시작했다. 괴혈병에 걸린 상태에서 백신을 맞은 포로들에게 크고 위험해 보이는 물집이 발생한 것이다. 그럼에도 불구하고 이 물집에서 채취한 "고름과 피"는 다른 포로들에게 접종할 백신 물질로 사용됐다. 그 후 림프가 주입된 부위에서 "궤저성 궤양"이 나타났다. 이 궤양은 심각한 조직 파괴를 야기했고, "몸의 일부를 절단해야만 하는 사례가 두 번 이상 나왔다."[51]

종전 이후 포로들이 석방되자 미합중국은 남부연합이 앤더슨빌에 수용된 북군 포로들에게 예방접종을 해서 고의로 그들을 독살했다고 비난했다. 이 주장에 따르면 북군 병사 200명이 죽고, 100명이 신체 절단 수술을 받았다. 예방접종은 과학적 원리에 기초했다. 다만 의사들을 포함해 많은 이들은 다른 질병을 앓는 사람에게 백신을 잘못 접종했을 때 발생하는 결과를 제대로 이해하지 못했다. 하지만 연방정부는 백신 접종 후 신체 절단 수술을 받거나 사망한 군인을 예로 들어 남부연합이 북군 포로들을 독살하려 한 증거라고 해석했다.

북군은 백신 접종을 받은 사람 외에 앤더슨빌에서 살아남은 다른 전쟁 포로들을 조사했다. 그들은 죄다 벌거벗고 수척해지고 병들어 의식을 잃거나 신체 일부가 없어진 상태였다. 일부는 고문을 당했고, 많은 이들은 의식주가 절대적으로 부족한 상태를 견뎌내야 했다. 수용소에 들어간 4만 5,000명 포로 중 약 1만 3,000명이 사망했는데, 이들 대부분은 질병으로 죽었다. 미합중국 정부는 앤더슨빌 군 교도소의 지휘관을 지낸 헨리 워즈에게 "미군 병사들의 건강을 해치고 생명을 파괴하려는" 음모 및 "전쟁의 법과 관습을 위반한 살인" 혐의를 적용했다. 1865년 8월부터 2개월간 군사특별위원회에서 재판이 열렸다. 워즈는 유죄 판결을 받고 1865년 11월에 교수형에 처해졌다. 워즈의 재판은 역사상 최초의 전범재판 중 하나로 기억되고 있다. 이 재판은 남북전쟁 이후 열린 유일한 재판은 아니지만, 제2차 세계대전 이후 진행된 뉘른베르크 재판의 선례가 됐다.

워즈와 앤더슨빌의 참혹한 역사는 잘 기록돼 있다. 하지만 워즈가 천연두 백신을 접종해 북군의 전쟁 포로들을 독살하라고 남군 의사들에게 지시한 혐의를 받았다는 사실은 대부분 간과한다.[54] 죄목에는 수많은 학대 사례가 명시됐다. 채찍질, 굶기기, 몇 시간 동안 '누웠다 앉았다 일어섰다'를 반복하게 하는 고문, 사냥개들을 풀어 포로들을

남부연합이 북군 포로들을 수감했던 앤더슨빌 수용소 장면

이곳에 수용됐던 4만 5,000명의 북군 포로 중 1만 3,000여 명이 목숨을 잃었을 정도로 앤더슨빌 수용소의 상황은 열악했다. 종전 후 미합중국 정부는 병사들의 생명을 해친 책임을 물어 이곳 지휘관을 지낸 헨리 워즈를 교수형에 처했다.

쫓게 만든 다음 개들이 "포로의 몸을 물어뜯고, 갈가리 찢고, 팔다리를 못 쓰게 만드는" 고문 등이 이 사례에 포함됐다.[55] 이런 맥락에서 천연두 백신으로 죄수들을 독살했다는 주장은 남부연합 당국이 북군 병사들을 얼마나 비인간적으로 대했는지를 증명하는 또 다른 사례처럼 보인다.

특별군사위원회는 포로수용소 의사였던 조지프 화이트와 군 병원 책임자인 R. R. 스티븐슨 그리고 교도소 운영에 관여한 다른 3명을 공모자로 기소했다. 앤더슨빌 포로수용소에 수용된 북군 유색인종 포로 중 프랭크 매독스라는 사람이 있었다. 그곳에서 매독스는 무덤 파는 일을 했다. 매독스는 의사들이 워즈로부터 포로들에게 백신을 접종을 하라는 지시를 받았고, 포로들이 죽은 후 의사들은 "사체의 두개골을 톱으로 잘라 열었다"면서, 언젠가 팔에서 가슴으로 녹색 액체가 흘러내리는 시신을 본 적도 있다고 증언했다. 매독스는 워즈가 의사 한 명에게 모든 남자에게 백신을 접종하라고 말하는 것을 들었다고도 했다. 그는 "워즈 대위가 의사들과 함께 묘지에 있는 모습을 두세 번 보았다"면서 "그들은 어느 날 백신 접종이 효과가 있다며 웃었다. 그들은 백신 접종이 사람들을 그렇게 죽이는 것에 대해 떠들고 웃어댔다"고 증언했다.[56]

위원회는 충격적일 정도로 많은 북군 포로들이 신체 절단을 당하고 사망했다는 사실을 학대의 증거로 해석했다. 당시 워즈 측 증인은 존 C. 베이츠로, 그는 1864년 9월 22일부터 1865년 3월 26일까지 앤더슨빌에서 일한 남부연합 의사였다. 베이츠는 백신 접종을 뒷받침하는 과학적 원리를 강조하면서 포로들의 높은 사망률에 대한 자신의 견해를 밝혔다. 베이츠는 자신이 앤더슨빌에 도착하기 전에 받은 천연두 백신을 일종의 "독"이라고 볼 수도 있지만, 그렇다고 해서 접종 자체를 회피할 만큼 위험한 물질은 아니었다고 주장했다. 그는 병원의 과밀 상태, 더러운 환경, 그리고 포로들의 건강을 해치는 해충에 대해 설명했다. 포로들이 "극도로 수척한 사체 같은 상태"였다고 묘사하면서 그들이 괴혈병을 앓고 있었기 때문에, 랜싯으로 피부를 조금만 찔러도 괴저로 이어질 수 있었다고 말했다. 포로들의 병든 상태를 감안하고도 백신을 접종했겠느냐는 질문에 그는 백신이 독이라면 천연두는 더 심한 독극물이라고 설명했다. 베이츠는 "백신 접종을 통해 10명 중 1명, 50명 중 1명, 100명 중 1명을 살릴 수 있다면, 접종을 하는 것이 자신의 직업상 의무였다"고 말했다.[57]

전쟁 후 과거 남군의 의사들로부터 정보를 수집하기 위해 대대적으로 노력해온 조지프 존스는 남군 의사들이 북군 독살 음모에 가담했다는 건 말도 안 된다고 주장하면서, 그들의 높은 사망률은 합병증으로 인한 것이라고 강조했다. 존스는 "백신 물질로 북군 포로들을 독살했다고 기소하는 것은 엄청난 잘못이며, 이 캠프에서 근무했던 모든 군의관에게도 악영향을 미친다. 이런 혐의로 워즈를 기소하는 것은 남부연합군 의무사령부에서 일한 모든 의사들의 평판을 깎아내리려는 포석이 깔린 것으로 보인다"고 목소리를 높였다.[58] 존스는 전쟁 중 백신 접종으로 인한 사망과 비정상적인 역효과를 목격한 사람이었다. 북군 포로들이 백신 접종 후 위험한 반응을 보이기 시작했을 때, 남부연합 당국은 존스에게 현재 나타난 이상 반응과 수용소를 황폐하게 만드는 다른 질병들에 관해 조사하라고 명령했었다. 그는 포괄적인 보고서를 작성했지만, 워즈 재판에서는 이 보고서 내용을 전부 인용할 수 없었다. 이 보고서는 "버지니아 리치먼드로 가는 철도가 파괴돼" 남부연합 수뇌부에 전달되지 못했고, 전쟁이 끝난 후에는 "미합중국 요원들"에 의해 압수됐다. 존스는 워즈 재판의 주심인 노튼 치프먼 판사에게 남부연합 정부가 의도적으로 "이 북군 포로들의 건강을 훼손하고 죽게 만든 것"이 아니라는 내용의 탄원서를 보냈다. 탄원서에서 존스는 "본래 보고서는 남부연합군 의무총감을 위해 작성된 것이며, 인류 전체와 의사들의 의료지식을 증진하기 위한 것이었다"고 설명했다.[59]

워즈 재판의 증인으로서 존스는 자신이 수집한 증거들 중 소실되지 않고 남아있는 자료를 제출했다. 그는 백신 부작용으로 인해 병에 걸린 사람을 직접 만난 건 손에 꼽을 정도지만 팔을 절단한 사람을 본 적이 있다면서 "나는 그의 팔이 절단된 것이 백신 때문이 아니라 그 사람의 신체 상태 때문이었다고 판단한다. 그는 불결한 공기에서 발생한 괴저로 작은 상처들이 났고 그것이 악화해 팔을 자르게 됐다"고 말했다.[61] 존스는 치프먼에게 보낸 탄원서에서 남부연합이 북군 포로의 건강과 후생을 보호하는 정책을 개발했다고 주장했다. 전쟁이 발발하고 한 달 뒤인 1861년 5월 21일부터 전쟁 포로에게 남군의 사병들과 같은 "양과 질"의 음식이 배급되도록 의무화한 남부군의 정책도 설명했다. 존스는 그렇다고 해도 "거친 옥수숫가루와 베이컨"을 기반으로 한 식단은 괴혈병을 일으킬 것이고, 치료하지 않고 방치할 경우 "2차 출혈과 병원 괴저"를 일으킬 수 있다고 말했다. 만약 시민과 자선단체들에 의해 여분의 보급품이 제공되지 않았다면 괴혈

병, 이질, 설사는 남부군 병사들 사이에서 훨씬 더 흔했을 것이라고 그는 강조했다.[62]

전쟁이 길어지면서 보급품과 식량 부족은 병사들을 매우 고통스럽게 했다. 존스에 따르면 전쟁 포로의 고통은 그들이 당하는 고통을 넘어 남부연합 전체의 대규모 물자 부족을 뜻했다. 존스는 남부연합이 포로들에게 식량과 옷을 주는 비용을 줄이기 위해 북군과 전쟁 포로 교환을 서둘렀다고 말했다. 그는 남부연합이 북군 포로수용소를 제대로 관리하지 못한 것은 재정위기와 병력 감소, 철도 파괴로 고통받는 남부 주들의 고통스런 상태, 그리고 "굶주린 상태에서 적군으로부터 도망치는 여성과 어린이와 노인들"에 기인한다고 주장했다.[63]

* * *

병사들에게 예방접종을 하는 관행은 존스와 그의 동료들이 실패한 예방접종을 연구할 수 있게 해주었고, 포로들이 독살되지 않았다는 증거를 존스에게 제공했다. 전쟁 전 남부에는 천연두 유행병이 없었다. 서부에서는 천연두 유행이 몇 번 있었지만, 대부분 아메리카 원주민에게 피해를 끼쳤다. 그런 탓에 남부 의사들은 전염병의 영향을 본격적으로 관찰할 기회를 얻지 못했다. 남부 사람들의 생명을 위협하는 큰 전염병이 없었으므로 예방접종을 대규모로 시행하는 활동도 없었다. 18세기 후반 미국에서는 몇 차례 천연두가 발생했고, 의사들과 시 당국은 백신 접종의 적절성, 의학적 효과, 종교적 의미에 대해 논의했다. 백신 접종이 시민의 권리를 침해한다는 이유로 반대한 사람들이 있는가 하면, 접종을 옹호한 사람들도 있었다.[64] 다만 18세기 미국인들을 괴롭힌 법적 문제들은 전쟁 중 남군에는 적용되지 않았다. 그리고 전쟁이 발발하자 북군처럼 남군도 백신 접종을 의무화하기 위해 권한을 행사했다.

군인, 전쟁포로, 상황에 따라 시민과 노예에게 예방접종을 하려는 남부연합의 노력은 19세기 미국에서 가장 큰 예방접종 활동이었을 것이다.[65] 하지만 대규모 활동은 접종 사고와 의도하지 않은 결과를 드러내기도 했다. 의사 한 명이 여러 건의 백신 접종 부작용을 목격할 정도였다. 전쟁 말기에 남부연합의 많은 의료기록이 소실되었기 때문에 얼마나 많은 예방접종이 이루어졌는지는 확실치 않다. 다만 접종 활동이 버지니아에서 루이지애나까지 남부연합 전체에 걸쳐 확대된 것은 확실하다. 의사들은 존스가 전쟁 중의 백신 접종 관행에 관해 포괄적인 보고서를 작성하는 데 필요한 각종 사례를 제공했고, 존스는 이 사례들을 기초로 연구 결과를 발표했다.

존스는 이들 정보를 바탕으로, 북군 포로들이 독살된 것이 아니라 괴혈병 만연과 병원의 혼잡한 상황으로 인해 접종 부작용이 일어난 결과라고 자신 있게 주장했다. 또 포로들이 벌레와 폭탄 파편에 의해 피부 "찰과상"을 입어 "혈액에 괴혈병이 발생한 결과" 괴저에 시달렸다고 설명했다. 존스는 백신을 접종하기 위해 피부를 찔렀던 랜싯들도 같은 방식으로 포로들에게 부상을 입혔다고 썼다. 이 환자들에게 생긴 딱지는 건강한 사람의 딱지와 달리 다른 포로들에게 예방접종을 할 때 해로운 영향을 끼쳤다.[66] 의사들이 백신 접종에 비정상적인 반응을 보이는 환자에게서 채취한 딱지를 사용하는 게 이상하게 보일지 모른다. 하지만 당시에는 세균이 어떻게 질병을 전염시키는지를 제대로 알지 못했다.

　포로들의 목숨을 앗아간 것은 독이 아니라 수용소 내 환경이었다는 자신의 주장을 뒷받침하기 위해, 존스는 세계 다른 지역의 의사들이 열악한 음식 섭취와 혼잡한 환경에 대해 무엇을 발견했는지를 설명했다. 존스는 트로터가 혼잡한 배에서 괴혈병을 연구한 것을 증거로 들었고, 18세기 말 함대의 의사로 근무했으며 괴혈병을 예방하기 위해 위생, 환기, 감귤 주스 제공 등 환경 개선을 주장했던 영국 해군 의사 길버트 블레인의 연구도 언급했다.[67] 존스는 "사람으로 가득 찬 캠프, 배, 병원, 포위된 도시처럼 괴혈병이 발생하기 쉬운 공간의 불결한 위생상태가 궤양과 괴저를 일으키고 확산시킨다는 사실은 블레인, 트로터 등의 관찰을 통해 확실하게 증명됐다"고 썼다.[68] 캠프, 배, 병원, 도시를 언급하면서 존스는 국제 노예무역, 18세기 후반 영국과 유럽의 교도소 개혁, 파리 병원의 재설계, 크림전쟁 중 플로렌스 나이팅게일의 연구에서 비롯된 연구를 예로 들었다. 19세기에 가장 사람이 많았던 이런 공간들의 목록은 존스 같은 전 세계 의사들이 사람들로 가득 찬 공간이 어떻게 전염병을 확산시키는지 설명하기 위해 사용하는 표준 사례가 됐다.

　존스는 수감자들이 독살된 것이 아니라 괴혈병을 앓고 있었다는 자신의 주장을 더욱 확고히 피력하기 위해 전 세계 다른 의사들의 연구를 인용했다. 그는 괴혈병으로 인한 괴저궤양을 다룬 17세기 영국 의사들의 논의에서 시작해 열병을 연구하고 선원들 사이의 괴혈병에 대해 쓴 영국의 외과의사 존 헉섬의 관찰로 글을 이어갔다. 카리브해로 눈을 돌려 자메이카 군인들에게서 발생한 종창과 궤양에 대해 쓴 영국군 외과의사 존 헌터의 작업에 대해서도 논의했다. 이어 제임스 린드, 트로터, 블레인 등의 연구 결과를 상세히 설명하고 콘스탄티노플의 병원으로 이송된 프랑스 부상 병사들이 선박과 병원의 인구 과밀로 괴저에 시달렸다고 기록한 크림전쟁 관련 의사의 논문을 상세히 인용했다.[69]

이들 증거를 제시하면서 존스는 앤더슨빌에서 발생한 "괴혈병에 의한 불결한 궤양" "병원 괴저" 그리고 백신 접종 합병증은 "의학 역사상 결코 새로운 것이 아니며" 다양한 시공간에 걸쳐 이뤄진 수많은 전쟁과 포위 공격에서 발생했다고 결론지었다.[70]

트로터와 블레인은 선박에 직접 탑승함으로써 연구에 도움을 받았는데, 배는 괴혈병이 어떻게 확산하는지 그들이 더 잘 관찰할 수 있게 해주는 통제된 환경이었다. 아프리카인 노예와 선원들은 제한된 환경에 처했고, 채소나 과일이 포함되지 않은 식사를 했다. 두 경우 모두 괴혈병이 발병했다. 존스는 "앤더슨빌은 불결한 배 안에서 소금에 절인 고기만 계속 먹으면서 버텼던 사람들의 상황과 유사한 환경이었다. 더욱이 이 불행한 포로들은 사람들로 가득 찬 배에 강제로 갇힌 채 폭풍우 치는 바다에서 방향타도 나침반도 길잡이별도 뚜렷한 경계마저 없이, 언제 항해가 끝날지도 모르는 상태로 지낸 사람들과 비슷한 처지였다"고 썼다.[71] 존스는 북군 포로들이 독살되지 않았다고 거듭 주장했다. 그들이 괴저나 괴혈병을 앓고 있었기 때문에 예방접종을 받았을 때 궤양이 생겼고, 이는 절단 또는 사망으로 이어졌다고 그는 강조했다.

마지막으로 존스는 남군 포로들을 가둔 북군의 수용소에서 앤더슨 빌의 북군 포로보다 더 많은 남군 병사들이 죽었다는 증거를 제공했다. 존스는 머프리스보로 수용소 내 과밀현상이 괴혈병과 맞물려 수많은 남군 포로들을 죽음으로 몰아넣었다고 주장한 북군 의료조사관의 논문을 인용했다. 존스는 남군 병사들을 가두었던 북군 교도소에서도 앤더슨빌과 마찬가지로 백신 접종으로 인한 사망자가 많았다고 생각했다.[72]

백신 접종 실패에 관해 치밀하고 설득력 있는 과학이론을 제시한 존스의 노력에도 불구하고, 위즈 재판을 주재한 치프먼 판사는 존스가 의무총감에게 제출한 앤드슨빌 관련 보고서의 근본적인 전제를 거부했다. 존스의 주장을 완강히 반대하는 근거로 치프먼은 1864년 8월 의무총감이 앤더슨빌 포로수용소 병원 책임자였던 의사 I. H. 화이트에게 보낸 명령서를 인용했다. 이 명령서는 포로수용소 병원 직원들이 존스의 부검을 도와 "남군 의무사령부의 이익을 위해 위대한 병리학적 연구가 수행되도록 해야 한다"는 내용을 담고 있었다. 치프먼은 이 내용으로 미루어볼 때 "의무총감에게 앤더슨빌 수용소는 해부실에 불과했으며, 남군 의무사령부를 위해 연구를 수행하는 장소였을 뿐"이라고 목소리를 높였다.[73]

또한 치프먼은 남부연합 의사들이 백신에 독성이 있다는 것을 알면서도 접종을 시행했다고 주장했다. 그는 이 발언을 뒷받침하기 위해 프랭크 매독스의 증언을 포함한 증인 9명의 증언을 요약했다. 매독스는 남부연합 의사들이 접종 때문에 포로들이 죽었다며 웃는 소리를 들었다고 증언했다.

치프먼은 "진짜 바이러스가 든 백신이 이렇게 끔찍한 사망률을 가져온 적은 없었다"고 주장하면서 당시의 의료기록을 제출하려는 존스의 노력을 비판했다. 치프먼은 "의학적·병리학적으로 볼 때 어느 나라에서도, 어떤 연령대에서도 앤더슨빌에서만큼 끔찍한 일이 일어난 적이 없다"고 강조했다. 또 백신 접종이 필요한 예방조치였다는 남부연합의 주장을 묵살하면서, 캠프에서 상대적으로 적었던 천연두 사례를 지적했다. 치프먼은 포로들의 상태가 좋지 않기 때문에 백신을 접종할 경우 그들이 사망할 수 있다는 점을 남부 의사들이 알고 있었다고 일관되게 주장했다. 즉 포로들에게 백신 접종을 강요하는 과정에서 남부 의사들은 "비정함"과 "잔혹함" 그리고 "악의"를 보였다고 그는 목소리를 높였다.[74]

미합중국 정부는 최종적으로 워즈가 두 가지 혐의에서 유죄라는 판결을 내렸다. "악의적이고 의도적이고 반역적으로" 남군 의사들과 공모해 포로수용소 내 북군 포로들의 "건강을 해치고 목숨을 앗아" 미합중국 군대를 약화시켰다는 혐의가 그 중 하나였다. 유죄로 인정된 혐의 중에는 치명적인 천연두 백신 접종도 포함됐다. "워즈는 지속적으로 사악한 목적을 추구하면서, 예방접종을 명분으로 불결하고 독성이 강한 백신 물질을 사용하게 만들었으며, 이런 접종은 워즈의 직접적인 명령과 지시에 따라 이뤄졌다. 이처럼 사악하고 잔인한 행동으로 인해 포로 100명이 팔을 잃었고, 약 200명은 병을 앓다 사망했다."[75]

* * *

노예선의 트로터에서부터 혼잡한 스쿠타리 병원의 나이팅게일에 이르기까지 19세기의 의사들이 관찰을 바탕으로 의학 이론을 개발하고 있었다는 사실을 다시 떠올려 보자. 이 의사들은 자신들이 수집한 정보를 공유했다. 치프먼 판사가 전쟁 포로들이 백신을 맞으면 괴혈병으로 고통받다 죽을 수도 있다는 점을 남군 의사들이 알고 있었다고 주장한 것은 그 시기의 남부 그리고 세계의 많은 지역에서 의학 지식이 어떻게 작동했는지 잘못 이해했기 때문이다. 의사들은 전염병 확산에 대해 교과서나 의학 원리보다 관찰과 경험을 통해 더 많이 배웠다. 의학적 지식은 이 기간에 빠르게 변화하고 있었다. 의사들은 질병을 확산시키는 자연환경과 인공적인 환경을 동시에 연구하고 있었다. 치프먼은 의학 지식이 교과서에 존재하며 의사들이 그런 원칙을 무시했다는, 얼핏 합리적으로 보이지만 잘못된 시각에 사로잡혀 있었다. 트로터부터 나이팅게일까지 사례를 더 넓은 국제적 맥락으로 보면, 의사들은 현장에서 전염병에 대해 알게 됐다고 할 수 있다. 남부연합의 의사들도 세계 다른 지역 의사들과 비슷했다.

존스는 의학 전문가들이 질병이 어떻게 확산하는지 설명할 때 실제로 사용한 말들, 즉 추상적 이론이 아니라 구체적인 사례를 들었다. 나이팅게일이 직접 현미경으로 세균을 관찰한 후에도 코흐의 세균이론을 받아들이지 않은 것은, 자신이 지금까지 연구하고 믿어온 물리 세계와 거리가 멀었기 때문이다. 의학지식은 의사들이 현장에서 관찰한 것을 바탕으로 만들어졌고, 그 사실을 수집하고 분석하고 이론을 개발한 관계자들에게 다시 보고됐다.

치프먼의 비난은 앤더슨빌 포로수용소에 집중됐지만, 남군 의무사령부에 대한 치프먼의 꼼꼼한 조사가 놓친 더 해로운 관행이 있었다. 존스는 유아와 어린이에게서 채취한 백신 물질을 접종했을 때 가장 성공적이었다고 주장하면서도, 정작 이 유아와 어린이가 대부분 노예나 흑인이었다고 명시하지 않았다. 존스는 제너가 연구를 수행할 때 영국에서 백인 아이들을 이용했으며 이탈리아에서도 백인 아이들을 이용한 것으로 추정된다고 언급했지만, 자신들의 백신 물질 채취를 설명할 때는 "유아"라는 말로 얼버무렸다. 굳이 인종을 명시하지 않아도 여기서 "유아"는 흑인 유아를 의미했다.[76] 아프리카인 노예들을 상대로 괴혈병을 연구한 트로터에게서 보았듯 의사들의 초기 보고서에는 예속된 유색인종에 대한 언급이 있지만, 그들이 이론을 체계화하는 과정에서 인종에 대한 언급이 사라졌다. 남부에서 가난한 백인 유아가 이용되었을 가능성이 전혀 없지는 않지만, 흑인 유아가 이용되었다는 사실에는 확실한 증거가 있다.

* * *

치프먼 판사는 앤더슨빌에서 사망한 포로들을 대변했지만, 천연두 백신 배양에 동원된 흑인 유아와 아이들의 희생을 대변한 사람은 그 어디에도 없었다. 그들에 대한 재판도 없었다. 이 관행에 협력한 사람들의 증언이나 반박, 또는 고발조차 없었다. 이러한 시술이 아이들의 몸에 미치는 영향에 대한 조사도 없었다. 그들은 괴저에 시달렸을까? 그들의 팔에서 가슴으로 녹색 액체가 흘러내렸을까? 노예들이 형편없고 양이 적은 음식을 먹으면서 살았던 것을 생각할 때 이 유아와 어린이들도 괴혈병에 걸렸을까?

이런 질문들에 명확한 답을 해줄 사람은 없다. 다만 남북전쟁 중 발생한 천연두에 대처하는 방식은 전염병에 관한 지식을 발전시킨 세계적 패턴을 따랐다. 남부연합은 대영제국처럼 의사들이 전염병에 대해 관찰하고, 기록하고, 의견을 교환하도록 돕는 거대한 관료체제를 만들었다. 19세기 내내 있었던 다른 사건들처럼 남부연합 의사들은 자신의 이론을 발전시키기 위해 예속된 사람들, 즉 노예와 전쟁 포로들에게 의존했다.

1867년에 출판된 책 《'가짜 백신 접종'에 관한 연구: 최근 남북전쟁 기간에 이뤄진 남군의 백신 접종에 수반되거나 그 후에 나타난 비정상적인 현상》에서 조지프 존스는 워즈 재판에서 자신이 행한 증언을 자세히 소개하면서 천연두에 관한 유럽과 미국 의사들의 이론을 요약했고, 백신 합병증에 대해 쓴 남군 의사들의 편지와 보고서를 다뤘다.[77] 19세기의 전 세계 다른 의사들과 마찬가지로, 현장에서 행한 그의 관찰은 연구의 기초가 되었다. 그의 연구는 백신 접종을 효과적으로 진행하지 못하게 하고 종종 다른 의학적 문제를 일으키거나 심지어 접종 당사자를 사망에 이르게 만든 괴혈병, 영양실조, 매독의 문제를 증명해냈다. 그는 또 예방접종을 제대로 하지 않으면 효과가 없다고 지적했다. 대부분의 남부연합 의사들은 전쟁 전 고향에서 천연두 전염병을 본 적이 없었다. 따라서 이 책은 또 다른 전염병이 발생했을 때 의료계의 매뉴얼 역할을 했다. 이 점에서 존스의 책은 자메이카 콜레라 유행에 대한 개빈 밀로이의 연구와 유사하다. 두 사람 모두 정부에 고용됐고, 감염병 확산을 파악하기 위해 관찰 결과를 활용하고 동료들로부터 증언을 수집하도록 의뢰받았다.

대영제국의 관료체계처럼 남부연합의 관료체계도 역학 연구의 핵심적 특징을 잘 보여준다. 그 특징이란 다양한 환경에서 동시에 발생하는 질병을 파악해내는 능력을 말한다. 군 지휘관이 전투현장에 있는 장교들의 보고를 통해 넓은 지역을 가로지르는 전략을 세우듯, 남부연합 의료 당국은 광범위한 지역에서 발생한 백신 접종 실패를 관찰할 수 있는 능력을 보유했었다. 이 특징은 남북전쟁이 끝난 후인 1865년 세계적인 콜레라 대유행이 발발하면서 뚜렷하게 부각됐다.

8장

이야기 지도

흑인부대, 무슬림 순례자,
1865~1866년 콜레라 대유행

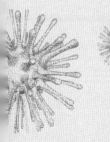

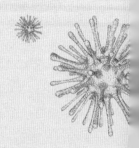

1885년은 남북전쟁이 끝난 지 20년이 되는 해였다. 한때 남군 캠프를 임시 백신접종센터로 변모시켰던 폭발적 전염병은 기억에서 사라졌고, 전장에서 사망한 고귀한 영웅들에 관한 이야기가 그 자리를 메웠다. 남부연합군의 부인과 과부들이 묘지에 동상을 세워 전사자를 기리는 계획을 세우고 있을 때, 북부의 참전용사와 가족들은 연금신청서를 작성하는 지루한 일을 했다. 그들은 주로 USSC가 전염병 확산을 막는 데 실패함으로써 연방 캠프에서 발생한 고통과 손실에 대해 정부로부터 보상을 받으려 전쟁 중 부상, 질병 또는 사망자를 등록했다. 많은 흑인 퇴역군인들도 연금을 타기 위해 고군분투했다.[1]

1885년에는 전쟁으로 인한 질병과 사망 대부분이 대중의 관심에서 사라졌지만, 남북전쟁과 재건시대를 통해 의사들이 얻은 새로운 지식은 콜레라 유행병으로 미국이 위기에 처했을 때 유용하게 쓰였다. 미국에서 콜레라 유행병은 1832년, 1849년, 1866년 세 차례나 발생했다. 전쟁 직후 발생한 세 번째 유행은 군의관들에게 질병의 원인과 확산을 조사하고 예방책을 모색하는 좋은 기회를 제공했다.

1885년 국가가 또 다른 대유행에 대비하던 때 뉴욕의 병리학자 에드먼드 C. 웬트는 콜레라에 대한 책을 쓰기 위해 과거로 눈을 돌렸다. 그는 먼저 1817년부터 1883년까지 아시아, 유럽, 인도, 미국에서 유행했던 사례연구들을 수집했다. 나아가 질병의 역사와 원인, 증상, 병리학적 특성, 진단, 치료 및 예방에 관해 자신은 물론 다른 의사들이 수행한 연구까지 이 책에 포함했다. 《미군에 영향을 준 유행성 콜레라의 역사》라는 제목의 이 책 2장은 미군 소령이자 외과의사인 엘리 맥클렐런이 썼다. 책의 서문에서 웬트는 맥클렐런의 업적을 다음과 같이 칭찬했다. "맥클렐런의 연구는 매우 유익한 주제에 대한 진짜 기록이다. 이 책에 수록된 그의 글만큼 콜레라 전파에서 인간 간 상호작용의 역할을 설득력 있게 설명한 저술은 없을 것이다."[2] 맥클렐런은 군대 내 콜레라 발생의 역사를 검토하면서, 콜레라가 발병해 군대를 통해 확산하는 원인에 대한 이론을 세웠다. 군 관료체계는 1832년부터 시작된 19세기 전염병 유행 기간에 맥클렐런이 군대에서 콜레라에 대한 보고서를 모을 수 있도록 했다.

웬트는 이 책을 통해 "의사들에게 우리 지식의 현재에 대해 충실한 설명을 제공하기를" 희망했다. 전염병을 조사했던 그 시대의 많은 이들처럼, 웬트도 "미국, 영국, 프랑스, 독일어, 이탈리아, 스페인의 전염병 분야에서 최고 권위를 인정받는 학자들"을 포함해 전 세계 의사들의 정보에 의존했다.[3]

웬트는 로베르트 코흐가 인도에서 콜레라균을 발견한 지 약 1년 후에 이 책을 출판했다. 코흐는 이 콜레라균이 질병의 원인균이며 오염된 물을 통해 전염될 수 있다고 주장했다. 코흐의 연구에도 불구하고, 19세기의 일부 의사들은 콜레라의 원인에 대해 계속해서 논쟁을 벌였다. 웬트는 이 책 서문에서 코흐의 발견에 대해 "특별한 장"을 할 애했다고 썼다. 그는 "코흐의 이론은 과학적 진리로 최종 확립되지는 않았지만, 맞을 가능성이 매우 높다. 책에서는 이 독일 연구자가 주 장한 이론을 전체적이고 직접적으로 살펴볼 것"이라고 언급했다.[4]

우리가 이 책에서 만난 많은 의사들처럼, 엘리 맥클렐런은 질병에 관한 지식의 상당 부분을 전쟁 덕분에 얻을 수 있었다. 맥클렐런도 콜레라 유행이 발생한 환경에 대해 논의했고, 질병과 사망에 대해 기 록했으며, 콜레라의 원인, 확산, 예방에 관한 이론을 세웠다. 1873년 콜레라의 재등장에 관해 쓴 논문에서 맥클렐런은 콜레라가 전염성이 있고, 사람들의 움직임에 의해 전파된다고 주장했지만 "반대하는 사 람들의 폭풍 같은 비판"에 직면했다. 하지만 웬트는 책의 서문에서 맥클렐런의 이론이 "코흐 같은 연구자들의 실험과 연구에 의해 명백 하게 입증됐다"고 주장했다.[5]

* * *

맥클렐런의 업적은 그가 내린 결론보다는 콜레라의 확산을 시각 화하고 질병 확산을 막을 수 있는 사회적·환경적 조건을 고려한 방 법론에 있다. 맥클렐런은 1832~1835년의 콜레라 유행에 대한 자세 한 설명으로 분석을 시작했다. 그는 선박의 이동, 주둔지의 상황, 감 염된 사람의 수, 콜레라가 발생한 날짜, 발병 간격, 정확한 사건 발생 장소 등을 기록했다.[6] 그의 연구 대상은 대부분 1832년 블랙호크 전쟁에 참여한 군인들이었다. 1830년 미국의 제국주의 정책으로 인해 삭 앤드 폭스Sac and Fox 인디언들은 대대로 살아온 일리노이 북부에서 쫓겨나 서쪽으로 멀리 떨어진 현재의 아이오와로 밀려난 후 그곳에서 근근이 살아가기 위해 고군분투했다. 그들의 지도자인 블랙호크는 동족들을 이끌고 일리노이 북부의 고향으로 돌아왔고, 이는 미군과의 전쟁을 촉발시켰다.[7]

맥클렐런은 군 보고서와 제국주의 정책을 조사해 콜레라가 군대의 이동 결과에 따라 확산됐다는 결론을 내렸다. 전쟁과 추방은 맥클렐런이 콜레라 확산을 시각화하고 질병이 어떻게 한 곳에서 다른 곳으로 이동했는지를 이론화할 수 있는 기반을 제공했다. 맥클렐런은 중서부에 걸친 콜레라 확산을 연구하기 위해 아메리카 원주민과 미국 군인들을 관찰했다. 맥클렐런은 콜레라가 록 아일랜드의 아메리카 원주민 포로수용소에 퍼졌다고 말했다. 이 원주민들이 석방돼 집으로 돌아갔을 때 아프기 시작했기 때문이다. 콜레라가 이들 사이에서 "계속 유행했다"는 사실은 "1833년부터 1834년까지 미시시피 주와 미주리 주의 강 유역에서 근무한 미군 정찰병들이 거의 모두 콜레라에 걸렸다"는 점을 통해 입증됐다.[8] 군대 배치와 아메리카 원주민의 갑작스러운 이주 조치를 불러온 앤드류 잭슨 대통령의 제국주의적인 정책은 맥클렐런이 이 지역에서 콜레라의 존재를 추적할 수 있도록 지리적 좌표를 제공했다. 미국 군인들, 특히 아메리카 원주민은 자신들의 감염이 나중에 맥클렐런이 대유행의 지도를 만드는 데 도움을 주리라는 점을 상사조차 못 했을 것이다.

19세기 중반은 그림지도가 역학조사와 동의어가 되기 전이었다.

따라서 매클렐런 같은 의사들은 질병 확산을 추적하는 작업을 서술에 의존했다. 콜레라의 움직임을 관찰할 수 없었던 매클렐런은 콜레라균이 "보류" 기간 동안 전염성을 유지하다 다시 활성화된다는 이론을 세웠다. 그는 미주리 주 제퍼슨 캠프의 흑인부대 및 아칸소 주 포트깁슨의 "인디언과 흑인"에 대해 조사한 결과를 바탕으로 이 이론을 설명했다.

맥클렐런의 설명에 따르면, 1867년 1월 미주리 주 제퍼슨 캠프에서 제38 유색인종 보병부대가 편성됐다. 이 부대는 신병이 1,200명 이상이었으며 병사 대부분은 "자원 연대에서 제대한 사람들"이었다. 1866년 여름 이 지역에서 심각한 전염병이 발생했지만, 제38 보병부대가 주둔하는 동안 발생한 사례는 없었다. 뉴멕시코 주로 파견된 이 부대는 그곳에서 캔자스 퍼시픽 철도의 노동자들을 인디언의 공격으로부터 보호하기 위해 재배치됐다. 맥클렐런은 "캔자스 서부의 높고 건조한 평원에서 가장 비참한 콜레라 유행이 발생했다"고 주장했다.[9]

6월 28일, 캔자스 주 포트하커 인근 제38 보병부대 캠프 H 중대의 병사 한 명이 콜레라에 걸려 포트하커의 병원으로 후송된 후 사망했다. 포트하커 근처에 살던 민간인 한 명도 콜레라로 사망했다. 6월 29일과 30일, H 중대에서 환자 2명이 더 발생했고, 이들도 포트하커로 후송됐다. 이후 몇 주 동안 의료진은 H 중대에서 콜레라 환자 16명이 더 발생했다고 보고했고, 그중 5명은 치명적인 상태로 판명됐다. 포트하커에서 첫 번째 콜레라 발생은 6월 29일에 보고됐다. 7월 10일, 연대 일부가 포트하커에서 뉴멕시코 주의 포트유니온으로 행군을 시작했고, 도중에 몇 명의 새로운 환자가 발생했다. 뉴멕시코

주에 도착했을 때는 사병들 사이에서 46건의 감영 사례가 나왔으며, 그중 17명이 사망했다.[10]

처음에 맥클렐런은 제38 보병부대원들이 어떻게 새로 지은 요새인 캔자스 주 포트하커에서 콜레라에 감염됐는지를 파악하지 못했다. 제퍼슨 캠프에서는 이전에 콜레라 발생이 없었기 때문이다. 맥클렐런은 여러 요인을 면밀하게 조사한 뒤 제퍼슨 캠프에서 받은 옷이 "콜레라균"에 오염됐을 가능성이 있으며, 수용소의 비위생적인 환경 때문에 하커 요새에 도착한 후 세균이 빠르게 퍼졌다고 결론지었다. 맥클렐런은 다른 군의관 조지 스턴버그로부터 "콜레라가 처음 나타났을 때 캠프의 위생상태가 좋지 않았다. 특히 H 중대의 개수대(화장실) 일부가 매우 불결했고, 조리실에서 나온 쓰레기들이 여기저기에 방치돼 있었다"는 말을 들었다.[11]

맥클렐런은 콜레라가 어떻게 미국 중부 전역에 퍼지는지 목격했다. 그 덕에 그는 전염병의 근원지를 제퍼슨 캠프로 좁혀 추적할 수 있었다. 나아가 해당 지역에서 최근 보고된 콜레라 환자가 없다는 사실을 알았던 그는 연대가 직면한 물리적 요인, 즉 새로운 장소와 새로운 의복을 집중적으로 조사했다. 군 관료체계 덕에 그는 이전 해에는 없었던 두 가지 새로운 변수에 관한 기록을 확보할 수 있었다. 이를 바탕으로 그는 이 두 요인이 전염병을 유발한다는 이론을 세웠다. 콜레라균에 감염된 옷이 비위생적인 캠프에서 전염병을 일으켰다고 추측한 것이다. 이처럼 모든 변수에 접근하지 않았다면, 맥클렐런이나 19세기의 다른 의사들은 콜레라 확산을 추적하는 데 어려움을 겪었을 것이다.

맥클렐런의 결론은 틀렸을지도 모른다. 현재 우리는 콜레라가 옷을 통해 전파되지 않는다는 것을 알고 있기 때문이다. 다만 맥클렐런의 공헌은 콜레라가 어떻게 퍼지는지를 이해하기 위해 개발했던 방법보다, 의학에 대한 이해를 높였다는 데 있다. 흑인부대 내에서 콜레라가 발생했을 때 그는 사례뿐만 아니라 그들의 건강과 주거환경에 대한 주요 정보를 조사하는 데 집중했다. 캠프 상황과 부대 이동에 관해 자세한 설명을 제공함으로써, 맥클렐런은 환경을 면밀히 조사하고, 감염자 수를 표로 만들고, 특히 사람의 이동에 주의를 기울여 데이터를 정밀하게 기록하고, 다른 의사들의 연구결과들을 참고해 콜레라 확산을 추적할 수 있는 조사 체계를 확립했다.

맥클렐런은 특히 콜레라 발생 주기, 즉 콜레라가 언제 어떻게 발생했는지, 언제 진정됐다가 다시 나타나는지 등을 집중적으로 연구했다. 특히 1867년 6월 "흑인과 인디언들 사이"에서 다시 나타나 이후 제10 기병대 D 중대로 퍼진 인디애나 준주(현 오클라호마) 포트깁슨의 콜레라 발생에 대해 자세히 설명했다.[12] 맥클렐런은 이 질병이 포트깁슨에서 포트스미스 그리고 오클라호마의 포트아버클로 요새로 번지는 과정을 자세하게 도표화했다. 특히 미 제6 보병대 소속 2개 중대가 D 중대가 거쳐 간 "길"과 "캠프 연병장"으로 이동하면서 심각한 전염병에 걸렸다고 지적했다. 이처럼 그의 보고서 속 사례들은 콜레라가 어떻게 경고 없이 퍼질 수 있는지를 상세하게 설명하고 있다.

군 관료체계는 맥클렐런에게 군대가 주둔했던 지역의 사회학적 특성에 대한 지식을 제공했다. 특히 맥클렐런은 군부대 근처에 흑인과 아메리카 원주민이 살고 있다는 사실에 주목했다. 이곳은 남북전쟁 기간에 흔했던 난민캠프 중 하나이거나 남부에서 도망쳐 북군의 보호 아래 들어온 노예들에게 피난처 역할을 하는 쉼터일 가능성도 있었다. 흑인과 아메리카 원주민이 같이 머문다는 사실로 보건대, 남북 전쟁 전에 도망친 노예들이 아메리카 원주민 속에서 피난처를 찾았던 일종의 임시 공동체였을지도 모른다.[13] 어떤 경우였든 맥클렐런은 이들을 통해 콜레라의 확산을 추적할 수 있었다.

* * *

1854년부터 1885년까지 대략 30년은 질병 전파에 관한 논란이 이어진 시기이자 역학 분야를 뚜렷하게 발전시킨 기간이기도 했다. 콜레라가 물을 통해 전파된다는 이론의 지지자와 반대론자들 모두 콜레라 확산을 시각화하는 방법을 만들었다. 보이지 않는 질병의 매개체를 확인하려는 이들의 노력은 전 세계 전염병을 추적하기 위한 정성적定性的 관찰법 발전으로 이어졌다. 콘스탄티노플, 파리, 런던, 워싱턴 DC의 의사들은 콜레라의 움직임에 관한 조사자료를 분주히 수집했다. 콜레라가 급속도로 확산하면서 세계 각국의 관심도 점점 더 높아졌다. 현대 역학의 핵심 기법인 지도 작성이 보편적으로 이뤄지기 전이라 의사들은 관료체계에 따른 서술 보고서에 의존해 콜레라의 지역 간 움직임을 조사했다.

콜레라는 수 세기 동안 아시아의 일부 지역에서만 존재해왔다. 그러다 19세기에 무역과 세계 여행, 인구 이동이 빈번해지면서 아시아 전역과 유럽, 아메리카를 비롯한 세계의 다른 지역으로 확산했다.[14]

영국과 유럽의 많은 의사들은 연례 순례차 하지에 메카를 여행하는 무슬림의 움직임으로 콜레라의 확산을 추적했다.

영국 의사들은 무슬림 순례자들이 중동 지역을 떠나 배를 타고 귀국할 때 콜레라를 이집트와 지중해로 전파했고, 여기서 유럽, 영국, 대서양을 거쳐 미국과 카리브해 지역으로 퍼졌다고 주장했다. 미국에 영향을 준 세 번째 콜레라 유행은 남북전쟁이 끝난 지 일년 후인 1866년에 시작됐고, 시대적 상황과 맞물려 상황을 더 악화시켰다. 남부 백인들의 이동, 군대의 귀환, 자유인이 된 해방노예들의 이주가 전염병 유행을 가속화한 것이다. 미국 보건국은 콜레라 확산을 추적하기 위해 당시 재건되고 있던 남부와 서부 전역에 보건소를 증설했다. 콜레라 확산을 관찰해 유행을 피하고자 노력한 많은 국가의 방식은 거의 비슷했다. 권력자들이 주도해 다양한 인구집단 간에 확산하는 콜레라를 관찰하기 위한 감시법을 확립한 것이다.[15]

19세기 중반의 콜레라 유행은 의사들이 시야를 전 세계 차원으로 넓히는 계기가 되어주었다. 1851년, 외교 관계 요충지로 여겨지던 파리에서 다양한 유럽 국가 관리들이 모여 국제위생위원회ISC를 결성했다. ISC에는 프랑스, 영국, 러시아, 오스트리아, 사르데냐, 토스카나, 교황령, 나폴리, 터키, 그리스, 스페인, 포르투갈의 대표들이 포함돼 있있다. 1830~1851년외 자메이카 콜레라 유행을 연구한 영국의 대표 역학자 개빈 밀로이는 이 모임에 관한 보고서를 발표하면서 미국의 부재에 주목했다. "몇 가지 주요 사항에 대해 가장 가치 있는 정보를 제공할 수 있었던 미국이 이 연구에 참여하지 않은 것은 매우 유감스러운 일이라고 생각한다."[16]

ISC 회원들은 콜레라를 비롯한 전염병을 국경을 초월해 관찰하고 전 세계, 특히 유럽의 동쪽 국경에서 전염병을 집단적으로 감시할 수 있도록 관료체계와 군사력을 결합했다. 그들의 최대 관심사는 전염병의 시작을 파악하고 유럽으로 유입되는 것을 막기 위해 필요한 검역 조치를 제정하는 것이었다. 밀로이에 따르면, ISC는 세 가지 격리 관행을 다뤘다. 첫째, 관찰 검역이란 며칠 혹은 특정 시간 동안 선박이 격리되는 것을 의미한다. 이 기간에 선박의 위생상태를 관찰하고 환기 역량을 검사해야 한다. 둘째, 엄격한 검역이란 더 장기적인 검역을 의미한다. 승객과 승무원은 이 기간에 격리 시설에 머무르고 화물은 하역해야 한다. 셋째, 의심 격리다. 밀로이는 의심 검역을 중단시켜야 한다고 주장했다.[17] 각국은 전염병, 황열병, 콜레라에 대한 검역 조치에는 최종 동의했지만, 콜레라 검역의 유용성에 대해서는 논란이 분분했다. 밀로이에 따르면 특히 오스트리아는 1831~1832년 콜레라 유행 기간에 영국이 실시한 검역 조치를 사례로 들며 콜레라 검역을 강력히 반대했다. 오스트리아는 검역이 "무용하고" 심지어 "끔찍한 해를 끼친다"고 주장했다. 영국, 프랑스, 사르데냐도 콜레라 검역에 반대했지만, 나폴리와 교황령은 검역의 필요성을 역설했다. 나폴리와 교황령은 엘바섬을 비롯한 이탈리아의 다른 지역들이 "엄격한 분리 조치와 감염이 의심되는 모든 사람을 배제하는 정책을 통해 전염병으로부터 보호된 바 있다"고 주장했다. 포르투갈과 스페인은 상업선박의 위생조치가 보장될 때까지 선상과 항구에서 엄격한 검역이 계속돼야 한다고 주장했다. 러시아는 이전 콜레라 유행에서 검역의 결과가 확인되지 않았으므로 추가적인 조사 결과가 나오기를

기다리겠다는 입장이었다.[18]

일반적인 원칙으로서 검역에 대한 영국의 반대는 수십 년 동안 정부가 아프리카와 카리브해 지역에서 수집한 관찰과 보고에서 비롯되었다. 영국은 몇 년 전인 1844년 황열병에 찌든 이클레어 호가 카보베르데에 도착했던 일 때문에 전염 및 검역에 관한 논쟁에 민감했다. 자메이카에서 콜레라를 연구한 밀로이 역시 검역에 단호히 반대했다. 프랑스와 오스트리아는 검역이 시대에 뒤떨어지고 비효율적인 방법이라는 이유로 반대했다. 기술의 진보로 증기선과 철도 같은 교통편이 마련된 마당에 사람들의 대량 이동을 제한하는 건 불가능하다고 이 나라들은 맞섰다. 그러자 러시아를 비롯한 동구 국가들이 콜레라가 유럽으로 유입되는 것을 막도록 조치하자는 것으로 논의의 초점이 옮겨갔다. 회원국 대다수가 콜레라가 발견된 지역에서 온 사람들에 대해 5일간 검역을 하자는 데는 찬성했지만, 결국 명확한 결론을 내지는 못했다. 최종적인 회의 결과는 3개국에 의해서만 서명됐고, 그나마 2개국은 나중에 서명을 철회했다.[19]

제1차 국제위생위원회 회의에서 결의안이 나오지는 않았지만, 콜레라가 처음 발생한 지역을 특정하고 그 움직임을 가시화하려는 노력을 통해 역학 발전이 앞당겨졌다. 이들은 함께 모여 콜레라의 움직임을 더 높은 차원에서 관찰하고자 했다. 하지만 이들이 지닌 편견으로 인해 질병을 추적하려는 노력은 훼손됐다. 이들은 콜레라가 세계의 저개발 지역에서 발생했다는 이론을 제시했다. 인도를 콜레라의 근원지로 지목했지만, 이 결론은 인도가 유럽에 비해 열등하기 때문에 콜레라가 더 많이 퍼졌다는 편견에 근거한 것이었다.[20]

1859년 외교관들만 참석한 가운데 제2차 ISC 회의가 소집됐다. 이들은 질병 전염에 관해 과학적인 주장을 할 생각이 처음부터 없어 보였다. 협약조차 체결하지 않은 채 4월부터 8월까지 이어진 회의에서 외교관들은 점점 더 편견에 지배된 논리만 설파할 뿐이었다. 그들은 콜레라가 군함을 통해 전파될 위험이 있다는 점을 인정하면서도, 지휘관의 재량에 따라 군함 승선자들의 건강증명서를 제시하지 않을 수 있다고 합의했다.[21]

1866년 콘스탄티노플에서 다음 ISC 회의가 열릴 때쯤, 새로운 콜레라가 유럽과 미국, 카리브해 지역, 남아메리카 일부 지역을 포함한 세계 곳곳으로 퍼졌다.[22] 이 유행으로 1865년 메카에서 1만 명 넘는 순례자가 죽었다. 생존한 순례자들이 수에즈 항구에 도착하자 콜레라는 이집트로 퍼졌다. 회의 참석자들은 사람들의 움직임에 대해 역설적인 생각을 했다. 이들은 한편으로는 동양 사람들이 여러 곳을 여행하는 현대의 서양 사람들과 달리 잘 움직이지 않는다고 비난했다. 그러면서도 프랑스를 비롯한 여러 나라는 너무 많은 무슬림이 메카 순례를 위해 국경을 넘는다고 욕했다. 실제로 프랑스 대표단은 무슬림이 메카를 떠나기 전에 일정 기간 격리할 것을 주장했고, 이 제안은 아슬아슬하게 통과됐다.[23] 이렇듯 1866년 회의는 동서양의 구분을 강화했고, 러시아와 오스만 제국은 위생 규정을 시행하고 콜레라가 유럽으로 유입되는 것을 막겠다는 약속을 함으로써 신뢰할 수 있는 현대적 파트너라는 점을 증명하려고 애썼다.[24]

다만 이전 회의들과 달리 과학자들이 이 회의에 참여했고, 그들은 더 많은 권한을 부여받았다. 회의 참가자 중 일부는 콜레라가 오염된 물을 통해 전염된다는 존 스노의 이론을 알고 있었지만, 콜레라의 원인과 확산 방식에 대해서는 적잖은 견해차를 보였다. 참가자들은 콜레라가 공기나 물을 통해 전파될 수 있고 옷이나 리넨을 통해서도 전염될 수 있으며, 궁극적 원인은 알려지지 않았지만 인도에서 발생했다고 결론지었다.[25]

* * *

국제위생위원회가 콜레라의 움직임을 감시하는 글로벌 동맹 역할을 하는 동안 프랑스와 미국을 포함한 나라들은 자국과 세계 곳곳의 콜레라 유행에 대한 자체 보고서를 작성했다. 영국에서는 추밀원이 런던역학학회 사무총장 존 네튼 래드클리프에게 해외 연구결과를 모아 1865~1866년 콜레라 유행을 분석하라는 임무를 맡겼다.[26]

래드클리프는 콜레라 유행에 대한 이전의 연구가 불완전하고 부정확했다고 생각했다. 그는 당시 전문적인 학문으로는 초기 단계에 있던 역학이, 체계적이고 과학적인 연구원칙 아래 발전하던 기상학을 따라야 한다고 주장했다. 래드클리프는 역학과 기상학 두 분야 모두 "광범위한 관찰 영역에서 장기적으로 수집된 정확한 데이터에 동등하게 의존해야 한다"고 단정적으로 말했다. 래드클리프는 "다른 나라들에 비해, 폭넓은 관계와 교류를 바탕으로 정보를 확보할 수 있는 더 큰 역량을 지니고 있으므로" 영국은 다양한 지역에서 콜레라에 대해 연구할 수 있는 우월적인 위치에 있다고도 썼다.[28] 영국이 "더 큰 역량"을 지녔다는 래드클리프의 주장은 제국주의와 식민주의 관료체계가 세계 각국에서 정보 수집을 가능하게 했다는 것을 뜻한다. 래드클리프는 세계 각국에 상주하는 영국 영사들에게 콜레라 발생과 진행 상황을 상세히 보고해 달라고 요청했다. 래드클리프의 이 같은 주장은 영국이 다른 나라들로부터 정보를 얻어낼 능력이 있다는 뜻이기도 했다. 그는 "유럽 대륙과 북아메리카, 남아메리카의 다른 왕국이나 국가들에서 전염병이 퍼지고 있다는, 공식적이고 신뢰할 만한 보고가 들어오고 있다"고 자부했다. 그는 "이 보고서들이 도착하고 처리되는 데 시간이 걸렸지만 '정부의 개입'이 없었다면 자료를 확보하기 어려웠을 것"이라고 덧붙였다.

19세기의 콜레라 유행은 국가 간 협력을 발전시켰다. 이 자료들은 각 국가가 콜레라를 추적하고, 콜레라의 병리와 병인을 이해하고 확인하기 위해 서로의 보고서에 어떻게 의존했는지 보여준다.[29]

19세기 중반까지 전 세계 많은 정부는 공중보건 와해의 모든 징후에 세심한 주의를 기울임으로써 유행병 발생을 관찰하고 감시하는 방법을 확립해 나갔다. 다만 래드클리프가 지적했듯이, 1865~1866년 콜레라가 유행하기 직전까지 이전 두 차례의 유행 때와는 달리 공중보건에 조금이라도 문제가 생겼다는 내용을 보고한 나라는 없었다. 래드클리프 역시 전염병의 도래를 예견하는 듯한 몇몇 의사들의 연구 결과와 증거를 무시했다. 가령 영국의 의사이자 위생학자인 존 서덜랜드는 전염병 발생 전 6개월 동안 몰타에서 설사성 질환이 약간 증가했다는 사실을 알렸다. 하지만 래드클리프는 지브롤터에서는 그런 현상이 일어나지 않았다고 반박했다. 래드클리프는 이집트에서 매우 궁핍하던 지역에 콜레라가 유행했다고 말했지만, 콜레라는 빈곤으로 고통받지 않는 다른 지역 사회도 공격했다. 그는 "이 유행병이 유럽을 충격에 빠뜨린 것은 사실"이라며 "유럽은 공중보건 상태가 대체로 좋았기 때문에 이집트에서 콜레라가 나타났다는 소식은 전혀 관심을 끌지 못했고 사람들은 별로 불안해하지도 않았다. 유럽 정부와 대중이 콜레라에 대해 뚜렷하게 인식한 것은 이 유행병이 유럽 여러 곳에서 본격적으로 퍼지기 시작한 후였다"고 결론지었다.[30]

래드클리프는 1865년 3월 제다에 도착한 영국 선박 두 척에서 콜레라가 시작됐다고 봤다. 싱가포르에서 출발한 배에는 메카로 가는 자바인 무슬림 순례자가 가득 타고 있었다. 이 배들이 아라비아반도 남부항구 마칼라(현 예멘 알무칼라)에 기항한 이후 콜레라가 발생해 승객과 선원 145명이 숨졌다. 1865년 3월과 4월에 인도에서 출발해 제다에 도착한 다른 배들에서도 콜레라 사망자가 보고됐다. 싱가포르에서 온 선박 두 척의 선장들은 승객들이 마칼라에서 이 병에 걸렸다고 주장했다. 마칼라 당국은 항구가 감염됐다는 사실을 부인했지만, 래드클리프는 인근 여러 지역에서 콜레라가 발생했다는 보고가 있었다고 말했다. 그는 아마도 순례자들이 도착하기 전에 콜레라가 아프리카 해안의 일부뿐만 아니라 남부 아라비아와 서부 아라비아에서 유행했을 것이라고 결론지었다.[31]

아프리카에 콜레라가 존재한다는 증거로 그는 노예들을 태우고 가던 배 두 척 중 하나인 HMS 펭귄 호가 아덴만으로 나포된 사례를 언급했다.[32] 펭귄 호의 많은 노예가 콜레라로 죽었고, 승무원도 2명 사망했다. 그는 이 노예들에 대해 자세한 내용을 제공하지 않았지만, 1867년 〈디 일러스트레이티드 런던뉴스〉 기사에 상세한 내용이 실렸다. 기사에 따르면, 펭귄 호에는 약 216명의 노예가 타고 있었다. "노예들 대부분은 소년과 소녀였고, 배 안에서 밀착돼 있었다. 이들은 페르시아만의 무스카트로 수송되던 노예들이었다." 기사에 따르면 아이들은 "예의 바르고 친절하며 주어진 모든 것을 나눠 가졌다. 가장 어린 아이 중 일부는 '수척한' 몸이었지만, 대부분은 '건강하고 상태가 좋았다." 노예선의 "아랍인 선장은 처음 배에 탔을 때부터 열병으로 죽어가고 있었지만, 치료 후 회복했다.[33] 아이들은 아덴만으로 이송됐다. 아덴만은 불법 노예거래를 감시하는 영국 선박들이 아프리카인 노예들을 안전하게 하선시킬 수 있는 몇 안 되는 곳이었다. 영국 관리들은 아프리카인이 자유롭게 살던 시에라리온이나 라이베리아 등 아프리카 서부해안에서는 생포된 아프리카인들을 그대로 석방했다. 이와 달리 아프리카 동부 해안에서 그대로 풀어줄 경우, 인도양을 돌아다니는 노예상들에게 다시 잡힐 수 있다고 생각했다.[34] 따라서 영국 경찰 함정은 아덴만이나 봄베이(뭄바이)로 노예들을 데려와 방면했지만, 그들 대부분이 그곳에서 사망했다. 붙잡힌 아프리카인들은 무슬림 순례자들이 그랬던 것처럼 래드클리프에게 콜레라를 연구할 수 있게 했다. 아프리카인 노예들의 곤경에 관한 이야기는 아프리카 콜레라 유행의 증거를 상세하게 제공하는 건강 보고서의 일부가 됐다. 다른 시대, 다른 장소에서와 마찬가지로 노예제도는 전염병을 가시화하는 담론을 만들어냈다.[36]

봄베이의 과거 전염병 유행에 대한 기록을 바탕으로 래드클리프는 "수년 동안 봄베이가 겪었던 가장 심각한 콜레라 유행에서 간신히 회복하고 있다"고 지적했다. 그는 콜레라가 봄베이에서 마칼라로("무슬림 순례자에 의한 확산이라고 단정할 수는 없지만"), 거기서 아라비아 해안의 다른 마을과 아프리카 해안으로 확산됐을 거라고 생각했다. 아라비아, 페르시아, 아프리카에서 온 사람들에 의해 천연두가 자주 봄베이로 유입됐다는 봄베이 주재 영국 보건관료의 말을 인용해 그는 "이들 해안에서 상품뿐만 아니라 질병도 거래된다는 것은 공상적인 이론이 아니다"라고 결론지었다.[37]

래드클리프는 1865년에 발생한 콜레라 유행의 원인이 무슬림 순례자들에게 있다고 여겼다. 나아가 순례자들이 콜레라를 고향으로 가져갔다고 주장했다. 그는 "콜레라는 감염된 선박이 도착한 시점부터 제다에서 창궐하기 시작했다"고 말했다. 순례가 끝나기도 전에 콜레라는 '엄청난 기세로' 확산해서 순례자들은 공황 상태에 빠졌다. "카라반을 타고 서둘러 집으로 돌아가는 그들과 함께 콜레라도 움직였다"고 그는 표현했다.[38] 콜레라 유행을 공포와 폭력의 관점에서 묘사한 래드클리프의 작업은 병의 병태생리학적 특성을 파악하는 데는 거의 도움이 되지 않았다. 다만 콜레라 유행이 갑작스럽고 위험했다는 사실만은 선명하게 드러낸다.

* * *

런던에서 래드클리프는 다양한 선박의 움직임과 엄청난 사망률을 파악하기 위해 군사 보고서를 이용했다. 메카에서 의식을 마친 후 순례자들은 육로를 통해 제다까지 약 80킬로미터를 여행했고, 그곳에서 이집트 수에즈로 가는 배를 탔다. 래드클리프는 전염병의 움직임을 더 잘 알기 위해 배가 도착하고 출항한 날짜를 정확하게 기록했다. 제다를 떠난 첫 번째 영국 배에 탑승한 1,500명의 순례자 중 몇 명이 항해 중 "알 수 없는 원인"으로 사망했고, "그들의 사체는 바다에 던져졌다." 배가 수에즈에 도착한 지 며칠 후인 1865년 5월 19일 선장과 그의 아내가 "둘 다 콜레라에 걸렸다."

항해 중 사망한 무슬림들은 콜레라에 걸렸을 가능성이 높지만 래드클리프는 사망 원인을 밝히지 않았다. 한편으로 보면, 대영제국 본토에 들어간 보고서들이 정확한 사망 원인을 담지 않은 것은 놀랄 일이 아니다. 죽음에 따른 혼란, 공포, 절망, 고뇌, 고통, 악취 때문에 어떤 의사도 이 사람들을 제대로 진단하거나 치료하지 못했을 것이기 때문이다. 선장과 그의 아내는 수에즈에서 콜레라 진단을 받았다. 영국 의사들은 주저 없이 선장 부부에게 증상을 묻고 몸을 만지면서 진찰했지만, 배에 타고 있던 무슬림들은 진찰을 받지 못했다. 대신 그들은 사망한 뒤 배 밖으로 던져졌고, 죽음은 단순히 "알 수 없는 원인"에 의한 것으로 분류됐다.

래드클리프는 5월 19일부터 6월 1일 사이에 수에즈에 도착한 무슬림 순례자 수천 명의 움직임을 추적했다. 이 순례자 중 몇몇은 이집트에 있는 그들의 집으로 돌아왔다. 다른 사람들은 이집트 정부의 지원을 받아 기차를 타고 알렉산드리아로 이동해 다음 목적지로 갈 배를 기다리며 도시 밖에서 야영했다. 6월 2일, 알렉산드리아에서 순례자들과 접촉한 한 사람에게서 "최초로" 콜레라가 발병했다. 그 후 며칠 동안 더 많은 발병자가 나왔다. 수에즈 운하 회사의 프랑스인 주치의에 따르면, 6월 12일까지는 순례자들과 직접 접촉한 사람들에게

만 증상이 나타났지만, 7월 말까지 전염병이 전국적으로 확산해 석 달 만에 6만 명 이상이 사망했다.[39]

래드클리프는 지중해 전역에 배치된 영국 관리들의 보고를 토대로 콜레라 전염병이 북아프리카에서 몰타로 어떻게 이동했는지 자세히 설명했다. 몰타는 알렉산드리아에서 지중해 항구로 가는 선박들의 주요 거점 역할을 했다. 1865년 6월 20일, 몰타에서 첫 번째 콜레라 감염 사례가 보고됐다. 래드클리프는 이 전염병의 궤적을 파악하기 위해 몰타에 도착한 선박을 추적했다. 무슬림 순례자들은 5월 31일에 몰타에 도착하기 시작했다. 알렉산드리아에서 출발해 튀니지로 가는 배를 타고 몰타에 도착한 것이었다. 승선한 200명의 순례자 중 61명이 몰타에 남았다. 몰타 검역소의 수석의사인 안토니오 기오의 보고서에 따르면, 증기선 14척이 5월 31일부터 6월 14일까지 승객 845명 중 총 426명의 순례자를 알렉산드리아에서 몰타까지 수송했다. 격리된 사람은 없었다.

그러나 6월 14일, 알렉산드리아에서 콜레라가 발생했다는 소식이 전해졌고 몰타 당국은 즉시 알렉산드리아에서 온 선박에 대해 7일간의 격리 조치를 명했다. 같은 날 저녁 11명의 순례자를 태운 배가 도착했다. 선장은 항해 중 장염으로 순례자 한 명이 사망했다고 보고했다. 6월 20일, 알렉산드리아에서 온 다른 선박이 몰타에 도착했고, 선장은 항해 중 선원 한 명과 승객 한 명이 콜레라로 사망했다고 보고했다. 같은 날 몰타 당국은 격리병원이 위치한 작은 섬에서 콜레라 환자가 처음 발생했다고 밝혔다. 당시 288명이 격리·구금돼 있던 격리병원과 최초 환자 발생 지역 사이의 거리는 약 200미터였다.[40]

래드클리프는 광범위한 지역에 콜레라가 퍼지는 것을 파악하기 위해 무슬림 순례자들의 움직임에 의존했다. 그는 7월 21일 몰타에서 온 선원이 격리병원 인근 고조 섬에 사는 자신의 여동생들을 방문했고, 그날 밤 콜레라에 걸렸지만 회복됐다고 썼다. 3일 후 이 선원의 여동생 2명, 친척 1명, 마을 주민 1명 등 4명이 콜레라에 걸렸다. 래드클리프의 보고서는 그리스, 터키, 베이루트로 옮겨간 이 질병을 추적한다. 7월 첫 2주 동안 질병은 이 도시에서 "창궐했다." 이후 그는 베이루트에서 시리아 알레포를 거쳐 집으로 돌아가는 페르시아 순례자들을 추적하면서 그들의 위생상태가 끔찍했다고 묘사했다. 그는 "순례자들의 짐 중 일부는 여행 중 사망한 동료 순례자들의 시신이었다"고 썼다. 알레포에서 첫 콜레라 환자는 8월 15일에 나왔다. 이후 3개월 만에 약 9만 명의 주민 중 7,000명이 사망했다. 순례자들의 귀향 경로를 계속 추적한 래드클리프는 "순례자들이 유프라테스 강 유역으로 가는 내내 콜레라가 이들을 따라다녔다"고 말했다.[41]

전염병이 7월에 중동을 통과하던 때, 알렉산드리아에서 마르세유를 거쳐 발렌시아로 이동한 프랑스 상인이 자신이 머물던 집에서 다른 상인들과 함께 사망했다. 래드클리프는 "발렌시아가 스페인 내 콜레라 유행의 시작점"이라고 단언했다. 같은 날 콜레라는 이탈리아 안코나 주민들에게로도 퍼졌다. 알렉산드리아에서 도착한 한 여성이 안코나의 격리병원에 6일 동안 격리돼 있는 상태에서 일어난 일이었다. 이튿날 이 여성은 피스토이아로 떠난 후 콜레라에 걸려 죽었다. 래드클리프는 유럽에서 콜레라의 이동을 추적하기 위해 다른 증거들도 수집했다. 그는 지브롤터와 마르세유의 콜레라 유행에 관한 세부

사항을 종합했는데, 7월 23일에 발생한 첫 번째 공식 피해자는 증기선 선원이었던 아버지를 돌본 간호사였다. 하지만 래드클리프는 질병이 이미 마르세유에 이미 도달한 상태였다고 주장했다. 6월 둘째 주부터 메카에서 돌아오는 많은 순례자가 귀향길에 미르세유를 통과했다.[42] 전염병이 중동에서 지중해와 그 너머로 퍼지자 래드클리프는 시선을 유럽으로, 그리고 대서양을 건너 미국으로 넓혔다. 영국에서 보고된 첫 번째 사례는 9월 17일, 영국 사우샘프틴에서 나타났다.

래드클리프의 분석 대부분은 특정 선박을 추적함으로써 콜레라가 한 곳에서 다른 곳으로 확산하는 것을 매우 명확하게 드러내는 동시에 광범위한 지역을 다뤘지만, 유럽과 미국으로 전파되는 과정은 매우 짧은 설명만으로 얼버무렸다. 그는 "콘스탄티노플에서 출발한 감염 선박들의 궤적, 콜레라가 다뉴브강을 통과하고 흑해 지역으로부터 러시아로 침투한 궤적을 흑해와 마를마라 해의 해안들을 따라 추적하려면 너무 많은 시간이 걸릴 것이다"라고 말했다. 그러면서 우크라이나에서 독일로, 유럽에서 뉴욕과 과달루페로 전염병이 퍼지는 것을 아주 간략하게만 언급했다.[43]

*　*　*

래드클리프가 유럽에서 미국과 카리브해 지역으로 서진하는 전염병을 설명하지 못한 것은 군사 관료체계의 한계에 기인했을 수 있다. 보고서를 작성하고 공유하기 위한 전 세계 국가들의 노력 사이에 편차가 존재한 때문일 수도 있다. 대영제국은 의사들을 세계 곳곳에 보냈고, 이들은 콜레라가 중동에서 지중해로 이동하는 것을 확인케 하는 보고서를 래드클리프에게 보냈다. 래드클리프는 시리아 동쪽에서 전염병의 초기 단계를 추적했다. 그는 "지금까지 시리아 북쪽과 서쪽, 그리고 동쪽 해안에서 전염병의 흔적을 추적해 왔다. 이제 다른 방향으로 나아가야 한다"고 말했다. 그는 콜레라 유행이 유프라테스강을 따라 쿠라, 수켈숙, 디바미에, 이만알리, 케르벨라를 거쳐 9월에 바그다드까지 퍼졌다고 설명했다. 그는 "이 경로를 따라 전염병이 발병한 것은 페르시아와 중앙아시아 순례자들이 메카에서 바다를 건너 페르시아만과 유프라테스강을 거슬러 올라오는 것과 동시에 일어났다"고 주장했다.[44]

아프리카로 관심을 돌린 래드클리프는 "타크루리 순례자들"(서아프리카 무슬림)이 메카에서 돌아오는 길에 아비시니아(현 에티오피아)와 마사와(현 에리트레아 미치와)에 콜레라를 퍼뜨렸다고 주장했다.[45] 래드클리프는 그 증거로 "아비시니아에 대한 공식 서한"과 봄베이 주둔군의 보조의사였던 헨리 블랭크가 쓴 유명한 책 《포로들의 이야기》를 들었다. 블랭크는 아비시니아 황제에게 인질로 잡힌 영국 선교사들을 구출하기 위해 영국 대표단과 함께 인도를 떠나 아비시니아로 갔다. 블랭크는 아비시니아에 도착한 지 석 달 만에 감옥에 갇혔다. 블랭크의 투옥은 아비시니아와 영국 간 위기를 심화시켰고, 영국 신문들은 이 사건을 대서특필했다. 블랭크는 결국 석방됐고, 무슬림들이 순례를 마치고 아프리카로 돌아오는 길에 일어난 콜레라 전염에 관해 자세히 서술한 책을 썼다. 래드클리프는 베스트셀러가 된 블랭크의 이야기를 사람들이 잘 알고 있다고 생각했다.[46]

아프리카 감옥에서 비참하게 지낸 경험을 자세하게 다뤄 영국 독자들을 매료시켰던 이야기는 진위가 의심스럽기도 하거니와 래드클리프가 사용하기에는 부정확한 출처로 보일 수 있다. 다만 이 책의 서술 방식은 래드클리프가 영국과 유럽의 의사들로부터 받은 보고서들의 서술 방식과 근본적으로 다르지 않았다. 콜레라를 추적한 의사들 대부분이 이야기 형식으로 보고서를 작성했기 때문이다. 남북전쟁 당시 남부와 서부에서 질병 발생을 묘사한 미국의 의사들처럼, 영국과 유럽의 의사들도 콜레라가 발생한 환경, 지역의 상황, 그리고 사람들의 특성을 주로 묘사했다. 전염병 확산을 이해하기 위한 노력의 일환으로 이들은 질병이 어떻게 한 곳에서 다른 곳으로 이동하는지 설명하는 이야기를 만들어냈다.

1860년대의 역학은 질병 확산을 기록하기 위해 통계에 크게 의존하지 않았다. 당시의 역학은 전염병의 원인, 확산, 그리고 예방을 설명하는 문서화된 이야기에 의존했다. 래드클리프는 이렇게 작성된 보고서들을 모아 대유행의 초기 설명들 중 하나를 제공하는 훨씬 더 큰 이야기로 통합했다. 중세 전염병이나 다른 질병 발생에 대한 많은 이전 연구들은 특정 지역에 한정돼 있었다.[47] 대영제국에 의해 만들어진 관료체계는 래드클리프가 훨씬 더 넓은 지역을 볼 수 있게 했다. 래드클리프에 따르면, 1865~1866년에 전염병은 전 세계 교통량 증가로 인해 19세기 이전의 전염병보다 더 빨리 퍼졌다. 래드클리프는 "내 생각에, 유례없이 빠른 진행속도는 질병이 지닌 특이한 독성으로 설명할 수 없으며, 서로 다른 나라들 간 교통량이 증가하고 교통 속도가 빨라졌다는 사실로만 설명할 수 있다"고 말했다.[48]

　　　　＊　　＊　　＊

　　1866년 콜레라 대유행이 미국을 강타한 지 6개월이 지나서 미국 공중보건국은 남부와 서부 전역에 주둔한 군의관들로부터 관찰 결과를 수집하기 시작했다. 남북전쟁 기간에 미국위생위원회는 주로 상선 선원들의 건강을 감독하던 공중보건국 인원들을 동원해 국가의 건강을 더 적극적으로 감시했다.[49] 공중보건국은 남부 재건지역에서 해방된 사람들에게 불균형적으로 영향을 미치는 질병 발생에 대응하기 위해 전쟁부가 창설한 기관인 자유민의무부Medical Division of the Freemen's Bureau를 모태로 확장된 기관이었다. 자유민의무부는 미국 최초의 의료시스템을 확립한 조직이기도 했다. 40개의 병원을 짓고 120명 이상의 의사를 고용했으며 약 100만 명의 자유민에게 의료서비스를 제공했다. 전후 남부 지역의 건강상태에 관한 보고서를 연방정부에 제공하기 위해 군의관들에게 의존함으로써 자유민의무부는 연방 권력의 확장을 이끌기도 했다. 자유민의무부의 의사들은 병원의 환자 수를 기록하고 사망률을 측정해 남부 지역의 건강상태에 관한 보고서를 제출했다. 1865~1866년 천연두 유행이 흑인사회를 황폐하게 만들었을 때, 의사들을 비롯한 연방 요원들은 전염병 유행을 막을 수 없는 불안한 상황에 대해 상세하게 묘사했다. 그들은 환자를 치료할 의사가 충분하지 않고 격리 시설을 건설할 자원이 부족하다고 주장했다. 나아가 연방 요원들은 흑인들이 선천적으로 전염병에 취약하며 부도덕과 나태함이 그들 사회에 천연두가 창궐하도록 만들었다고 역설했다.[50]

1866년 천연두 유행이 한창인 상태에서 콜레라가 남부로 확산하자 천연두 예방을 할 수 없는 이유로 연방 요원들이 제시했던 모든 요인들이 사라졌다. 당시 연방 요원들은 콜레라는 백인과 흑인 모두의 생명을 위협하는 반면, 천연두는 주로 흑인에게 감염된다고 주장했었다.[51] 자유민의무부를 모태로 한 공중보건국은 이 과정에서 권력과 권한을 확장했다. 이 확장 과정은 미군 전체에 퍼진 유행병을 추적해 보고서를 작성하고, 위생에 관한 권고 차원의 예방 수칙을 제시한 군의관들의 노력에 의존했다.

공중보건국은 "군의관들에게 정보와 지침을 제공하기 위해" 콜레라 유행에 관한 포괄적인 보고서를 발행했다. 미군 의무총감 조지프 K. 반스에게 제출된 이 보고서는 공중보건국 소속이자 미군 의료박물관 의학부문 책임자였던 조지프 우드워드가 작성했다. 우드워드는 군의관들로부터 정보를 수집해 1866년 콜레라 유행에 관한 보고서를 완성했다(이듬해인 1867년 그는 황열병을 다룬 비슷한 보고서도 작성했다). 보고서에서 그는 군대에 콜레라 환자가 "별로 많지 않은" 사실에도 불구하고, 질병 확산과 관련된 정보는 "검역의 문제"를 해결하는 가장 중요한 정보가 될 수 있다. 따라서 "가능한 모든 사람이 공공 위생 문제에 관심을 가질 가치가 있다"고 언급했다.[52] 조지프 존스가 천연두 예방접종이 효과를 파악하기 위해 남부연합 의사의 관찰 결과를 수집한 것과 마찬가지로(7장 참조), 공중보건국은 콜레라를 파악하는 데 있어 의사들의 관찰이 지닌 가치를 인식했다.

군의관들의 보고서를 수집한 우드워드는 콜레라 확산 상황을 지도화했고, 미국 내 전염병 확산에 대한 역대 최대 규모의 연구를 진행할 수 있었다.[53] 과거 지역 자치단체와 주 정부는 지역이나 주 경계를 넘어 전염병이 퍼지는 것을 관찰할 수단이 한정돼 있었다.[54] 가령 1832년 뉴욕의학협회 회원 15명이 콜레라 유행을 연구하기 위해 특별위원회를 구성했지만, 그들의 보고서는 뉴욕 주로 제한됐다.[55] 그런데 1866년, 연방정부가 확대·재편되는 시기에 콜레라 유행이 일어났다. 재건시대를 거치는 동안 연방정부는 콜레라가 전국을 넘어 카리브해 지역과 중앙아메리카까지 어떻게 퍼지는지 관찰할 수 있는 광범위한 군 관료체계를 만들어냈다. 우드워드는 의무총감에게 제출한 보고서에서 군 최초의 콜레라 환자가 뉴욕 항구의 거버너 섬 요새에서 확인됐다고 언급했다. 미니애폴리스에서 온 신병이 1866년 7월 3일 처음으로 감염 징후를 보였다. 그가 병원에 입원한 지 몇 시간 후, 또 다른 신병도 콜레라 증상을 보였다. 그 후 이 병은 근처의 하트 섬으로 퍼졌다. 그곳에서 유행이 심각해지자 군대는 또 다른 장소인 데이비드 섬으로 이동했다. 7월 19일, 하트 섬에서 그날 아침 도착한 보스턴의 한 군인이 콜레라로 사망했지만, 보스턴에는 다른 환자가 나타나지 않았다.[56]

관료체계에 따른 기록들을 통해 공중보건국은 콜레라가 어디서 어떻게 확산했는지를 기록할 수 있었다. 약 140명의 승무원과 승객을 태운 산살바도르 호라는 이름의 증기선이 7월 14일 뉴욕을 떠났다. 이 배는 제7 보병연대의 476명을 태우기 위해 거버너 섬에 들렀다. 플로리다로 항해한 두 번째 날, 갑판 위에 가득 차 있던 신병들 사이에서 콜레라가 발생했다. 4일 후 배가 조지아 주 서배너 해안에 도착했을 때는 3명이 죽고 25명이 콜레라에 걸린 상태였다. 산살바도르 호는 임시 군 병원이 있는 인근 타이비 섬에 정박해 격리됐다. 그 후 3주 동안 남은 신병들은 섬에서 살아남아야 했다. 이 기간에 "콜레라 유행이 계속됐다." 116명이 사망하고 202명이 병에 걸렸다. 많은 군인들이 탈출을 시도했고, 그들 중 18명은 나중에 숨진 채 발견됐다. 이 섬에 거주하던 10명의 백인 모두 병에 걸렸다. 이 중 5명이 사망했으며, 한 명은 나중에 "조지아 주 내륙 어딘가에서" 숨진 채 발견됐다. 격리된 배에 머물거나 서배너에 있던 군인들 사이에서는 콜레라 발생 사례가 없었다.[57]

래드클리프가 콜레라 확산을 시각화하기 위해 무슬림 순례자들을 추적했던 것과 같은 방식으로, 공중보건국은 신병들을 추적했다. 전국의 의료 관계자들로부터 보고서를 수집함으로써 우드워드는 어떻게 군인들의 이동이 콜레라 확산으로 이어졌는지 관찰할 수 있었다. 그는 뉴올리언스에 주둔하는 군인들 사이에서 발생한 콜레라 유행이 허먼리빙스턴 호라는 이름의 증기선을 타고 뉴욕에서 루이지애나로 이동한 신병들에게서 시작됐다는 것을 알아냈다. 군인 2명이 이동하는 도중 콜레라로 사망했는데, 7월 16일 루이지애나에 도착한 이 배에서 몇 명의 병사들이 하선했다. 며칠 후, 대부분의 병력은 텍사스의 갤버스턴으로 향했다.

7월 22일, 뉴욕에서 출발했던 군인들이 텍사스로 떠난 후 뉴올리언스에 주둔하던 제6 기병대 G중대의 병사 한 명이 콜레라에 걸렸다. 그가 뉴욕 출신 신병들과 접촉했는지는 불분명했다. 그 후 루이지애나에 있는 뉴욕 출신 신병 중 한 명이 콜레라에 걸렸고, 기병들 사이에서도 환자가 발생했다. 7월 25일, "루이지애나 면화공장에 주둔한

제81 유색인종보병부대"의 병사 한 명이 콜레라에 걸려 다음날 사망했다. 다음날 제방 근처에 있는 "황소머리 마구간"에서 경계 근무를 서던 또 다른 흑인 병사가 병으로 캠프로 이송돼 다음날 사망했다. 콜레라는 "연대 전체로 급속하게 퍼졌다." 콜레라는 이미 뉴올리언스의 민간인들에게 침투했고, 첫 번째로 콜레라에 걸린 군인 중 일부는 "도시의 오두막에서 몸이 늘어진 상태로 끌려갔다."[58] 뉴올리언스 시 공무원들은 콜레라가 많은 사람을 감염시켰을 때까지도 보건 정책을 세우지 않았다. 따라서 군이 할 수 있는 방식으로 시 당국이 초기 콜레라 사례를 파악하는 것이 불가능했다.[59]

콜레라는 뉴올리언스에서 텍사스로 이동한 군대와 동행해 버지니아, 조지아, 그리고 켄터키에서 "출현했다." 군 당국이 만든 지도는 콜레라의 실제 확산보다는 콜레라를 추적할 수 있게 한 관료체계와 관련이 있다. 군에서도 보고되지 않은 사례가 있었을 것이다. 루이지애나에서 민간인들이 전염병에 대한 정보를 수집했듯이, 군 관료체계가 민간인에 대한 세부사항을 포착한 사례도 있었다. 공중보건국은 접수된 보고를 바탕으로 질병의 움직임을 추적할 수밖에 없었다. 우드워드는 뉴올리언스에서 미시시피강 상류로 이동한 전염병에 대해 "모든 증거가 완벽하지는 않지만, 전염병이 이 지역의 한 곳에서 다른 곳으로 옮겨진 사례들이 다수 있다. 이런 사례들은 콜레라의 움직임에 대해 의심할 수 없게 만든다"라고 말했다.[60]

콜레라 확산을 시각화하기 위해 군의관들은 콜레라의 존재와 움직임을 설명하는 각종 용어와 표현에 의존했다. 보고서를 제출한 군과 민간 당국자 모두 콜레라라는 존재를 묘사하기 위해 "출현"이라는 말을 사용했다. "출현"이라는 용어는 콜레라에 감염된 특정 지역을 표시하는 방법이기도 했다. 가령 우드워드는 콜레라가 리치먼드의 시민들 사이에서 "출현"했다고 썼다.[61] "출현"이라는 용어가 종종 군사적 감시망 밖에 있는 콜레라의 존재를 설명하는 논리로 기능한 반면, 많은 장교들은 계속해서 특정 사람들이 콜레라를 "옮겼다"고 표현했다. 우드워드는 콜레라가 "인디애놀라를 거쳐 도착한 신병들에 의해 (오스틴의 부대로) '옮겨졌고', 증기선을 타고 리틀록으로 '옮겨졌다'"고 말했다. 그런가 하면 관리들은 콜레라의 존재를 묘사하기 위해 익숙한 관용표현을 쓰기도 했다. 가령 우드워드는 루이지애나 주 슈리브포트에 있던 제80 "유색인종 부대"의 콜레라를 묘사하면서 콜레라 사례가 "아래 플랜테이션에서 보고됐다"고 언급했다.[63]

*　　*　　*

군 관료들은 정치적인 봉기가 미시시피와 루이지애나에 주둔한 병사들 사이의 콜레라 확산에 미친 영향을 기록하기도 했다. 1866년 당시 공화당원들은 해방노예의 수호자였고, 남부의 백인 민주당원들은 해방노예의 적이었다. 2년 전 공화당은 흑인 남성에게 권리를 확대하려는 움직임을 보였지만, 이런 흐름에 분노한 민주당은 루이지애나에서 흑인이 투표권을 획득하는 것을 막는 법안을 통과시켰다. 공화당원들은 흑인이 새로 얻은 참정권과 자유를 제한하는 법안을 민주당이 통과시키지 못하도록 루이지애나 주 제헌회의를 소집할 것을 요구했다.

한편 전당대회 이틀 전인 1866년 7월 27일, 흑인 퇴역군인들은 공화당의 노력을 지지하기 위해 뉴올리언스에서 모임을 조직했다. 저명한 노예폐지론자들의 연설을 듣고 군 복무를 했던 그들은 참정권 투쟁에 나서기로 결의를 다졌다. 7월 30일 제헌회의가 열렸을 때, 이들은 밴드와 함께 메카닉스 인스티튜트까지 행진했다. 흑인 참정권을 반대했던 남부연합군 출신 백인 민주당원들은 흑인들이 감히 시위에 나섰다는 사실에 격분했다. 그들은 경찰을 동원해 흑인 퇴역군인들을 잔인하게 공격하기 시작했다. 50명에 가까운 사람들이 목숨을 잃은 이 대학살에서 경찰은 이미 땅에 내동댕이쳐진 흑인 남성들의 머리를 마구 두들겨 팼고, 백인 성노동자들은 흑인 제대군인들을 죽여야 한다고 외쳤다. 흑인 남성들의 사체가 거리에 나뒹굴었다. 시위가 끝난 뒤 죄수들이 동원돼 흑인 퇴역군인들의 사체를 수레에 담아 매장지로 운반했지만, 그중 일부는 산 사람이었다.[64]

군은 소요 사태를 진압하기 위해 시위 지역 주변에 흑인 병사들을 배치했다. 이 흑인 병사들이 뉴올리언스 남쪽의 미시시피강을 따라 부대로 돌아왔을 때 콜레라 증상을 보이기 시작했다. 군의관들은 군인들이 시위 진압 중에 콜레라에 감염됐다고 믿었다.[65] 폭력은 또 다른 폭력을 낳았다. 19세기의 콜레라는 전 세계 사람들의 생명을 위협하는 무서운 힘이었지만, 전염병은 지배를 당하는 사람들 사이에서 가장 많이 발생했고 폭력의 언어로 서술됐다.

영국과 유럽의 의사들이 순례에서 돌아오는 무슬림을 "질병을 옮기는 사람들"로 지칭했듯이, 워싱턴 DC의 연방정부와 군 당국은 유색인종을 같은 표현으로 지칭하면서 유행병 확산에 대해 이해했다.

가령 콜레라 확산에 대한 상세 설명을 담은 보고서에서 우드워드는 백인 군인 중 첫 번째 환자가 1866년 8월 22일에 발생했는데, "유색인종 이발사가 전날 질병으로 사망했다"고 언급했다. 이발사가 백인 연대에 콜레라를 퍼뜨린 장본인이었음을 암시하기 위해서였을 것이다.[66] 또한 우드워드의 보고서는 샌안토니오 인근 미 제17 보병분견대의 콜레라 발생에 대해 설명하면서, 샌안토니오에서 온 멕시코 팀원 2명이 캠프 근처에서 하룻밤을 머물다가 사망한 사건이 시발점이었다고 비난했다.[67] 19세기 전반 몰타의 세탁소나 인도의 병원 직원 사례와 유사하게, 미국 당국도 전염병의 확산을 시각화하고 추적하는 데 도움을 얻기 위해 종속된 사람들을 이용했다.

우드워드의 보고서는 백인 군대와 흑인 군대 모두의 질병 확산을 기록했다. 뉴욕에서 루이지애나까지 전염병을 추적한 후, 우드워드는 미국 다른 지역으로 질병이 이동한 양상을 설명했다. 그는 켄터키, 버지니아, 아칸소, 뉴멕시코, 캔자스에 콜레라가 존재한다고 언급했다. 그러면서 이들 중 일부를 루이지애나와 연결하려 시도했지만, 모든 연결고리를 확인할 수는 없었다고 인정했다. 그럼에도 그는 뉴욕에서 샌프란시스코까지 신병들을 태우고 가던 배가 니카라과 산후안 강을 지날 때 신병 중 몇 명에게서 콜레라가 발생했다는 점을 언급하면서 보고서를 마무리했다.[68]

군의관들의 보고서 축적은 콜레라의 병리학적 특성에 대한 지식을 확고히 하고 전염병의 원인을 규명하는 데 도움이 됐다. 예를 들어 조지아 주 타이비 섬 검역소의 한 군의관은 심각한 증상으로 "갑자기 발작한" 남자들이 발작 이후 바로 사망했다고 보고했다. 한 가지 공통적인 흔한 증상은 "쌀미음 모양의 토사물"이었다.[70] "쌀미음 모양의 대변"을 특징으로 꼽은 의사들도 있었다. 이렇게 묽고 양이 많으면서 점액 반점이 있는 설사는 콜레라가 소장을 공격했기 때문에 나온 것이었다. 하트 섬에 있는 병원을 찾은 한 군의관은 "이 병은 의심할 여지 없이 콜레라였다"고 결론짓고, "쌀미음 같은 토사물과 설사"를 포함한 "악성 증상"을 24개나 나열했다.[72]

*   *   *

　세균 이론이 등장하기 전의 의사들은 발병의 원인이 무엇인지에 대한 이론을 채택하기 전에 대부분 현장에서 질병이 어떻게 전개되는지를 직접 관찰했다. 가령 아칸소 주 리틀록에 주둔하던 군의관 존 밴샌트는 무기고에서 발생한 질병의 원인을 찾기 위해 병이 발생한 곳을 현장 조사해야겠다고 생각했다. 그는 콜레라가 다른 전염병들처럼 잠복기를 갖는지 확신하지 못했다. 만약 그렇다면 콜레라가 이미 다른 지역에 퍼졌을 수도 있으므로, 질병 발생 장소를 조사하는 행위는 잘못된 것일 수도 있었다. 밴샌트는 공기의 상태에 주목해 콜레라 발생 당시 "공기 중 산소"가 "특이한 활동"을 해서 습도가 높아지지 않았음에도 녹이 많이 슬어있었다는 점을 확인했다. 그렇다고 해도 그 상황이 콜레라에 대해 알려주지는 않았다. 그는 "이 전염병에 대한 나의 관찰은 내가 아마도 지역적인 원인일 것이라고 상상할수 있는 어떤 것도 규명해주지 않는다"고 결론지었다.[73]

　몇몇 의사들은 수질을 콜레라 발생 원인의 하나로 언급하기도 했다. 우드워드는 보고서에서 "콜레라 유행 기간에 식수의 특성이 중요하다는 시각이 유럽에서 관심을 끌었으며", 영국 공공기록원 원장이 "런던 몇몇 지역의 콜레라 확산은 물 안에 든 유기 불순물의 양과 정비례했다"고 언급했다는 내용을 소개했다.[74] 콜레라가 처음 뉴욕항 근처에 주둔한 부대들 사이에서 발생했을 때 식수 표본이 공중보건국에 제출됐고, 스미스소니언 연구소 산하 화학연구소 소장인 벤저민 E. 크레이그가 그 식수 표본을 분석했다. 의사로 훈련을 받은 크레이그는 런던과 파리에서 화학과 물리학을 공부했고, 1858년 스미스소니언 연구소 산하 화학연구소 소장이 되기 전 3년 동안 조지타운 의과대학의 화학 교수로 일한 사람이었다.[75] 크레이그는 런던에서 공부했기 때문에 다른 나라 연구자들과 개인 서신이나 의학 저널을 통해 계속 교류했을 것이다. 이런 교류를 통해 크레이그는 존 스노의 수인성 콜레라 이론을 접했을 것으로 보인다.

크레이그는 특히 두 곳의 물 샘플에서 "상당량의 유기 불순물"을 관찰했다. 그는 식수로 사용하기 전에 물을 과망간산칼륨으로 정제할 것을 권고하고 그 방법에 대한 지침을 제공했다. 하지만 우드워드에 따르면 "이 권고는 내가 아는 한 실행에 옮겨진 적이 없으며" 뉴올리언스 이외 지역에서는 순수한 수원을 찾으려는 시도조차 거의 없었다.[77]

군 당국이 1866년 크레이그의 정수 권고를 따르지 않은 이유는 지금도 밝혀지지 않았지만, 몇 가지 설명이 가능하다. 우선, 공중보건국이 모든 의사에게 이 정보를 제대로 전달하지 않았을 수 있다. 남북전쟁 끝나고 나서야 미국 정부는 관료체계를 전국으로 확대해 메시지와 회람을 발송하기 시작했다. 정보 전달조차 어려운 상황에서 과망간산칼륨을 전국에 보내는 일은 더 어려웠을 것이다. 많은 의사들은 텐트, 담요, 음식과 같은 기본적인 보급품조차 부족하다고 한탄했다.[78] 과망간산칼륨을 구할 수 있었다고 해도 콜레라를 막아줄 마법의 총알이 아니라 질병 확산을 막기 위한 많은 소독약 중 하나로 제시됐다. 조지아 주 서배너 인근 타이비 섬의 검역소에 배치된 한 의사는 과망간산칼륨을 보급받았지만, 정수 용도가 아니라 일반 소독제로 사용한 것으로 보인다. 그는 그곳의 심각한 발병은 녹색 채소 위주의 식단, 임시 텐트 병원의 환기 부족, 의사와 물품의 부족, "땅에 지저분하게 방치된 것", 즉 위생 조치가 부족했던 것이 원인이라고 말했다.[79] 그의 증언에 따르면, 의사들은 오염된 물의 원천을 확인하는 것보다 청소를 예방의 한 형태로 더 많이 신경 썼다. 게다가 그들은 예방보다는 환자 치료에 집중하기 바빴다.[80]

콜레라 유행 기간에 물을 정화하는 데 실패했음에도 불구하고, 의무총감에게 제출된 보고서에는 의사들이 식단을 바꾸고, 환기 상태를 개선하고, 캠프를 다른 곳으로 옮기고, 소독하고, 검역소를 설치하고, 옷을 태우는 등의 모든 예방조치를 했다는 기록이 있다. 이런 활동을 기록함으로써, 의무총감은 콜레라 발생에 대한 주요 대응책으로서 위생상태를 강조했다. 돌이켜보면 이 보고서의 가장 큰 기여는 과망간산칼륨을 이용한 수질 정화 대책 실행을 촉진한 것이었지만, 위생을 강조한 것 역시 1866년에는 상당히 중요한 역할이었다. 불과 몇 년 전 남북전쟁이 시작됐을 때, 군의관들은 전쟁이 야기한 의료 재난에 제대로 대응하지 못했다. 이 때문에 민간단체가 위생 문

"DEATH'S DISPENSARY"

죽음의 조제실

19세기 중반 콜레라기 런던을 강타했을 때, 몇몇 의사들을 나쁜 수질을 콜레라 발생 원인으로 지목했다. 영국 공공기록원 원장이 "물 안에 든 유기불순물의 양"과 콜레라 발생 비율이 정비례한다는 논리를 펴자 신문과 잡지들은 죽음의 신이 물을 나눠주는 듯한 이미지를 소개하며 그의 논리에 동조했다. 삽화 아래에 '죽음의 조제실'이라는 제목이 붙어 있다.

제를 해결하기 위해 USSC를 설립한 것이다. 1866년의 의무총감 보고서는 위생 환경을 촉진하기 위한 의사들의 노력을 기록함으로써 USSC의 작업을 계속 이어갔다.

각 지역, 주 정부 또는 연방 차원의 공중보건 당국이 만들어지기 전에 군대는 광범위한 지역에 걸쳐 부대원들의 건강상태를 감독해 얻은 지식으로 역학을 발전시켰다. 연방정부는 군 관료체계에 의존해 미군 전체에 걸친 콜레라 확산을 조감할 수 있었다. 역학 지도가 널리 사용되기 전에, 공중보건국은 전국적으로 확산하는 전염병 지도를 작성하기 위해 상세한 서술 보고서에 의존했다. 군 당국은 전국에 걸쳐 배치된 군의관들로부터 보고서를 받았고, 이 보고서는 지역 정부나 주 정부가 파악할 수 없었던 콜레라 유행 상황을 연방정부가 파악할 수 있게 만들었다.

1866년 군의 콜레라 유행에 대한 우드워드의 포괄적인 보고서는 미국 역학 역사의 전환점이 됐다. 연방정부는 미래에 전염병이 확산하는 것을 막기 위한 일련의 관행과 아이디어를 취합했다. 1867년 콜레라 전염병이 군대를 위협했을 때, 우드워드는 회람 5호로 알려진 1866년의 보고서 사본을 전국의 군의관들에게 보냈다. 이를 통해 의사와 관리들에게 위협을 경고하고, 눈덩이처럼 피해가 불어나기 전에 이미 보고된 사례에 신속하게 대응할 수 있게 해주었다. 예를 들어, 1867년 몇몇 의사들은 군대의 물을 정화하기 위해 과망간산칼륨을 사용했다고 보고했다. 아마도 이런 방법은 콜레라 확산을 완화시켰을 것이다.[81]

우드워드는 1867년의 콜레라에서 사망률이 낮았던 것은 의사들이 1866년에 군대, 특히 신병들의 이동이 광범위한 발병의 원인이었다고 주장하는 회람을 읽었기 때문이라고 강조했다. 우드워드는 1866년 콜레라 감염과 사망자가 각각 2,724명, 1217명이었던 데 반해 1867년의 콜레라 사망자는 230명에 불과했다고 썼다.[82] 그는 의무총감이 회보를 통해 방역 조치 실행을 권장했고, "이렇게 채택된 검역 조치들은, 같은 회람에서 지시한 위생 조치들과 함께 확실히 많은 군인의 생명을 구했다. 1867년 콜레라로 인한 총 사망자는 230명에 불과했다. 이런 감소는 1867년의 질병이 덜 치명적이어서가 아니다. 1867년 사망자 1명 당 전체 환자 수 비율은 1: 2.19였지만, 1866년에는 1: 2.22였다는 사실에서 알 수 있다"고 설명했다.[83]

* * *

남북전쟁 이후 미국은 1866년과 1867년의 상황을 우드워드가 비교할 수 있도록 정보를 제공하는 군인과 의사들로 구성된 공간으로 변화했다. 콜레라의 원인, 확산, 그리고 예방에 대한 통념이 널리 확산된 것은 이러한 군대 배치, 아메리카 원주민의 강제 이주, 그리고 노예해방의 직접적인 결과다. 콜레라에 대한 지식, 즉 현장 군의관들이 작성해 워싱턴 DC로 보내 주요 보고서 형태로 만들어진 지식의 형성과정은 대영제국과 미국 남부에서 콜레라에 대한 지식이 형성되는 과정과 비슷했다. 노예제도나 식민주의처럼 전쟁도 의사들이 전염병의 원인, 확산, 예방을 연구할 수 있는 사회적 환경을 만들었다.

공중보건국, 맥클렐런, 래드클리프, 국제위생위원회는 콜레라 확산을 파악하기 위한 보고서 작성의 필요성을 강조함으로써 역학 분야를 발전시켰다. 후세의 역학자들이 전염병의 경로를 추적하기 위해 실제 지도를 참조하는 반면, 몇몇 예외를 제외하고 18765~1866년 이전의 초기 역학 연구자들은 관료체계의 도움을 받아 전파된 문서와 보고서에 의지해 세계적인 콜레라 유행의 움직임을 파악했다.[84] 존 스노가 런던 일대의 콜레라 전파 상황을 보여주기 위해 작성한 지도는 대중과 일부 학계에 역학 발전을 보여주는 상징적인 예가 됐다.[85] 1865~1866년의 콜레라 대유행에 대한 미국 군과 의학계의 설명은 전염병의 조감도를 제공했고, 이는 역학 발전을 앞당겼다. 이 대유행은 전 세계 의사들이 발병을 관찰하고 국제위생위원회와 미국 공중보건국 같은 기관들이 유행병 확산을 막기 위한 방법을 개발할 수 있도록 만든 서술 보고서 작성을 촉진했다.

결론

역학의 뿌리

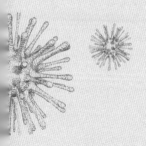

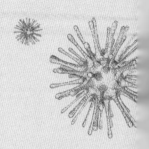

1756~1866년의 의학계는 역학 분야를 발전시키기 위해 전 세계 다양한 인구집단에 의존했다. 의사들은 이론을 검증하고 주장을 뒷받침하는 증거를 제공하기 위해 노예가 된 사람들이나 식민 지배를 당하는 사람들뿐만 아니라 군인과 이슬람 순례자들에게도 의존했다. 이 기간에 의사들이 사례연구에 의존한 것은 드문 일이 아니었지만, 지금까지 그 누구도 전염병을 이해하기 위해 의료계가 대부분 이름이 밝혀지지 않은 사람들에게 얼마나 의존했는지 체계적으로 설명하지 못했다. 이 책에서 다룬 증거들은 훨씬 더 거대한 관행과 패턴의 극히 일부에 불과하다.

《제국주의와 전염병》은 이런 사례들 중 몇 가지를 강조함으로써 군과 식민지 관료체계가 어떻게 종속된 사람들 사이의 전염병 발생에 대한 조사에 도움을 주었는지 보여주는 책이다. 다른 학자들도 의사들, 정부 관료들, 종교 지도자들이 다양한 시대와 지역에 걸쳐 제국의 중심으로 다시 흘러든 소외된 사람들에 대한 연구를 어떻게 했는지 기술하고 있지만, 이 책은 이런 연구가 생각보다 널리 이뤄졌다는 사실, 나아가 이들 연구가 역학 발전에 어떤 기여를 했는지를 다루고 있다.[1] 의사들의 서신이나 보고서는 훗날 과학적 원리로 발전된 이론이나 지식의 처음 모습을 명확하게 보여준다. 노예선, 식민지, 전쟁터에서 일함으로써 의사들은 전문가가 될 수 있었다. 하지만 그들의 생각에 영향을 미친 사람들, 장소 그리고 상황은 대부분 기록되지 않았다. 이 책은 식민주의, 노예제도, 전쟁의 직접적인 결과로 빚어진 환경이 어떻게 특정 인구를 연구할 수 있게 했는지, 그들을 통해 수행한 연구가 어떻게 새로운 이론의 토대를 만들어냈는지 설명한다. 환기 시스템의 이점과 신선한 공기의 중요성을 확인하는 데 도움을 준 노예선 연구는 산소의 필요성이라는 근본적인 요소들을 시각화하기 위해 과학이 노예무역의 폭력적이고 잔인한 조건들을 어떻게 이용했는지 보여준다.

또한 이 책은 전염병에 대한 연구가 더 큰 사회적 변화와 분리될 수 없다는 것을 강조한다. 최근 학자들은 노예제도가 어떻게 현대 자본주의의 형성에 기여했는지 설명하기 위해 많은 책과 논문을 쓰고 있다.[2] 스벤 베커트Sven Beckert와 세스 록맨Seth Rockman은 "미국의 노예제도는 미국 자본주의의 DNA에 확실히 각인돼 있다"고 주장하기도 했다.[3] 이 책은 노예제도가 역학의 DNA에 어떻게 각인되어 있는지를 보여줌으로써 이 주장의 정신을 따르고 있다. 노예제도는 경제제도로서 고안되었지만, 이제 우리는 노예제도가 의료 사상과 공중보건 관행의 발전에도 기여했다는 것을 알게 됐다. 의사들은 전염병 확산을 관찰하고, 백신 물질을 수확하기 위해 플랜테이션에 예속된 어린 노예와 가난한 흑인들을 이용했다.

의사들은 도시들의 위생 개선을 위한 노력을 비교하고 맥락을 만들어내기 위해 병사와 전쟁 포로들로 가득한 군대 캠프를 이용했다. 그들은 중동에서 미국 서부에 이르는 검역 관행을 관찰하기 위해 전 세계를 여행하기도 했다.

학자들은 식민주의, 노예제도, 전쟁을 별개의 실체로서 검토하는 경우가 많았다. 하지만 이 책은 의사들이 의학이나 건강에 대한 증거를 모으기 위해 어떻게 이러한 역사적 변혁을 이용했는지 보여준다. 의사들은 이런 증거들을 서로 공유하기도 했다. 영국의 전쟁 포로들이 인도의 혼잡한 감방에서 질식사한 사건은 트로터가 노예선의 신선한 공기를 조사하기 몇 년 전에 일어났다. 이 두 사례 모두 의사들에게 동일한 증거를 제시했다. 혼잡한 환경이 신선한 공기의 양을 줄였기 때문에 건강에 좋지 않다는 것이었다. 의사들은 노예선, 전쟁터 그리고 대영제국 전역의 사람들 사이에서 발생한 전염병을 조사하는 일을 했다.

이 책에서 알 수 있듯이, 현대 역학의 대부분은 식민지, 노예제도, 그리고 전쟁의 결과로 생겨난 예속된 사람들의 질병을 관찰하고 치료하고 예방한 행동에서 발전했다. 전염병을 연구한 의사들은 지금은 옳다고 여겨지지 않는 이론을 제시하기도 했다. 하지만 그들의 기여는 이론의 실제 내용보다 그들이 개발한 방법에 있다. 전염병의 원인 규명, 확산 추적, 증상 기록, 지역 의료 상황 조감도 개발, 정부 당국에 예방책 개발을 촉구하기 위한 노력은 현대 역학 및 공중보건의 근본이념 형성에 기여했다. 정부 당국이 자메이카 흑인들 사이의 콜레라 확산을 막기 위한 조치를 취하도록 권고한 개빈 밀로이의 노력은 공중보건 혁신이 노예제도와 제국주의에 의해 세워진 곳에서 시작됐다는 것을 보여주는 예다.

군과 식민지 관료들의 기록은 설득력 있고 놀라우면서 새로운 증거를 제공한다. 전염병 발생은 질병 확산을 조사했던 각급 관리들의 보고서 작성으로 이어졌다. 각각 상황이 다르긴 하지만 모든 국면에서 군과 식민지 관리들은 전염병 유행에 직면했고. 이런 현실은 그들을 연구자로 만들었다. 그들은 정보를 수집하고, 상세한 메모를 하고, 지형을 연구하고, 전염병 환자나 목격자를 인터뷰했다. 이 과정은 학문의 한 분야로서 역학 발전을 촉진한 의료기록들을 만들었다.

노예제, 제국주의, 전쟁을 하나의 연구로 통합함으로써, 이 책은 당시 대다수 의사들이 인종적 차이를 기초로 삼기보다는 주로 사회적 · 환경적 요인 차원에서 전염병에 대해 생각했다는 것을 보여준다. 인종적 우열에 대한 견해에 동의한 의사들도 많았지만, 그들은 단순히 전염병 발생률의 차이를 설명하기 위해 인종적 차이에 관한 담론을 꺼내지 않았다. 인종적 우열에 대한 의학적인 담론은 특정한 목적을 위해, 특정한 장소에서, 특정 시기에 나타났다.[4]

놀랍게도 나는 연구를 하면서 의사들, 특히 대영제국 의사들이 인종 정체성이 주요 원인이라고 주장하기보다는 전염병 확산을 이끈 환경적 · 사회적 요인을 조사하는 데 집중했다는 사실을 발견했다. 플로렌스 나이팅게일과 밀로이 둘 다 분명히 비백인종 집단에 대해 경멸적인 시선을 보냈지만, 그들의 주된 연구 초점은 위생상태에 있었다. 그들은 비위생적인 환경이 질병 발생으로 이어진다는 이론을 증명해내기 위해 많은 양의 정보를 수집하고, 상세한 관찰 결과를 기록했으며, 사회 지형을 분석했다. 이 책은 애당초 의료전문가들이 이런 사람들을 연구할 수 있게 한 노예제와 식민주의의 더 큰 권력구조에 주목했다. 식민지, 노예제, 전쟁이 전염병 확산을 야기하는 환경을 어떻게 조성했으며, 의사들이 이들 전염병을 설명할 기회를 어떤 식으로 얻었는지를 보여준다.

이 기간에 인종적 우열에 대한 편견을 지지하고 강화한 의사들이 있긴 했지만, 이 책은 그 틀을 넘어 질병이 사람들 사이에서 어떻게 퍼지는지 조사하는 방법 개발에 기여한 다른 의사들을 강조한다.[5] 이 책은 전염병의 확산을 시각화하기 위해 대규모 집단을 연구한 의사들에게 초점을 맞추고 있다. 이 책에서 강조한 의사들이 개인에서 집단으로 지적 이동을 할 수 있었던 것은 국제 노예무역, 식민주의 확대, 전쟁 그리고 이 모든 것에 따른 인구 이동에서 비롯되었다. 이처럼 커다란 사회적 변화가 환자들이 사는 환경에 대한 조사를 시작하도록 의사들을 자극했다.

남북전쟁 동안, 과학적 인종차별은 전염병을 연구하는 지표가 되었다. 크림전쟁이 끝날 무렵 나이팅게일은 통계적 증거를 강조함으로써 역학의 기초가 되는 연구방법으로 발전시켰다. 안타깝게도 남북전쟁 중 미국 의사들은 나이팅게일의 궤적을 따라가면서도 인종적 정체성을 분석의 범주로 삼아야 한다고 주장했다. 미국위생위원회는 위생 원칙 준수를 장려함으로써 대중의 건강을 보호한다는 원칙에 따라 설립되었다. 그럼에도 북부연방의 의사들은 흑인 군인들을 더 듣고, 측정하고, 분석했고, 그렇게 함으로써 공중보건 연구에 인종차별적 시각을 주입했다. 전쟁이 끝난 후, 그들은 자신들의 주장을 뒷받침하기 위해 남부연합 의사들의 전쟁 전 의료 보고서를 이용했다. 미국 의사들은 인종을 생물학적 범주로 인정했다.

오늘날에도 인종 정체성은 공중보건 당국과 역학자들이 전염병 확산을 이해하기 위해 사용하는 중요한 지표로 남아있다. 미국위생위원회에 제도적 기원을 둔 이 시각은 과학자가 아닌 노예 소유주가 만들어낸 것임에도 불구하고, 공중보건과 역학 분야는 여전히 이 견해를 중시하고 있다.[6]

북부 의사들이 인종 정체성의 중요성을 설파하고 영국 의사들의 질병 연구 방식에서 벗어난 데 반해 남부 의사들은 대서양 건너편의 동시대 의사들과 연구의 틀을 더 일치시켰다. 예를 들어 천연두 백신 접종 실패에 대한 보고서의 마지막 부분에서 남부연합 의사 조지프 존스는 자신의 주장을 입증하기 위해 트로터의 노예선 연구를 포함해 많은 유럽과 영국의 연구를 인용했다. 존스는 세계적인 맥락에서 전염병을 이해했다. 이 책에서 알 수 있듯이 의사들은 식민주의, 노예제도, 그리고 전쟁이 만들어낸 동일한 사례를 이용해 전염병 확산에 대한 그들의 주장을 체계화했다.

이러한 사례들을 언급한 논문들은 중립적이고 객관적인 사실로 보이지만, 사실 대다수 의사들은 무서운 전염병 유행 상황에서 이런 사례연구를 발전시켰다. 의사들이 전염병에 대한 새로운 지식을 발전시킨 과정에는 어느 정도의 우발성이 수반됐다. 하지만 식민주의, 노예제도, 전쟁이 만들어낸 관료체계는 의사들이 유행병 발병으로 인한 혼란을 뛰어넘는 이야기를 만드는 데 도움을 주었고, 전염병 확산을 조감할 수 있게 만들었다. 이런 상황에서 의사들은 전염병 확산에 관해 합리적으로 보이는 이론을 만들었다.

관료체계 덕에 수행된 이런 과정은 데이터 수집과 의료 감시라는 현대적 관행의 기반을 제공했다. 런던역학학회의 회원들은 전염병이 만들어낸 고통과 죽음을 뛰어넘어, 전염병 확산을 추적하는 방법을 개발했다. 제임스 맥윌리엄이 카보베르데 보아비스타 섬의 피지배민 주민들을 꼼꼼히 인터뷰한 것은 전염병의 원인, 확산, 예방을 이해하고 잠복기와 실제 증상에 대한 구체적인 세부사항을 제공하는 1인칭 증언의 가치를 보여주었다.

맥윌리엄이 정보를 수집하기 위해 수첩을 가지고 도착하기 훨씬 전에, 지역 주민들은 섬 전체 전염병의 움직임을 추적했다. 이는 보통 사람들이 전염병을 최초로 추적한 경우가 많다는 것을 보여준다. 1865~1866년 콜레라 대유행이 전 세계로 확산했을 때, 중동에서 미국에 이르는 지역의 의사들은 무슬림 순례자, 흑인과 백인 군대, 아메리카 원주민 같은 사람들의 움직임을 감시했다. 군 관료체계는 이 의사들에게 한 인구집단에서 다른 인구집단으로 퍼지는 대유행의 지도를 작성하는 데 필요한 정보를 제공했다.

이 과정에서 강조된 자료 수집과 의료 감시는 식민주의, 노예제도, 전쟁이 만들어낸 조건에 의해 가능했다. 따라서 이 책은 폭력이 역학의 기초 형성에 어떻게 기여했는지를 밝히는 책이기도 하다. 맥윌리엄이 인터뷰한 사람들은 협조할지 말지 선택의 여지가 거의 없었다. 군의관들이 감시한 군인과 원주민들은 콜레라 증세가 있는지 확인하기 위해 자신들의 일거수일투족을 관찰하는 존재의 눈초리를 견뎌야 했다. 전염병 연구는 단순히 생물학, 병태생리학, 도시 인구 연구에만 기댈 수 없다. 전염병 연구에는 군사적 점령, 힘의 불균형 그리고 폭력이 포함되기 때문이다.[7]

이런 이유로 나는 의학적 견해에 대한 논의가 의사들로부터 그들의 이론을 뒷받침해준 사람들에게로 옮겨지기를 바라며 이 책을 썼다. 군대 막사에서 병에 걸리거나, 사람들이 가득 찬 노예선 바닥에서 가까스로 탈출한 사람들은 의사들이 질병 확산에 대해 이해할 수 있도록 돕는 증거가 됐다.

이 책에 등장하는 절대다수는 신상에 대한 세부사항들이 역사 기록에 포함되지 못했기 때문에 단편적으로만 언급된다. 처음 몇 장에서 소개한 의사들은 자신이 연구한 이들의 이름을 기록에 포함시켰다. 하지만 크림전쟁과 남북전쟁을 거치면서 의사들은 이름을 기록하는 것에 관심이 없어지기 시작했다. 통계학에 대한 나이팅게일의 강조는 부상당한 군인들을 숫자로 바꾸어 놓았다. 양적 데이터에 초점을 맞춘 역학이 부상하면서 사례연구에서 인간의 모습은 점점 지워졌다. 대신 정량화할 수 있고, 그래프로 만들 수 있고, 요약이 가능한 정보가 중요해졌다.

남북전쟁이 발발한 후 의사들이 인종 정체성을 다시 부각하기 시작하면서 이런 추세는 더욱 강화되고 인간의 개성은 부정됐다. 남부연합의 의사들은 노예 유아와 아이들의 이름과 신원을 기록하지 않았다. 단지 이들을 백신 수확에 사용할 재산으로 취급했을 뿐이다.[8] 국제위생위원회의 부상과 1866년 콜레라 대유행을 저지하기 위한 전후 미국의 노력은 의사들이 서사적 지도 작성에서 통계 분석에 이르기까지 콜레라의 존재를 정확히 파악하는 데 몸으로 도움을 준 사람들을 더욱더 가려지게 만들었다.

이 책은 객관적이고 비정치적인 관행으로 알려진 숫자 사용이 어떻게 공중보건의 핵심이 됐는지 보여준다. 의료진은 혼잡한 감방에 갇힌 군인, 사망한 아프리카 노예, 병에 걸린 병원 노동자, 황열병으로 사망한 사람, 감염된 군인, 백신 접종을 받은 노예 아이, 사망한 전쟁포로, 격리된 무슬림 이민자의 숫자를 셈으로써 그렇지 않았으면 혼돈과 혼란을 유발했을 전염병 유행에 관한 이야기들을 만들어 냈다. 이 수치들은 전염병의 원인과 확산을 설명해주는 중요한 이야기였다. 이 책은 통계, 자료 수집, 인터뷰, 의료 감시 방법이 모두 폭력에 기반한 제국주의, 노예제도, 전쟁에 의해 어떻게 발전했는지 보여준다.[9] 역학은 사람과 장소에 대한 대규모 공격에 의해 탄생했다.

마지막으로, 나는 2019년 코로나 19 대유행이 발생하기기 훨씬 전에 이 책을 시작했다. 나는 오늘날 우리가 의존하는 역학 도구가 노예선을 탄 아프리카인, 카리브해와 인도 식민지 주민들, 전시 사상자, 전쟁 포로, 무슬림 순례자 같은 보통 사람들에게서 비롯되었다는 사실을 독자들이 이해하기를 바라며 이 책을 썼다. 이 집단들은 의사가 질병의 원인, 확산, 예방에 관한 이론을 세울 수 있게 해준 최초의 사례연구 대상자 중 하나였다. 하지만 시간이 흐르면서 그들은 유령이 되어 이론과 통계로 대체됐다.

역학 발전을 이끈 사람들의 삶을 조명하기 위한 노력으로 저술된 이 책은 감염병 대유행이 계속되는 지금의 우리에게도 적잖은 영감을 제공해줄 것이다.

들어가는 말

1. 이 사건은 Robert Dundas Thomson, "Clinical Observations," Lancet 32, no. 825 (June 22, 1839): 456 - 459에서도 다뤄졌다. 이 사건에 관한 직접 인용문은 이 논문에서 추출했다. 톰슨은 토머스 트로터가 1790년 영국 의회에서 열린 노예무역 관련 청문회에서 한 증언에 대해 서술하고 있다. 이 사건은 Markus Rediker, *The Slave Ship: A Human History* (New York: Penguin, 2007), 17 - 18에서도 다시 언급됐다. 이 책에서 내가 묘사한 내용은 원문에서 언급되지 않아 이해가 힘들 수 있다고 생각되는 부분들을 상상해 표현한 것이다.

2. See, for example, Charles Rosenberg, "The Therapeutic Revolution: Medicine, Meaning, and Social Change in Nineteenth-Century America," Perspectives in Biology and Medicine 20, no. 4 (1977): 485 - 506; John Harley Warner, *Therapeutic Perspective: Medical Practice, Knowledge, and Identity in America, 1820 - 1885* (Princeton, NJ: Princeton University Press, 1997).

3. See, for example, John Harley Warner, *Against the Spirit of System: The French Impulse in Nineteenth-Century American Medicine* (Princeton, NJ: Princeton University Press, 1998); Anne Hardy, "Cholera, Quarantine and the English Preventive System, 1850 - 1895," *Medical History* 37, no. 3 (1993): 250 - 269; Charles Rosenberg, *The Cholera Years: The United States in 1832, 1849, and 1866* (Chicago: University of Chicago Press, 1962); William Coleman, *Yellow Fever in the North: The Methods of Early*

Epidemiology (Madison: University of Wisconsin Press, 1987). Some recent works that have investigated other sites of medical knowledge production include Rana Hogarth, *Medicalizing Blackness: Making Racial Difference in the Atlantic World* (Chapel Hill: University of North Carolina Press, 2017); Pablo Gómez, *The Experiential Caribbean: Creating Knowledge and Healing in the Early Modern Atlantic* (Chapel Hill: University of North Carolina Press, 2017); Londa Schiebinger, *Secret Cures of Slaves: People, Plants, and Medicine in the Eighteenth-Century Atlantic World* (Stanford, CA: Stanford University Press, 2017).

4. See Ann Aschengrau and George R. Seage, *Essentials of Epidemiology in Public Health* (Burlington, MA: Jones and Bartlett Learning, 2018), 5-6.

5. Michel Foucault, *The History of Sexuality, vol. 1: An Introduction* (New York: Vintage, 1990), 140; Greta LaFleur and Kyla Schuller, eds., "Origins of Biopolitics in the Americas," special issue, *American Quarterly* 71, no. 3 (2019).

6. 전쟁 중 의료가 의학지식에 기여한 것에 관해서는 다음의 책 참조. Shauna Devine, *Learning from the Wounded: The Civil War and the Rise of American Medical Science* (Chapel Hill: University of North Carolina Press, 2014).

7. 최근의 몇몇 연구를 제외하면, 군대 의학의 중요성은 현재까지 거의 간과되었다. For the British Empire, see Catherine Kelly, *War and the Militarization of British Army Medicine, 1793-1830* (London: Pickering and Chatto, 2011); Erica Charters, Disease, War, and the Imperial State: The Welfare of the British Armed Forces during the Seven Years' War; Mark Harrison, *Medicine in an Age of Commerce and Empire: Britain and Its Tropical Colonies, 1660-1830* (New York: Oxford University Press, 2010).

8. See the volumes of Transactions of the Epidemiological Society of London from the 1860s.

9. David Livingstone, *Putting Science in Its Place: Geographies of Scientific Knowledge* (Chicago: University of Chicago Press, 2003).

10. 내가 여기서 한 분석은 찰스 로젠버그(Charles Rosenberg)와 재닛 골든(Janet Golden)이 제시한 "질병의 프레이밍(framing disease)" 개념에 기초한 것이다.

이 개념은 현미경에서 세균 이론에 이르는 기술적, 수사학적 틀이 질병을 가시화하는 방식을 뜻한다. Charles E. Rosenberg and Janet Golden, Framing *Disease: Studies in Cultural History* (New Brunswick, NJ: Rutgers University Press, 1997).

11. 과학, 의학, 제국주의에 대한 다른 연구는 다음 참조. Richard H. Grove, *Green Imperialism: Colonial Expansion, Tropical Island Edens and the Origins of Environmentalism, 1600–1860* (Cambridge: Cambridge University Press, 1995); Londa Schiebinger and Claudia Swan, eds., *Colonial Botany: Science, Commerce, and Politics in the Early Modern World* (Philadelphia: University of Pennsylvania Press, 2007); J. R. McNeill, *Mosquito Empires: Ecology and War in the Greater Caribbean, 1620–1914* (Cambridge: Cambridge University Press, 2010); Mariola Espinosa, *Epidemic Invasions: Yellow Fever and the Limits of Cuban Independence, 1878–1930* (Chicago: University of Chicago Press, 2009); Hogarth, *Medicalizing Blackness*; Gómez, *Experiential Caribbean*; Juanita de Barros, *Reproducing the British Caribbean: Sex, Gender, and Population Politics after Slavery* (Chapel Hill: University of North Carolina Press, 2014).

12. 흑인 여성의 삶을 다시 조명한 문학 작품과 역사학적 묘사는 다음 참조. Hazel V. Carby, *Reconstructing Womanhood: The Emergence of the Afro–American Woman Novelist* (New York: Oxford University Press, 1990); Evelyn Brooks Higginbotham, "African American Women's History and the Metalanguage of Race," Signs 17, no. 2 (1992): 251–274; Evelynn Hammonds, "Black (W)holes and the Geometry of Black Female Sexuality," differences 6, no. 2–3 (1994): 126–146; Valerie Smith, Not Just Race, Not Just Gender: Black Feminist Readings (New York: Routledge, 1998); Farah Jasmine Griffin, *Beloved Sisters and Loving Friends: Letters from Rebecca Primus of Royal Oak, Maryland and Addie Brown of Hartford, Connecticut, 1854–1868* (New York: Ballantine Books, 2001). 주관성과 문서기록, "비판적 조작(critical fabulation)" 사이의 관계를 이론화한 최근 연구는 다음 참조. Saidiya Hartman, "Venus in Two Acts," Small Axe 12, no. 2 (2008): 1–14; Marisa J. Fuentes, *Dispossessed Lives: Enslaved Women, Violence, and the Archive* (Philadelphia: University of Pennsylvania Press,

2016); Jennifer L. Morgan, "Accounting for 'The Most Excruciating Torment':
Gender, Slavery, and Trans-Atlantic Passages," *History of the Present* 6, no.
2 (2016): 184-207.

1장 혼잡한 공간들

1. 이 설명에 대해서는 다음 참조. [Robert John Thornton], *The Philosophy of
   Medicine, or Medical Extracts on the Nature of Health and Disease* ⋯, 4th
   ed., vol. 1 (London: C. Whittingham, 1799), 328-330. 손튼(Thornton)은
   다음의 문헌에서 정보를 얻었다. John Z. Holwell's account of the incident
   in *A Genuine Narrative of the English Gentlemen, and Others, Who Were
   Suffocated in the Black-Hole in Fort-William, at Calcutta* ⋯ (London:
   Printed for A. Millar, 1758). 후대의 역사학자들은 이 설명의 진위가 확실하
   지 않다고 생각한다. Later historians have questioned the veracity of this
   account. See, for example, Partha Chatterjee, *The Black Hole of Empire*
   (Princeton, NJ: Princeton University Press, 2012), chap. 10.
2. [Thornton], Philosophy of Medicine, 1:325, italics in original.
3. 공기를 다룬 의학적 연구에 대해서는 다음 참조. For a discussion of medical
   understandings of air, see Mark Harrison, *Medicine in an Age of Commerce
   and Empire: Britain and Its Tropical Colonies* (Oxford: Oxford University
   Press, 2010), 32-45, 59-62.
4. John Pringle, *Observations on the Diseases of the Army in Camp and
   Garrison*, 6th ed. (London, 1766), 84, 110. For more on Pringle, see
   Harrison, *Medicine in an Age of Commerce and Empire*, 65-69.
5. [Thornton], *Philosophy of Medicine*, 1:325-330.
6. Ian Alexander Porter, "Thomas Trotter, M.D., Naval Physician," *Medical
   History* 7, no. 2 (1963): 154-164; Brian Vale and Griffith Edwards,
   Physician to the Fleet: The Life and Times of Thomas Trotter, 1760-1832
   (Woodbridge, Suffolk: Boydell Press, 2011).
7. 브룩스 호와 관련된 역사는 다음 참조. Nicholas Radburn and David Eltis,
   "Visualizing the Middle Passage: *The Brooks* and the Reality of Ship

Crowding in the Transatlantic Slave Trade," *Journal of Interdisciplinary History* 49, no. 4 (2019): 533–565; Stephen R. Berry, *A Path in the Mighty Waters: Shipboard Life and Atlantic Crossings to the New World* (New Haven, CT: Yale University Press, 2015), 28–31; Marcus Rediker, *The Slave Ship: A Human History* (New York: Penguin, 2008), chap. 10; Manisha Sinha, *The Slave's Cause: A History of Abolition* (New Haven: Yale University Press, 2016), 99–103.

8. Thomas Trotter, Observations on the Scurvy: *With a Review of the Opinions Lately Advanced on That Disease*, and *a New Theory Defended* ···, 2nd ed. (London: Printed for T. Longman, 1792); [Thornton], *Philosophy of Medicine*, 1:331–333.

9. Trotter, *Observations on the Scurvy*, 51–55.

10. Trotter, *Observations on the Scurvy*, 52–53.

11. Trotter, *Observations on the Scurvy*, 53–55.

12. Trotter, *Observations on the Scurvy*, 55–56.

13. Trotter, *Observations on the Scurvy*, 57.

14. Trotter, *Observations on the Scurvy*, 60.

15. 배에 통역사가 타고 있었던 것으로 보인다. See W. O. Blake, *The History of Slavery and the Slave Trade* (Columbus, OH: J. & H. Miller, 1857), 127.

16. Trotter, *Observations on the Scurvy*, 59.

17. Trotter, *Observations on the Scurvy*, 69; see also Porter, "Thomas Trotter, M.D."

18. Trotter, *Observations on the Scurvy*, 137–138.

19. Trotter, *Observations on the Scurvy*, 224.

20. Trotter, *Observations on the Scurvy*, 69.

21. Trotter, *Observations on the Scurvy*, 69, 70 (quotation).

22. 노예가 된 사람들이 상품으로 취급받은 역사와 국제 노예무역이 그들에게 미친 영향에 대해서는 다음 참조. Sowande' M. Mustakeem, *Slavery at Sea: Terror, Sex, and Sickness in the Middle Passage* (Urbana: University of Illinois Press, 2016); Rediker, *The Slave Ship*.

23. Trotter, *Observations on the Scurvy*, xix.

24. Trotter, *Observations on the Scurvy*, 59.

25. Trotter, *Observations on the Scurvy*, 222 – 224. On Lind, see R. E. Hughes, "James Lind and the Cure of Scurvy," *Medical History* 19, no. 4 (1975): 342 – 351.

26. Trotter, *Observations on the Scurvy*, 62, 222 – 225.

27. Paul Farmer, "An Anthropology of Structural Violence," *Current Anthropology* 45, no. 3 (2004): 305 – 325.

28. Trotter, *Observations on the Scurvy*, 62 – 63.

29. Trotter, *Observations on the Scurvy*, 240 – 242.

30. 트로터와 괴혈병, 공기화학에 대한 트로터의 생각은 다음 참조. Mark Harrison, "Scurvy on Sea and Land: Political Economy and Natural History, c. 1780 – c. 1850," *Journal for Maritime Research* 15, no. 1 (2013): 7 – 25; Kenneth J. Carpenter, *Scurvy and Vitamin C* (Cambridge: Cambridge University Press, 1986), 88 – 90. Harrison does not mention that some of Trotter's observations were of enslaved Africans, but Carpenter does.

31. Trotter, *Observations on the Scurvy*, 240 – 241.

32. Trotter, *Observations on the Scurvy*, xxvii, 139 – 141, 68.

33. Trotter, *Observations on the Scurvy*, xix.

34. 역사학자들은 18세기 의사들이 교도와 감옥의 혼잡한 상태와 질병 발생을 연관 지어 생각했다는 것을 보여주었지만, 국제 노예무역에서 발견되는 증거에는 주 목하지 않았다. See Erica Charters on British military physicians' contention that crowded conditions during the Seven Years' War led to typhus and dysentery: *Disease, War, and the Imperial State: The Welfare of the British Armed Forces during the Seven Years' War* (Chicago: University of Chicago Press, 1984), 87.

35. [Thornton], *Philosophy of Medicine*, 1:331, 334.

36. 19세기 초반의 의사들은 혼잡한 교도소, 병원, 배 안의 공기의 화학적 성질에 대해 연구했다. See, for example, Franklin Bache, *A System of Chemistry for the Use of Students of Medicine* (Philadelphia: Printed and published for the author, 1819), 211. 가정에서 환기의 필요성에 대한 대중적 논의는 19세기 후 반까지도 이뤄지지 않은 것으로 보인다. See Nancy Tomes, *Gospel of Germs: Men, Women, and the Microbe in American Life* (Cambridge: Harvard University Press, 1998); Alan M. Kraut, *Silent Travelers: Germs, Genes, and*

the Immigrant Menace (Baltimore: Johns Hopkins University Press, 1995).

37. Quoted in [Thornton], *Philosophy of Medicine*, 1:333. See also William Bell Crafton, *A Short Sketch of the Evidence for the Abolition of the Slave Trade, Delivered before a Committee of the House of Commons* ⋯ (London, 1792), 8-9.

38. See Rediker, *The Slave Ship*, 332, on the importance of Trotter's testimony.

39. Trotter, *Observations on the Scurvy*, 243.

40. [Robert John Thornton], *Medical Extracts: On the Nature of Health, with Practical Observations: and The Laws of the Nervous and Fibrous Systems*, new edition, vol. 1 (London: J. Johnson, 1796), table of contents for part 2, section 2.

41. John Howard, *The State of the Prisons in England and Wales: With Preliminary Observations, and an Account of Some Foreign Prisons* (Warrington: William Eyres, 1777), 1; R. M. Gover, "Remarks on the History and Discipline of English Prisons in Some of Their Medical Aspects," *Lancet* 146, no. 3763 (October 12, 1895): 909-911.

42. Howard, *The State of the Prisons in England and Wales*, 12-13.

43. Howard, *The State of the Prisons in England and Wales*, 16-17.

44. Kevin Siena, *Rotten Bodies: Class and Contagion in Eighteenth-Century Britain* (New Haven, CT: Yale University Press, 2019).

45. Howard, *The State of the Prisons in England and Wales*, 19.

46. Howard, *The State of the Prisons in England and Wales*, 43.

47. John Howard, *The State of the Prisons in England and Wales: With Preliminary Observations, and an Account of Some Foreign Prisons and Hospitals*, 4th ed. (London: J. Johnson, C. Dilly, and T. Cadell, 1792), 471.

48. Simon Devereaux, "The Making of the Penitentiary Act, 1775-1779," *Historical Journal* 42, no. 2 (1999): 405-433; "John Howard and Prison Reform," Police, *Prisons and Penal Reform*, UK Parliament website.

49. Howard, *The State of the Prisons in England and Wales*, 4th ed., 93, 94; Isabel De Madariaga, *Politics and Culture in Eighteenth-Century Russia* (New York: Routledge, 1998), 119.

50. 교도소가 의학 이론 발달에서 어떤 방식으로 중요한 역할을 했는지는 다음 참

조. see Siena, *Rotten Bodies*, 2-3.

51. 현재는 유사과학으로 여겨지는 과거 지식 체계의 중요성에 관한 논의는 다음 참조. see Britt Rusert, *Fugitive Science: Empiricism and Freedom in Early African American Culture* (New York: New York University Press, 2017).

52. 19세기 후반에 의학계는 17~19세기에 이뤄진 연구에 의존해 위생과 환기가 전염병과 유행의 확산을 어떻게 막을 수 있는지 설명했다. See, for example, H. D. Dudgeon, "Small-pox Manufactories in the Reign of George III," *The Vaccination Inquirer and Health Review* 2, no. 16 (July 1880): 69. 여기서의 내 분석은 찰스 E 로젠버그(Charles E. Rosenberg)와 제닛 골든(Janet Golden)의 "질병의 프레이밍" 이론에 의존했다. Rosenberg and Golden, *Framing Disease: Studies in Cultural History* (New Brunswick, NJ: Rutgers University Press, 1997).

53. Gover, "Remarks on the History and Discipline of English Prisons."

54. Michael Worboys has questioned the concept of the bacterial revolution; see Worboys, "Was There a Bacteriological Revolution in Late Nineteenth-Century Medicine?" *Studies in History and Philosophy of Biological and Biomedical Sciences* 38, no. 1 (2007): 20-42.

55. Gover, "Remarks on the History and Discipline of English Prisons."

56. Edwin Chadwick, Report ⋯ *on an Inquiry into the Sanitary Conditions of the Labouring Population of Great Britain* (London, W. Clowes and Sons, 1842), 172-173.

57. John Howard, *An Account of the Principal Lazarettos in Europe* ⋯, 2nd ed., with additions (London: Printed for J. Johnson, D. Dilly, and T. Cadell, 1791), 53. Also see H. O. Lancaster, *Quantitative Methods in Biological and Medical Sciences: A Historical Essay* (New York: Springer-Verlag, 2012), 113.

58. Quoted in Edwin H. Ackerknecht, *Medicine at the Paris Hospital* (Baltimore: Johns Hopkins University Press, 1967), 16.

59. Howard, *The State of the Prisons in England and Wales*, 82.

60. Alain Corbin, *The Foul and the Fragrant: Odor and the French Social Imagination* (Cambridge, MA: Harvard University Press, 1986), 18, 24, 103, 102-105.

61. Ackerknecht, *Medicine at the Paris Hospital*, 61-62, 68.

62. "François Joseph Victor Broussais (1772-1838), System of Physiological Medicine," *Journal of the American Medical Association* 209, no. 10 (1969): 1523; Erwin H. Ackerknecht, "Broussais, or a Forgotten Medical Revolution," *Bulletin of the History of Medicine* 27, no. 4 (1953): 320-343.

63. F. J. V. Broussais, *Principles of Physiological Medicine* ⋯ , trans. Isaac Hays and R. Eglesfeld Griffith (Philadelphia: Carey & Lea, 1832), 257.

64. Ackerknecht, *Medicine at the Paris Hospital*, 67.

65. Manfred J. Waserman and Virginia Kay Mayfield, "Nicolas Chervin's Yellow Fever Survey, 1820-1822," *Journal of the History of Medicine and Allied Sciences* 26, no. 1 (1971): 40-51; Mónica García, "Histories and Narratives of Yellow Fever in Latin America," in *The Routledge History of Disease*, ed. Mark Jackson (New York: Routledge, 2017), 232.

66. Ackerknecht, *Medicine at the Paris Hospital*, 158.

67. Ackerknecht, *Medicine at the Paris Hospital*, 122.

68. Ackerknecht, *Medicine at the Paris Hospital*, xi-xiii, 8-12, 117-134.

69. Bruno Latour, *The Pasteurization of France* (Cambridge: Harvard University Press, 1988), 22-25.

70. Colin Chisholm, *An Essay on the Malignant Pestilential Fever: Introduced into the West Indian Islands from Boullam, on the Coast of Guinea, as It Appeared in 1793, 1794, 1795, and 1796* ⋯ , 2nd ed., 2 vols. (London: Mawman, 1801), 2:2-215.

71. Katherine Arner, "Making Yellow Fever American: The Early American Republic, the British Empire and the Geopolitics of Disease in the Atlantic World," *Atlantic Studies* 7, no. 4 (2010): 449-450, 459-460; Jan Golinski, "Debating the Atmospheric Constitution: Yellow Fever and the American Climate," *Eighteenth-Century Studies* 49, no. 2 (2016): 156.

72. See Christopher Hamlin, "Predisposing Causes and Public Health in Early Nineteenth-Century Medical Thought," *Social History of Medicine* 5, no. 1 (1992): 43-70; Siena, Rotten Bodies.

73. Chisholm, *An Essay on the Malignant Pestilential Fever*, 2:9-10. 치즘은 질병에 걸린 환자들을 태웠던 배에 대한 검역과 격리를 위한 가이드라인을 제공

했다. 질병이 발생한 배의 환자들은 선원들로부터 격리되어야 하며, 배의 내부는 식초를 뿌려 청소를 해야 하며, 환자들의 옷과 침구는 태워야 한다는 내용이었다. 이런 가이드라인은 무역과 항해가 의사들이 전염병 확산 방식에 대해 생각하게 만들었다는 마크 해리슨(Mark Harrison)의 주장과 맞아떨어진다. See Harrison, *Medicine in an Age of Commerce.*

74. 영국 의사들의 환경 연구에 대해서는 다음 참조. see Harrison, *Medicine in an Age of Commerce and Empire.*

75. 데이비드 아놀드(David Arnold)는 인도의 얼마나 많은 부분이 영국 의사들의 관할 밖에 있었는지 설명한다. Arnold, *Colonizing the Body: State Medicine and Epidemic Disease in Nineteenth-Century India* (Berkeley: University of California Press, 2002), 59, 98 - 115. On the use of statistical thinking as a form of colonization in India, see Gyan Prakash, *Another Reason: Science and the Imagination of Modern India* (Princeton, NJ: Princeton University Press, 1999).

76. D. Grierson, "Special Considerations on the Health of European Troops," *Transactions of the Medical and Physical Society of Bombay* 7 (1861): 1 - 44.

77. Grierson, "Special Considerations on the Health of European Troops," 22 - 24.

78. Grierson, "Special Considerations on the Health of European Troops," 22.

79. Grierson, "Special Considerations on the Health of European Troops," 28.

80. Grierson, "Special Considerations on the Health of European Troops," 31.

81. Hendrik Hartog, "Pigs and Positivism," *Wisconsin Law Review* 1985, no. 4 (1985): 899 - 935; Tomes, *Gospel of Germs*; Latour, *The Pasteurization of France.*

82. 일부 역사학자들은 프랑스 위생학자들에 의해 세균학이 처음 시작됐다고 설명하지만, 프랑스 위생학자들 이전에도 세균학을 연구한 사람들이 있었다. See Latour, *The Pasteurization of France.*

83. 이 논문은 1741년 왕립학회에서 강독됐고, 1743년에 출판됐다. Stephen Hales, *A Description of Ventilators: Whereby Great Quantities of Fresh Air May with Ease be Conveyed into Mines, Goals [sic], Hospitals, Work-houses and Ships, in Exchange for Their Noxious Air* … (London: Printed for W. Innys [etc.], 1743), 35.

84. Stephen Hales, *An Account of a Useful Discovery to Distill Double the Usual Quantity of Seawater* ··· *and An Account of the Great Benefit of Ventilators in Many Instances, in Preserving the Health and Lives of People, in Slave and Other Transport Ships, Which Were Read before the Royal Society* ···, 2nd ed. (London: Printed for Richard Manby, 1756), 41.

85. Stephen Hales, *A Treatise on Ventilators: Wherein an Account Is Given of the Happy Effects of Several Trials That Have Been Made of Them.* ··· Part Second (London: Printed for Richard Manby, 1758), 3 - 4.

86. 20세기 초반의 일부 학자들은 공중보건의 발전이 헤일스의 환기장치 발명에서 시작됐다고 생각했다. 이 생각에는 동의하지만, 나는 헤일스가 자신의 주장에 대한 근거를 제시하기 위해 국제 노예무역과 아프리카인 노예들에게 초점을 맞췄다는 점을 강조하고 싶다. See D. Fraser Harris, "Stephen Hales, the Pioneer in the Hygiene of Ventilation," *Scientific Monthly* 3, no. 5 (1916): 440 - 454.

87. Hales, *A Treatise on Ventilators*, 86.

88. Hales, *A Treatise on Ventilators*, 94.

89. Hales, *An Account of a Useful Discovery*, 43.

90. 스테퍼니 E 스몰우드(Stephanie E. Smallwood)는 국제 노예무역이 아프리카인 노예들에게 행사한 폭력으로 인간 능력의 한계를 어떻게 시험했는지 설명한다. Smallwood, *Saltwater Slavery: A Middle Passage from Africa to American Diaspora* (Cambridge: Harvard University Press, 2007).

91. 후대의 역사학자들은 노예제도와 교도소에 대해 다른 설명을 했다. 노예제도가 미국에서 대규모 감금이 시행되는 데 전구체 역할을 했다는 설명이다. See Talitha Leflouria, *Chained in Silence: Black Women and Convict Labor in the New South* (Chapel Hill: University of North Carolina Press, 2016); David M. Oshinsky, *Worse than Slavery: Parchman Farm and the Ordeal of Jim Crow Justice* (New York: Free Press, 1996).

92. Edwin Chadwick, *A Supplementary Report on the Results of a Special Inquiry into the Practice of Internment in Towns* (London: W. Clowes and Sons, 1843), 19.

1. 몰타의 격리 조치에 관해서는 다음 참조. see Alexander Chase-Levenson, "Early Nineteenth-Century Mediterranean Quarantine as a European System," in Quarantine: *Local and Global Histories*, ed. Alison Bashford (London: Palgrave, 2016), 35–53; Alex Chase-Levenson, *The Yellow Flag: Quarantine and the British Mediterranean World, 1780–1860* (Cambridge: Cambridge University Press, 2020).

2. 세탁부들에 대해서는 다음 참조. see Kathleen M. Brown, *Foul Bodies: Cleanliness in Early American Society* (New Haven, CT: Yale University Press, 2009), 30–32.

3. Arthur Todd Holroyd, *The Quarantine Laws, Their Abuses and Inconsistencies: A Letter Addressed to the Rt. Hon. Sir John Cam Hobhouse* … (London: Simpkin, Marshall & Co., 1839), 50. The passage on laundresses was quoted in a review of Holroyd's book in the Lancet: Review of *The Quarantine Laws*, by Arthur T. Holroyd, *Lancet* 31, no. 805 (Feb. 2, 1839): 702.

4. 이 장에서의 내 분석은 블랙 페미니즘의 이론과 비판에 의존한다. 블랙 페미니즘 연구자들은 문학작품과 기록에 의존해 흑인 여성의 주체성을 부각하는 사람들이다. See, for example, Hazel V. Carby, *Reconstructing Womanhood: The Emergence of the Afro-American Woman Novelist* (New York: Oxford University Press, 1987); Toni Morrison, *Playing in the Dark: Whiteness and the Literary Imagination* (Cambridge, MA: Harvard University Press, 1992); Valerie Smith, *Not Just Race, Not Just Gender: Black Feminist Readings* (New York: Routledge, 1998); Farah Jasmine Griffin, ed., *Beloved Sisters and Loving Friends: Letters from Rebecca Primus of Royal Oak, Maryland and Addie Brown of Hartford, Connecticut, 1854–1868* (New York: Knopf, 1999); Saidiya Hartman, "Venus in Two Acts," Small Axe 12, no. 2 (2008): 1–14; Marisa J. Fuentes, *Dispossessed Lives: Enslaved Women, Violence, and the Archive* (Philadelphia: University of Pennsylvania Press, 2016).

5. 검역과 격리에 관한 유럽의 반응에 대한 포괄적인 연구는 다음 참조. see Peter

Baldwin, *Contagion and the State in Europe, 1830 – 1930* (Cambridge: Cambridge University Press, 1999). There is a growing literature on quarantine outside the metropole; see, for example, Alison Bashford, *Imperial Hygiene: A Critical History of Colonialism, Nationalism and Public Health* (New York: Palgrave Macmillan, 2004); John Chircop and Francisco Javier Martinez, eds., *Mediterranean Quarantines, 1750 – 1914* (Manchester: Manchester University Press, 2018).

6. See, for example, A[mariah] Brigham, *Treatise on Epidemic Cholera: Including an Historical Account of Its Origin and Progress, …* (Hartford: H. and F. J. Huntington, 1832), 350; Gavin Milroy, *Quarantine and the Plague: Being a Summary of the Report on These Subjects Recently Addressed to the Royal Academy of Medicine in France; with Introductory Observations, Extracts from Parliamentary Correspondence, and Notes* (London: Samuel Highley, 1846); Gavin Milroy, Quarantine as It Is, and as It Ought to Be (London: Savill & Edwards, 1859). On the history of debates over quarantine, see Mark Harrison, *Contagion: How Commerce Spread Disease* (New Haven, CT: Yale University Press, 2012).

7. 역사학자들은 의사들이 전염론 찬성론자와 반대론자로 명확하게 나뉘지는 않았으며, 유행병의 원인에 대한 생각이 그보다는 훨씬 더 복잡했다고 지적한다. See, for example, Margaret Pelling, *Cholera, Fever and English Medicine* (New York: Oxford University Press, 1978); Christopher Hamlin, "Predisposing Causes and Public Health in Early Nineteenth–Century Medical Thought," *Social History of Medicine* 5, no. 1 (1992), 43 – 70.

8. G. C. Cook, "William Twining (1790 – 1835): The First Accurate Clinical Description of 'Tropical Sprue' and Kala–Azar?" *Journal of Medical Biography* 9, no. 3 (August 2001): 125 – 131.

9. William Twining, *Clinical Illustrations of the More Important Diseases of Bengal, with the Result of an Inquiry into Their Pathology and Treatment* (Calcutta: Baptist Mission Press, 1832). For more on the history of cholera, see Christopher Hamlin, *Cholera: The Biography* (New York: Oxford University Press, 2009).

10. Twining, *Clinical Illustrations of the More Important Diseases of Bengal,*

535 - 536.

11. Twining, *Clinical Illustrations of the More Important Diseases of Bengal*, 536 - 538.

12. 전염론에 반대하는 생각에 대해서는 다음 참조. see Erwin H. Ackerknecht, "Anticontagionism between 1821 and 1867: The Fielding H. Garrison Lecture," *International Journal of Epidemiology* 38, no. 1 (2009): 7 - 21; Christopher Hamlin, "Commentary: Ackerknecht and 'Anticontagionism': A Tale of Two Dichotomies," *International Journal of Epidemiology* 38, no. 1 (2009): 22 - 27.

13. Brigham, *A Treatise on Epidemic Cholera*, 295 - 331.

14. Brigham, *A Treatise on Epidemic Cholera*, 301, 306, 322 - 328; quotes from 324, 323.

15. Brigham, *A Treatise on Epidemic Cholera*, 36; Charles Telfair, "Account of the Epidemic Cholera, as It Occurred at Mauritius: Communicated to Dr Macdonnel, Belfast," Edinburgh Medical and Surgical Journal 17, no. 69 (1821): 517 - 518. 1819년 콜레라 유행에 따른 모리셔스의 노예 인구 감소는 다음 참조. see Sadasivam Jaganada Reddi and Sheetal Sheena Sookrajowa, "Slavery, Health, and Epidemics in Mauritius 1721 - 1860," in *The Palgrave Handbook of Ethnicity*, ed. Steven Ratuva (Singapore: Springer Nature Singapore, 2019), 1749 - 1765.

16. Brigham, *A Treatise on Epidemic Cholera*, 331.

17. Brigham, *A Treatise on Epidemic Cholera*, 317 - 320.

18. Holroyd, *The Quarantine Laws*, 16, 18 - 19, 36 - 37.

19. Holroyd, *The Quarantine Laws*, 22. Henry Abbott was also a collector of Egyptian artifacts, which he displayed in New York City; see "Egypt on Broadway," New-York Historical Society blog post, .

20. Holroyd, *The Quarantine Laws*, 25.

21. Samuel Henry Dickson, *Essays on Pathology and Therapeutics*, 2 vols. (Charleston: McCarter & Allen, 1845), 2:618 - 619.

22. 딕슨이 인종적 차이에 대한 주장을 하지 않았다는 뜻은 아니다. 예를 들어, 딕슨은 천연두 치료법 중 하나로 따뜻한 물 목욕을 제시하면서 "이 방법은 흑인과 하층계급 백인들을 치료하기 위해 사용된 최초의 치료법 중 하나"이며, "흑

인들은 발진티푸스와 장티푸스에 걸려도 장밋빛 반점이 나타나지 않는다"고 말했다. Dickson, *Essays on Pathology and Therapeutics*, 2:533, 547 참조. 딕슨은 인종 차이에 대해 언급하면서 흑인과 백인은 특정한 질병에 대한 취약성이 다르지만, 그 이유는 확실하지 않다고도 말했다(vol. 1:26 – 27).

23. Dickson, *Essays on Pathology and Therapeutics*, 2:607 – 608.

24. M. L. Knapp, *Researches on Primary Pathology, and the Origin and Laws of Epidemics*, 2 vols. (Philadelphia: The Author, 1858), 1:229. Knapp was admitted to the Maryland Medical and Chirurgical Faculty on June 1, 1829. *Maryland Medical Recorder* 1, no. 1 (1829), 769.

25. See, for example, Rana A. Hogarth, *Medicalizing Blackness: Making Racial Difference in the Atlantic World, 1780 – 1840* (Chapel Hill: University of North Carolina Press, 2017).

26. 뉴올리언스의 노예제도 확산과 미국 내 노예무역에 대해서는 다음 참조. see Walter Johnson, *Soul by Soul: Life inside the Antebellum Slave Market* (Cambridge, MA: Harvard University Press, 2000). 유행병의 원인으로서의 환경에 다룬 이론은 다음 참조. see Mark Harrison, *Medicine in an Age of Commerce and Empire: Britain and Its Tropical Colonies 1660 – 1830* (New York: Oxford University Press, 2010).

27. Holroyd, *The Quarantine Laws*, 16.

28. 의학이 경험적인 학문에서 더 과학적인 학문으로 변화한 과정에 대해서는 다음 참조. see W. F. Bynum, *Science and the Practice of Medicine in the Nineteenth Century* (Cambridge: Cambridge University Press, 1994); Mark Weatherall, "Making Medicine Scientific: Empiricism, Rationality, and Quackery in Mid–Victorian Britain," *Social History of Medicine* 9, no. 2 (1996): 175 – 194; Harold J. Cook, "The History of Medicine and the Scientific Revolution" Isis 102, no. 1 (2011): 102 – 108.

29. Holroyd, *The Quarantine Laws*, 17 – 18.

30. Holroyd, *The Quarantine Laws*, 18, 23, 27, 36.

31. Holroyd, *The Quarantine Laws*, 18.

32. 아랍의 마을들에 대한 묘사는 에드워드 사이드(Edward Said)가 주장한 "오리엔탈리즘(Orientalism)"에 기초한 시각을 보여주는 예다. 오리엔탈리즘은 유럽인들이 중동에 대해 설명하기 위해 사용한 체계적이면서 유럽의 우월성을 강조하

는 언어를 뜻한다. 많은 독자들이 아랍의 오두막이 주는 이미지가 익숙하다고 느끼는 것은 오리엔탈리즘 때문이다. Edward Said, *Orientalism* (New York: Vintage, 1979).

33. Holroyd, *The Quarantine Laws*, 31.

34. Holroyd, *The Quarantine Laws*, 27.

35. Holroyd, *The Quarantine Laws*, 29.

36. Harrison, *Medicine in an Age of Commerce and Empire*, 71, 75-76. 대영 제국 전역에서 벌어지는 모험에 관한 영국의 소설들은 1719년의 《로빈슨 크루소》에서 1882년의 《보물섬》까지 모두 베스트셀러였다. 군의관들은 자신들의 업무를 이 소설들의 맥락에서 이해했을 수도 있다. 영국의 식민지 관료들도 식물, 동물 등 박물학 관련 소재들을 수집하고 분류하면서 자신들이 이런 모험가라고 생각하면서 일을 했다. See Miranda Carter, "British Readers and Writers Need to Embrace Their Colonial Past," *Guardian*, January 23, 2014; Mary Louise Pratt, *Imperial Eyes: Travel Writing and Transculturalism* (New York: Routledge, 2007).

37. Harrison, *Medicine in an Age of Commerce and Empire*, chap. 3.

38. Holroyd, *The Quarantine Laws*, 52-53.

39. Holroyd, *The Quarantine Laws*, 53-54.

40. Holroyd, *The Quarantine Laws*, 41-42.

41. Holroyd, *The Quarantine Laws*, 41, 43, 51. See also Chase-Levenson, The Yellow Flag, 99-104.

42. John Slight, *The British Empire and the Hajj: 1865-1956* (Cambridge, MA: Harvard University Press, 2015); Eileen Kane, *Russian Hajj: Empire and the Pilgrimage to Mecca* (Ithaca, NY: Cornell University Press, 2015).

43. Holroyd, *The Quarantine Laws*, 14, 29.

44. Holroyd, *The Quarantine Laws*, 39.

45. Milroy, *Quarantine and the Plague*.

46. Milroy, *Quarantine and the Plague*, 5.

47. Milroy, *Quarantine and the Plague*, 40-41.

48. Milroy, *Quarantine and the Plague*, 32. 버슨 벨머스(Birsen Bulmuş)는 검역에 관한 보고서를 쓴 밀로이와 프랑스 의사들이 민족의 특성을 근거로 다양한 민족들의 사망률 차이를 설명했다고 주장한다. 하지만 나는 그들의 설명이 인

종의 우열에 대한 설명보다는 위생학적인 요소들에 집중됐다고 본다. 또한 벨머스는 밀로이와 유럽 의사들이 불결한 위생상태라는 개념을 이용해 식민 지배를 정당화했다고 주장하지만, 이 의사들과 당시의 정치인들은 식민주의를 정당화하기 위해 의학 이론은 동원할 필요가 없었다. 당시의 식민주의는 무력, 정치적 의지, 엘리트주의를 이용한 것이었다. 앨리슨 배시포드(Alison Bashford)는 1850~1950년 사이에 건강한 사람과 감염된 사람을 분리한 수많은 사례연구를 통해 특히 전염과 식민주의의 측면에서 식민지 의사들과 피지배민들의 관계를 설득력 있게 설명하고 있다. See Bulmuş, *Plague, Quarantines and Geopolitics in the Ottoman Empire* (Edinburgh: Edinburgh University Press, 2012), 131 – 140; Bashford, Imperial Hygiene.

49. Milroy, *Quarantine and the Plague*, 6 – 9.

50. Milroy, *Quarantine and the Plague*, 8.

3장 역학의 목소리

1. See Sharla M. Fett, *Recaptured Africans: Surviving Slave Ships, Detention, and Dislocation in the Final Years of the Slave Trade* (Chapel Hill: University of North Carolina Press, 2017); Matthew S. Hopper, *Slaves of One Master: Globalization and Slavery in Arabia in the Age of Empire* (New Haven: Yale University Press, 2015).

2. [James Ormiston] McWilliam, *Report of the Fever at Boa Vista*, Presented to the House of Commons, in Pursuance of Their Address of 16th March, 1857 (London: Printed by T. R. Harrison), 76, 95, 110.

3. McWilliam, *Report of the Fever at Boa Vista*, 94, 109.

4. 이클레어 호의 항해에 대한 자세한 설명은 다음 참조. see McWilliam, *Report of the Fever at Boa Vista*, 77 – 82; "Correspondence Respecting the History of the 'Eclair' Fever," Medico−Chirurgical Review 49 (July 1846): 235 – 246; Reviews, Lancet 50, no. 1255 (1847): 307 – 311; *British and Foreign Medico−Chirurgical Review*, 1, Art. 3 (January 1848): 49 – 79; Mark Harrison, Contagion: How Commerce Spread Disease (New Haven, CT: Yale University Press, 2012), 80 – 84; Lisa Rosner, "Policing Boundaries:

Quarantine and Professional Identity in Mid Nineteenth-Century Britain,"
in *Mediterranean Quarantines, 1750‒1914: Space, Identity and Power,*
ed. John Chircop and Francisco Javier Martinez (Manchester: Manchester
University Press, 2018), 125‒144.

5. Harrison, *Contagion,* 82‒84.

6. Harrison, *Contagion,* 94‒97.

7. McWilliam, *Report of the Fever at Boa Vista,* 8, 94.

8. 아프리카 혈통의 노예들에 대한 기록 발굴 문제에 대해서는 다음 참조. see Jim
Downs, "#BlackLivesMatter: Toward an Algorithm of Black Suffering during
the Civil War and Reconstruction," *J19: The Journal of Nineteenth-Century
Americanists* 4, no. 1 (2016): 198‒206.

9. James Ormiston McWilliam, *Medical History of the Expedition to the Niger
during the Years 1841‒2: Comprising an Account of the Fever Which Led
to Its Abrupt Termination* (London: J. Churchill, 1843); review of Medical
History of the Expedition to the Niger, by James Ormiston McWilliam,
Medico-Chirurgical Review 39, no. 78 (October 1843): 377‒384. For a
biography of McWilliam, see R. R. Willcox, "James Ormiston McWilliam
(1807‒1862)," *Transactions of the Royal Society of Tropical Medicine and
Hygiene* 44, no. 1 (1950): 127‒144.

10. McWilliam, *Medical History of the Expedition to the Niger,* 27‒29, 37.

11. McWilliam, *Medical History of the Expedition to the Niger,* frontispiece, 60.

12. McWilliam, *Medical History of the Expedition to the Niger,* 63, 254.

13. 질병 전파에 대한 19세기 전반 미국 의사들과 대중의 이해에 대해서는 다음 참
조. see Charles Rosenberg, *The Cholera Years: The United States in 1832,
1849, and 1866* (Chicago: University of Chicago Press, 1962).

14. Londa Schiebinger, *Plants and Empire: Colonial Bioprospecting in the
Atlantic World* (Cambridge, MA: Harvard University Press, 2004). 페미니스
트 역사학자들은 자연과 문화 사이에 확실한 차이가 없다고 주장한다. 도나
해러웨이(Donna Haraway)는 "자연문화(natureculture)"라는 용어를 만들어
내 본성과 문화를 분리할 수 없다는 것을 강조했다. 바누 수브라마니암(Banu
Subramaniam)은 학자들이 과학자들의 삶을 연구해 그들의 편견이 과학지식
생산에 어떤 역할을 했는지 알아야 한다며 해러웨이의 연구를 지지했다. 맥윌

리엄은 자연과 문화의 상호작용을 관찰했으며, 이런 관찰 결과와 열병 확산에 대한 자신의 이론을 결합함으로써 본인의 의지와는 상관없이 수브라마니암의 이론을 뒷받침했다. Donna J. Haraway, *The Companion Species Manifesto: Dogs, People, and Significant Otherness* (Chicago: Prickly Paradigm Press, 2015); Banu Subramanian, *Ghost Stories for Darwin: The Science of Variation and the Politics of Diversity* (Urbana: University of Illinois Press, 2014).

15. McWilliam, *Medical History of the Expedition to the Niger*, 180.

16. McWilliam, *Medical History of the Expedition to the Niger*, 205 – 207.

17. McWilliam, *Medical History of the Expedition to the Niger*, 131 – 148, 180 – 181, 194 – 202; quote on 200.

18. McWilliam, *Medical History of the Expedition to the Niger*, 156.

19. McWilliam, *Medical History of the Expedition to the Niger*, 157, 159

20. McWilliam, *Medical History of the Expedition to the Niger*, 161 – 175.

21. McWilliam, *Medical History of the Expedition to the Niger*, 162.

22. *Edinburgh New Philosophical Journal* 31 (April – October 1841): 183 – 184.

23. McWilliam, *Medical History of the Expedition to the Niger*, 171, 179, 180.

24. W. Burnett, "Instructions to Dr. McWilliam," in McWilliam, *Report of the Fever at Boa Vista*, 4 – 5; World Health Organization, "Contact Tracing," Newsroom, May 9, 2017, .

25. For patients examined, McWilliam, *Report of the Fever at Boa Vista*, 94.

26. McWilliam, *Report of the Fever at Boa Vista*, 14.

27. McWilliam, *Report of the Fever at Boa Vista*, 14, 16.

28. McWilliam, *Report of the Fever at Boa Vista*, 16 – 17.

29. McWilliam, *Report of the Fever at Boa Vista*, 17 – 18.

30. McWilliam, *Report of the Fever at Boa Vista*, 18.

31. McWilliam, *Report of the Fever at Boa Vista*, 21 – 22.

32. McWilliam, *Report of the Fever at Boa Vista*, 22 – 24.

33. McWilliam, *Report of the Fever at Boa Vista*, 84.

34. McWilliam, *Report of the Fever at Boa Vista*, 23 – 24.

35. McWilliam, *Report of the Fever at Boa Vista*, 26 – 29.

36. See, for example, McWilliam, *Report of the Fever at Boa Vista*, 45, 49.

37. McWilliam, *Report of the Fever at Boa Vista*, 14, 16, 17.

38. McWilliam, *Report of the Fever at Boa Vista*, 82, 108.

39. On Portajo, McWilliam, *Report of the Fever at Boa Vista*, 23, 24, 32‒33, 59, 60.

40. On Boaventura and Cabeçada, McWilliam, *Report of the Fever at Boa Vista*, 88‒89.

41. McWilliam, *Report of the Fever at Boa Vista*, 32‒33.

42. On Rosa Fortes, McWilliam, *Report of the Fever at Boa Vista*, 33‒34, 47, 52, 55.

43. McWilliam, *Report of the Fever at Boa Vista*, 33‒34.

44. 신분이 노예로 인식된 사람들의 증언은 다음 참조. McWilliam, *Report of the Fever at Boa Vista*, 16, 24, 32, 39, 54, 58‒62.

45. McWilliam, *Report of the Fever at Boa Vista*, 104‒105.

46. McWilliam, *Report of the Fever at Boa Vista*, 108, 111.

47. McWilliam, *Report of the Fever at Boa Vista*, 79, 104‒105.

48. McWilliam, *Report of the Fever at Boa Vista*, 109‒110, 111.

49. McWilliam, *Report of the Fever at Boa Vista*, 38.

50. McWilliam, *Report of the Fever at Boa Vista*, 112.

51. McWilliam listed many of the reviews in J. O. M'William, *Further Observations on That Portion of the Second Report on Quarantine by the General Board of Health, Which Relates to the Yellow Fever Epidemy on Board H.M.S. Eclair, and at Boa Vista in the Cape de Verde Islands* (London: William Tyler, 1852), 2.

52. Harrison, *Contagion*, 85‒86, 97‒98.

53. Harrison, *Contagion*, 98‒99.

54. Gilbert King, *The Fever at Boa Vista in 1845‒6, Unconnected with the Visit of the "Eclair" to That Island* (London: John Churchill, 1852).

55. Reviews, *Lancet* 50, no. 1255 (1847): 310.

56. 맥윌리엄의 보고서는 널리 읽혔으며 내용이 치밀하다는 찬사를 받았다. see, for example, *Medico‒Chirurgical Review and Journal of Practical Medicine 51* (July 1, 1847): 217‒233. On how subjugated and enslaved populations have contributed to medical knowledge production, see Sharla

Fett, *Working Cures: Healing, Health, and Power on Southern Slave Plantations* (Chapel Hill: University of North Carolina Press, 2002); Londa Schiebinger, *Secret Cures of Slaves: People, Plants, and Medicine in the Eighteenth-Century Atlantic World* (Stanford, CA: Stanford University Press, 2017); Pablo Gómez, *The Experiential Caribbean: Creating Knowledge and Healing in the Early Modern Atlantic* (Chapel Hill: University of North Carolina Press, 2017).

57. On emotional labor, see Arlie Russell Hochschild, *The Second Shift: Working Parents and the Revolution at Home* (London: Piatkus, 1990); Mary E. Guy, Meredith A. Newman, and Sharon H. Mastracci, *Emotional Labor: Putting the Service in Public Service* (Armonk, NY: M. E. Sharpe, 2008).

58. McWilliam, *Report of the Fever at Boa Vista,* 42-43.

59. 세계 차원에서의 건강, 의학과 제국주의에 과한 연구는 19세기 말에 시작됐다. See, for example, Randall Packard, *A History of Global Health: Interventions into the Lives of Other Peoples* (Baltimore: Johns Hopkins University Press, 2016); Warwick Anderson, *Colonial Pathologies: American Tropical Medicine, Race, and Hygiene in the Philippines* (Durham, NC: Duke University Press, 2006); David Arnold, *Colonizing the Body: State Medicine and Epidemic Disease in Nineteenth Century India* (Berkeley: University of California Press, 1993).

60. On Snow's methods, see Tom Koch, "John Snow, Hero of Cholera: RIP," *Canadian Medical Association Journal* 178, no. 13 (2008): 1736.

4장 기록관리

1. George McCall Theal, *History of South Africa since September 1795,* vol. 3 (London: S. Sonnenschein, 1908), 70-79; Hilary M. Cary, *Empire of Hell: Religion and the Campaign to End Convict Transportation in the British Empire, 1788-1875* (Cambridge: Cambridge University Press, 2019), 232-239.

2. On the hulks, see "Convict Hulks," Sydney Living Museum, .

3. *The Albion, A Journal of News, Politics, and Literature* (New York), November 24, 1849, 558; *Bombay Times and Journal of Commerce*, December 12, 1849, 860; *Maine Farmer*, February 21, 1850, 18, 8; The *Independent*, January 24, 1850, 2, 60; The Spectator, April 6, 1850, 319.

4. *Bombay Times and Journal of Commerce*, December 12, 1849, 860.

5. 저항 이론에 대해서는 다음 참조. see South African History Online: Towards a People's History, .

6. George B. Grundy to Sir George Grey, May 15, 1849, pp. 101–102, Letters from the Home Office and Treasury on Matters Relating to Bermuda, CO 37 / 130, National Archives, Kew. In 1842, when George Baxter Grundy was nineteen, he was charged with forgery: *Manchester Courier and Lancashire General Advertiser*, August 6, 1842; *Bolton Chronicle Greater Manchester*, August 6, 1842.

7. 남성들은 이런 친밀한 관계에 대해 오랫동안 결혼이라는 말을 쓰고 있다. 19세기 전반에 동성결혼이라는 개념이 어떻게 생겨났는지에 대해서는 다음 참조. see Timothy Stewart-Winter and Simon Stern, "Picturing Same-Sex Marriage in the Antebellum United States: The Union of 'Two Most Excellent Men' in Longstreet's 'A Sage Conversation,'" *Journal of the History of Sexuality* 19, no. 2 (2010): 197–222.

8. 배 안에서의 동성 관계에 대해서는 다음 참조. see Jim Downs, "The Gay Marriages of a Nineteenth-Century Prison Ship," *New Yorker*, July 2, 2020.

9. Philip Harling, "The Trouble with Convicts: From Transportation to Penal Servitude, 1840–67," *Journal of British Studies* 53, no. 1 (2014): 80–110. 19세기 남성들의 동성애에 관해서는 다음 참조. see Jim Downs, "With Only a Trace: Same-Sex Sexual Desire and Violence on Slave Plantations, 1607–1865," in Connexions: *Histories of Race and Sex in North America, ed. Jennifer Brier, Jim Downs, and Jennifer Morgan* (Champaign: University of Illinois Press, 2016), 15–37.

10. *An Earnest and Respectful Appeal to the British and Foreign Bible Society, by Its South African Auxiliary, on Behalf of the Injured Colony of the Cape of Good Hope (with Reference to Convict Transportation)* (Cape Town: Saul

Solomon & Co., 1849), 22 – 23.

11. Mark Harrison, *Medicine in an Age of Commerce and Empire: Britain and Its Tropical Colonies*, 1660 – 1830 (New York: Oxford University Press, 2010), 44 – 45.

12. Oz Frankel, *States of Inquiry: Social Investigations and Print Culture in Nineteenth—Century Britain and the United States* (Baltimore: Johns Hopkins University Press, 2006).

13. E. Ashworth Underwood, "The History of Cholera in Great Britain," *Proceedings of the Royal Society of Medicine* 41, no. 3 (1948): 165 – 173; Charles Rosenberg, *The Cholera Years: The United States in 1832, 1849, and 1866* (Chicago: University of Chicago Press, 1962); David Arnold, "Cholera and Colonialism in British India," *Past & Present* no. 113 (1986): 118 – 151; Christopher Hamlin, *Cholera: The Biography* (New York: Oxford University Press, 2009).

14. 이 궤적을 따랐던 의사들에 대해서는 다음 참조. see Harrison, *Medicine in an Age of Commerce and Empire*.

15. [Gavin Milroy], *Report on the Cholera in Jamaica, and on the General Sanitary Condition and Wants of the Island* (London: Eyre and Spottiswoode, 1853), 3.

16. 콜레라에 대한 세계의 반응은 다음 참조. see Hamlin, *Cholera*, 4 – 21.

17. James Henry, August 4 1847 – September 30, 1848, "Medical and Surgical Journal of Her Majesty's Sloop Antelope," ADM 101/85/3/4, National Archives, Kew. All quotations in this section are from Henry's journal; phrases rendered in italics are underlined in the original document. For an account by an assistant naval surgeon about cholera on an 1849 voyage to Hong Kong, see Bronwen E. J. Goodyer, "An Assistant Ship Surgeon's Account of Cholera at Sea," *Journal of Public Health* 30, no. 3 (2008): 332 – 338.

18. 크리토퍼 햄린(Christopher Hamlin)은 "콜레라"라는 용어 사용이 시간이 흐르면서 어떻게 변화했는지, 콜레라가 다른 장 관련 질병과 어떻게 다른지 설명했다. Cholera, 21 – 28.

19. Mark Harrison, "Science and the British Empire," Isis 96, no. 1 (2005):

56–63; Juanita de Barros, *Reproducing the British Caribbean: Sex, Gender, and Population Politics after Slavery* (Chapel Hill: University of North Carolina Press, 2014), 36.

20. 17세기 카리브해 지역에서 과학지식이 어떻게 생성됐는지에 대해서는 다음 참조. see Pablo F. Gómez, *The Experiential Caribbean: Creating Knowledge and Healing in the Early Modern Atlantic* (Chapel Hill: University of North Carolina Press, 2017). Mark Harrison discusses British physicians' work in the Caribbean in *Medicine in an Age of Commerce and Empire*.

21. [Milroy], *Report on the Cholera in Jamaica*, 5–7. See also Deborah Jenson, Victoria Szabo, and the Duke FHI Haiti Humanities Laboratory Student Research Team, "Cholera in Haiti and Other Caribbean Regions, 19th Century," Emerging Infectious Diseases 17, no. 11 (2011): 2130–2135.

22. [Milroy], *Report on the Cholera in Jamaica*, 5.

23. *Report on the Epidemic Cholera of 1848 & 1849*, Presented to Both Houses of Parliament by Command of Her Majesty (London: W. Clowes & Sons, 1850). For other secondary sources on Milroy's report about Jamaica, see C. H. Senior, "Asiatic Cholera in Jamaica (1850–1855)," *Jamaica Journal* 26, no. 2 (December 1997): 25–42; Christienna D. Fryar, "The Moral Politics of Cholera in Postemancipation Jamaica," *Slavery and Abolition* 34, no. 4 (2013): 598–618; de Barros, *Reproducing the British Caribbean*; Aaron Graham, "Politics, Persuasion and Public Health in Jamaica, 1800–1850," *History* 104, no. 359 (2019): 63–82.

24. Rita Pemberton, "Dirt, Disease and Death: Control, Resistance and Change in the Post–Emancipation Caribbean," *História, Ciências, Saúde–Manguinhos* 19, suppl. 1 (2012): 47–58.

25. Gavin Milroy to Benjamin Hawes, February 10, 1851, Lucea, Jamaica, CO 318 / 194, National Archives, Kew.

26. See, for example, Rosenberg, *The Cholera Years*, on the epidemic in New York City. As we have seen in previous chapters, however, physicians did frequently learn from their colleagues, as in the case of Edwin Chadwick, who collected data about the sanitary conditions of towns in England.

27. [Milroy], *Report on the Cholera in Jamaica*, 3–4.

28. [Milroy], *Report on the Cholera in Jamaica*, 42-43.
29. [Milroy], *Report on the Cholera in Jamaica*, 42-43.
30. [Milroy], *Report on the Cholera in Jamaica*, 42-45.
31. [Milroy], *Report on the Cholera in Jamaica*, 10-11.
32. [James] Watson, "Cholera in Jamaica. An Account of the First Outbreak of the Disease in That Island in 1850," *Lancet* 57, no. 1428 (1851): 40-41.
33. Watson, "Cholera in Jamaica."
34. Watson, "Cholera in Jamaica."
35. [Milroy], *Report on the Cholera in Jamaica*, 38.
36. [Milroy], *Report on the Cholera in Jamaica*, 14, 16.
37. Edwin Chadwick, *Report ⋯ on an Inquiry into the Sanitary Conditions of the Labouring Population of Great Britain* (London, W. Clowes and Sons, 1842). On Chadwick's influence on epidemiology, see *Companion Encyclopedia of the History of Medicine*, vol. 2, ed. W. F. Bynum and Roy Porter (London: Routledge, 1993), 1242-1244.
38. Gavin Milroy to Edwin Chadwick, March 10, 1851, CO 318 / 194, National Archives, Kew.
39. 이는 당시의 영국 의사들이 "열대"가 영국 본토와 매우 다르다는 잘못된 이분법적인 사고를 했다는 많은 학자들의 주장을 무너뜨린다. 밀로이는 위생 원칙이 장소를 초월한다고 생각했다. 밀로이는 영국 본토에서의 연구결과를 바탕으로 한 채드윅의 제안이 카리브해 지역에도 적용될 수 있다고 생각했다. 유럽인들이 오랫동안 상상했던 "열대"에 대해서는 다음 참조. see Nancy Leys Stepan, *Picturing Tropical Nature* (Ithaca, NY: Cornell University Press, 2001).
40. Margaret Jones, *Public Health in Jamaica, 1850-1940: Neglect, Philanthropy and Development* (Kingston: University of West Indies Press, 2013); Fryar, "The Moral Politics of Cholera." For more general works on how structural violence invariably produces the conditions that facilitate the spread of epidemics, see Johan Galtung, "Violence, Peace, and Peace Research," *Journal of Peace Research* 6, no. 3 (1969): 167-191; Paul Farmer, "An Anthropology of Structural Violence," Current *Anthropology* 45, no. 3 (2004), 305-325.
41. Milroy to Chadwick, March 10, 1851.

42. [Milroy], *Report on the Cholera in Jamaica*, 108.

43. [Milroy], *Report on the Cholera in Jamaica*, 112 (appendix A).

44. [Milroy], *Report on the Cholera in Jamaica*, 110‑115 (appendix A).

45. 최근 학자들은 식민주의와 제국주의가 카리브해 지역에서 환경을 파괴해 질
병을 일으켰다는 점을 지적하고 있다. 식민주의와 제국주의가 건강과 환
경에 미친 해로운 영향에 대해서는 다음 참조. see, for example, Mariola
Espinosa, *Epidemic Invasions: Yellow Fever and the Limits of Cuban
Independence* (Chicago: University of Chicago Press, 2009); J. R. McNeill,
Mosquito Empires: Ecology and War in the Greater Caribbean, 1620‑1914
(Cambridge: Cambridge University Press, 2010); Richard Grove, *Green
Imperialism: Colonial Expansion, Tropical Island Edens and the Origins of
Environmentalism, 1600‑1860* (Cambridge: Cambridge University Press,
1996).

46. [Milroy], *Report on the Cholera in Jamaica*, 111 (appendix A).

47. [Milroy], *Report on the Cholera in Jamaica*, 99‑105.

48. Milroy to Chadwick, March 10, 1851.

49. [Milroy], *Report on the Cholera in Jamaica*, 42.

50. Thomas C. Holt, *The Problem of Freedom: Race, Labor, and Politics in
Jamaica and Britain, 1832‑1938* (Baltimore: Johns Hopkins University
Press, 1992), 56, 133‑167.

51. Pemberton, "Dirt, Disease and Death."

52. Gavin Milroy to Benjamin Hawes, May 28, 1851, Kingston, Jamaica, CO 318
/ 194, National Archives, Kew.

53. 유행병이 공중보건에 미친 영향에 대해서는 다음 참조. see Fryar, "The
Moral Politics of Cholera in Postemancipation Jamaica"; Graham, "Politics,
Persuasion and Public Health in Jamaica, 1800‑1850"; Senior, "Asiatic
Cholera in Jamaica." 프라이아(Fryar)는 밀로이의 위생개혁 활동이 도덕적인
동기에 의해 시작됐다고 주장한다. 프라이아는 밀로이가 흑인들에게 콜레라 발
생 책임이 있다고 생각했으며, 흑인들의 행동을 도덕적으로 개혁하기 위한 방
법의 하나로 위생 개선을 제시했다고 주장한다. 하지만 밀로이의 이런 생각은
위생개혁이라는 더 넓은 맥락에서 이해해야 한다. 영국의 의사들은 수많은 곳
이 불결하고 비위생적이라고 생각했다. 도덕적인 판단이 콜레라에 대한 이들의

시각을 형성하는 데 역할을 한 것은 사실이지만, 밀로이 같은 의사들은 도덕의식을 고취하는 것보다 질병 확산을 이해하기 위해 더 많은 노력을 했다.

54. "Medical News: The Epidemiological Society, Dec. 4, 1851," *Lancet* 58, no. 1476 (December 13, 1851), 568.

55. On Milroy's career, see "Obituary—Gavin Milroy," *British Medical Journal* 1, no. 1313 (1886): 425 - 426; Mark Harrison, "Gavin Milroy (1805 - 1886)," Oxford *Dictionary of National Biography Online*, updated September 23, 2010.

56. Gavin Milroy, "Address at the Opening of the Session, 1864 - 65," *Transactions of the Epidemiological Society of London*, vol. 2 (London: Robert Hardwicke, 1867), 247 - 256.

57. [Milroy], *Report on the Cholera in Jamaica*, 115 (appendix A).

58. 나의 이 생각은 현대 초기의 지식 생간에 관한 역사학자 앤 블레어(Ann Blair)의 연구에 기초한 것이다. Ann M. Blair, *Too Much to Know: Managing Scholarly Information before the Modern Age* (New Haven, CT: Yale University Press, 2011).

59. *In States of Inquiry*에서 오즈 프랭클(Oz Frankel)은 영국과 미국에서 정부가 사회학적 연구 결과들을 출판하는 데 핵심적인 역할을 했으며, 이는 인쇄 문화 발전을 이끌었다고 분석했다. 프랭클은 아동 노동, 빈곤 같은 영국의 국내 문제들에 대한 보고서들에 집중했지만, 나는 제국주의와 전쟁에 집중했다.

5장 플로렌스 나이팅게일

1. 생물학적 전쟁으로서의 미국 남북전쟁에 관해서는 다음 참조. see Jim Downs, *Sick from Freedom: African American Illness and Suffering during the Civil War and Reconstruction* (New York: Oxford University Press, 2012); Shauna Devine, *Learning from the Wounded: The Civil War and the Rise of American Medical Science* (Chapel Hill: University of North Carolina Press, 2014). 질병과 쿠바 반란에 관해서는 다음 참조. see Matthew Smallman-Raynor and Andrew D. Cliff, "The Spatial Dynamics of Epidemic Diseases in War and Peace: Cuba and the Insurrection against Spain, 1895 - 98,"

Transactions of the Institute of British Geographers 24, no. 3 (1999): 331–350. 전염병이 전쟁에 미친 영향에 관해서는 다음 참조. see Clara E. Councell, "War and Infectious Disease," *Public Health Reports* 56, no. 12 (March 21, 1941): 547–573.

2. 흑인 매체와 백인 매체 모두 크림전쟁 중의 위생상태에 대해 보도했다. See *The Provincial Freeman*, May 5, 1855; *Frederick Douglass' Paper*, August 31, 1855; London Friend, "Observations on the Crimean War," *Friends' Review*; a Religious, *Literary and Miscellaneous Journal* (1847–1894) 9, no. 7 (October 27, 1855): 101; "What the London Times Has Done," *United States Magazine of Science, Art, Manufactures, Agriculture, Commerce and Trade* (1854–1856) 2, no. 5 (1855): 174; "The Latest News from Europe," *Maine Farmer* (1844–1900) 23, no. 30 (July 19, 1855): 3; "Crimean Heroes and Trophies," *Frank Leslie's Weekly*, May 10, 1856; *The National Era*, December 7, 1854; *Godey's Lady's Book*, September 1855; *The Lily*, November 1, 1855; *Frank Leslie's Weekly*, March 1, 1856.

5. On the United States, see David Rosner, A Once Charitable Enterprise: Hospitals and Health Care in Brooklyn and New York, 1885–1915 (Cambridge: Cambridge University Press, 1982); David J. Rothman, *The Discovery of the Asylum: Social Order and Disorder in the New Republic* (Boston: Little Brown, 1971.) On the Spanish Empire, see Pablo Gómez, *The Experiential Caribbean: Creating Knowledge and Healing in the Early Modern Atlantic* (Chapel Hill: University of North Carolina Press, 2017).

4. 병원의 개념은 20세기에 이르러서야 변화했다. See Rosner, A Once Charitable Enterprise; Paul Starr, *The Social Transformation of American Medicine: The Rise of a Sovereign Profession and the Making of a Vast Industry* (New York: Basic Books, 1982); Charles Rosenberg, *The Care of Strangers: The Rise of America's Hospital System* (Baltimore: Johns Hopkins University Press, 1995).

5. 농업 기반 가정경제가 쇠락하면서 노인, 장애인, 고아처럼 소위 "의존적인 사람들"이 새로 부상했다. 임금을 받고 노동을 하는 일이 늘어나면서 대부분의 가정은 이런 사람들을 돌볼 수 없게 됐고, 이들은 결국 병원, 수용시설, 고아원 등으로 흘러 들어갔다. See David J. Rothman, *The Discovery of the Asylum*:

Social Order and Disorder in the New Republic (Boston: Little, Brown, 1971); Seth Rockman, *Scraping By: Wage Labor, Slavery, and Survival in Early Baltimore* (Baltimore: Johns Hopkins University Press, 2009); Downs, Sick from Freedom.

6. 이런 병원에서의 의료 행위는 대부분 의식주를 제공하는 데 그쳤다. 일부 의사와 정부 관리들은 환자들이 가는 병원, 빈민들이 가는 빈민구호소, 정신병자들이 가는 수용소를 구분했지만, 의학 개혁자들 대부분은 이들을 같은 시설로 묘사했다. (Downs, Sick from Freedom, 120 - 145). 교육을 제대로 받지 못한 의료진이 이들에게 잘못된 치료를 하거나 방치하는 일이 다반사였다. see Wendy Gonaver, *The Peculiar Institution and the Making of Modern Psychiatry, 1840 - 1880* (Chapel Hill: University of North Carolina Press, 2019); 빈민 구호시설에 대해서는 다음 참조. Rockman, *Scraping By*; on orphanages for black children, Leslie Harris, *In the Shadow of Slavery: African Americans in New York City, 1626 - 1863* (Chicago: University of Chicago Press, 2004); 정신병원에 대해서는 다음 참조. Nancy Tomes, *A Generous Confidence: Thomas Story Kirkbride and the Art of Asylum–Keeping, 1840 - 1883* (Cambridge: Cambridge University Press, 1984).

7. 19세기 병원에서 일어난 학대와 폭력, 특히 가장 억압받는 사람들에 대한 학대와 폭력에 대해서는 다음 참조. see Harriet Washington, *Medical Apartheid: The Dark History of Medical Experimentation on Black Americans from Colonial Times to the Present* (New York: Harlem Moon, 2006), 67 - 69; Elaine G. Breslaw, Lotions, Potions, Pills and Magic: Health Care in Early America (New York: New York University Press, 2012), 145 - 147; Margaret Jones, "The Most Cruel and Revolting Crimes: The Treatment of the Mentally Ill in Mid–Nineteenth–Century Jamaica," *Journal of Caribbean History* 42, no. 2 (2008): 290 - 309; Emily Clark, "Mad Literature: Insane Asylums in Nineteenth Century America," *Arizona Journal of Interdisciplinary Studies* 4 (2015).

8. William Howard Russell, *The War: From the Landing at Gallipoli to the Death of Lord Raglan* (George Routledge & Co., 1855), 15, 63.

9. Quoted in Joseph J. Mathews, "The Father of War Correspondents," *Virginia Quarterly Review* 21, no. 1 (1945): 111 - 127.

10. Mark Bostridge, *Florence Nightingale: The Making of an Icon* (New York: Farrar, Straus and Giroux, 2008), 204 (quoting from an article by Thomas Chenery); Sue M. Goldie, *Florence Nightingale: Letters from the Crimea 1854–1856* (Manchester: Manchester University Press, 1997).

11. Goldie, *Florence Nightingale*, 15–21.

12. Goldie, *Florence Nightingale*, 3, 22.

13. Goldie, *Florence Nightingale*, 5.

14. Goldie, *Florence Nightingale*, 26.

15. *Times* (of London), November 13, 1854.

16. Florence Nightingale to Sydney Herbert, November 25, 1854, in Goldie, *Florence Nightingale*, 39.

17. Florence Nightingale to Mother, February 5, 1855, in Goldie, *Florence Nightingale*, 86–87.

18. Florence Nightingale to Sydney Herbert, February 19, 1855, in Goldie, *Florence Nightingale*, 93.

19. 휴고 스몰은(Hugo Small) 나이팅게일의 노력이 사망률을 줄이는 데 기여하지 않았다고 주장한다. Small, *Florence Nightingale: Avenging Angel* (New York: St. Martin's, 1999). His analysis is disputed by Lynn McDonald in Florence Nightingale: The Crimean War, ed. Lynn McDonald, vol. 14 of *The Collected Works of Florence Nightingale* (Waterloo, ON: Wilfrid Laurier University Press, 2010), 32–36.

20. Florence Nightingale, *Notes on Hospitals: Being Two Papers Read before the National Association for the Promotion of Social Science, at Liverpool, in October, 1858. With Evidence Given to the Royal Commissioners on the State of the Army in 1857* (London: John W. Parker and Son, 1859), 40.

21. 병원의 쥐에 대해서는 다음 참조. On rats in hospitals, see *Harper's Weekly*, May 5, 1860. On rats and reformers, see Starr, *The Social Transformation of American Medicine*, 155.

22. 통계학자와 역학자로서의 나이팅게일의 업적에 대해서는 다음 참조. see J. M. Keith, "Florence Nightingale: Statistician and Consultant Epidemiologist," *International Nursing Review* 35, no. 5, (1988): 147–150; L. R. C. Agnew, "Florence Nightingale: Statistician," *American Journal of Nursing* 58,

no. 5 (1958): 664–665; Lynn McDonald, "Florence Nightingale and the Early Origins of Evidence–Based Nursing," *Evidence–Based Nursing 4* (2001): 68–69; Lynn McDonald, "Florence Nightingale, Statistics, and the Crimean War," *Journal of the Royal Statistical Society Series A* 177, no. 3 (2014): 569–586; Edwin W. Kopf, "Florence Nightingale as Statistician," *Publications of the American Statistical Association* 15, no. 116 (1916): 388–404; Warren Winkelstein Jr., "Florence Nightingale: Founder of Modern Nursing and Hospital Epidemiology," Epidemiology 20, no. 2 (2009): 311; Christopher J. Gill and Gillian C. Gill, "Nightingale in Scutari: Her Legacy Reexamined," *Clinical Infectious Diseases* 40, no. 12 (2005): 1799–1805; D. Neuhauser, "Florence Nightingale Gets No Respect: As a Statistician That Is," *BMJ Quality & Safety* 12 (2003): 317.

23. Florence Nightingale, *Notes on Hospitals*, 3rd ed. (London: Longman, Green, Longman, Roberts and Green, 1863), 6–7.

24. Florence Nightingale, *Notes on Matters Affecting the Health, Efficiency, and Hospital Administration of the British Army, Founded Chiefly on the Experience of the Late War* (London: Printed by Harrison and Sons, 1858). For discussion and excerpts, see McDonald, ed., *Florence Nightingale: The Crimean War.*

25. 나이팅게일에 관해 권위 있는 전기를 쓴 마크 보스트리지(Mark Bostridge)에 따르면, 나이팅게일이 도착했을 때 스쿠타리 병원의 사망률은 다른 모든 병원의 사망률보다 높았다. 하지만 내 관심은 스쿠타리 병원에서의 활동이 아니라 나이팅게일의 후기 연구에서 나타난 위생 원칙들에 대한 지지에 있다. See Mark Bostridge, "Florence Nightingale: The Lady with the Lamp," BBC History, February 17, 2011, .

26. "Netley Hospital," *Leeds Mercury*, August 21, 1858, no. 6837, . Also see Saturday Review, August 28, 1858, 206–207.

27. Eduardo Faerstein and Warren Winkelstein Jr., "Adolphe Quetelet: Statistician and More," Epidemiology 12, no. 5 (2012): 762–763; Nathan Glazer, "The Rise of Social Science Research in Europe," in *The Science of Public Policy: Essential Readings in Policy Sciences I*, ed. Tadao Miyakawa (London: Routledge, 1999), 64.

28. Eileen Magnello, "Florence Nightingale: The Compassionate Statistician," +Plus Magazine, December 8, 2010, ; Bostridge, *Florence Nightingale*, 306-315.

29. McDonald, "Florence Nightingale and the Early Origins of Evidence-Based Nursing."

30. Nightingale, *Notes on Hospitals* (1859), 3.

31. As quoted in Kopf, "Florence Nightingale as Statistician." I have relied on Kopf's description of the politics that led to the formation of the royal sanitary commission.

32. Nightingale, *Notes on Matters Affecting the Health ⋯ of the British Army*, 1-2.

33. Nightingale, *Notes on Matters Affecting the Health ⋯ of the British Army*, 89-90.

34. Nightingale, *Notes on Hospitals* (1859), 39-40.

35. Nightingale, *Notes on Matters Affecting the Health ⋯ of the British Army*, 492.

36. *Mortality of the British Army: At Home and Abroad, and during the Russian War, as Compared with the Mortality of the Civil Population in England* (London: Printed by Harrison and Sons, 1858), 12, table E. This booklet was reprinted from appendix 72 of the sanitary commission's report and is generally attributed to Nightingale. See Edward Tyas Cook, *The Life of Florence Nightingale*, vol. 2 (London: Macmillan, 1913), 381.

37. *Mortality of the British Army*, 5.

38. *Mortality of the British Army*, 16, table G. 나이팅게일의 새로운 질병 분류에 대해서는 다음 참조. "Actual and Proposed Forms for Medical Statistics in the Army," Notes on Matters Affecting the Health ⋯ of the British Army, appendix 1 to section XI.

39. 보고서에서 표를 사용하는 새로운 기술에 대해서는 다음 참조. see McDonald, "Florence Nightingale and the Early Origins of Evidence-Based Nursing."

40. McDonald, "Florence Nightingale, Statistics, and the Crimean War"; Simon Rogers, "Florence Nightingale, Datajournalist: Information Has Always Been Beautiful," *The Guardian*, August 13, 2010.

41. 19세기에는 특정 종교 조직들이 간호를 담당했다. 크림전쟁의 간호사들에 대해서는 다음 참조. see Maria Luddy, ed., *The Crimean Journals of the Sisters of Mercy, 1854-56* (Dublin: Four Courts Press, 2004); Mary Raphael Paradis, Edith Mary Hart, and Mary Judith O'Brien, "The Sisters of Mercy in the Crimean War: Lessons for Catholic Health Care," *Linacre Quarterly,* 84, no. 1 (2017): 29-43. Kaori Nagai argues that Nightingale erased the history of the Irish nuns, who applied what they had learned during the Irish famine to their work during the Crimean War. According to Nagai, these women threatened Nightingale's status as the "single female authority"; Nagai, "Florence Nightingale and the Irish Uncanny," *Feminist Review* 77 (2004): 26-45.

42. Nightingale, *Notes on Hospitals,* 3rd ed. (1863), 20-21.

43. Nightingale, *Notes on Hospitals,* 3rd ed. (1863), 10.

44. 예방의학의 역사에 대해서는 다음 참조. see Daniel M. Becker, "History of Preventive Medicine," in *Prevention in Clinical Practice,* ed. Daniel M. Becker and Laurence B. Gardner (Boston: Springer, 1988), 13-21.

45. Nightingale, *Notes on Hospitals,* 3rd ed. (1863), 48-49.

46. "Brucellosis," Centers for Disease Control and Prevention. .

47. Gérard Vallée and Lynn McDonald, eds., *Florence Nightingale on Health in India,* vol. 9 of *The Collected Works of Florence Nightingale* (Waterloo, ON: Wilfrid Laurier University Press, 2006), xiii.

48. "Something of What Florence Nightingale Has Done and Is Doing," St. James's Magazine 1 (April 1861): 33; "The British Army and Miss Nightingale," *Medical and Surgical Reporter* 11, no. 18 (April 30, 1864): 267.

49. Nightingale, *Notes on Hospitals,* 3rd ed. (1863), 11-18.

50. William Dalrymple, "The East India Company: The Original Corporate Raiders," *The Guardian,* March 4, 2015.

51. Edwin H. H. Collen, "The Indian Army," in The Empire and the Century: *A Series of Essays on Imperial Problems and Possibilities by Various Writers* (New York: Dutton, 1905), 670.

52. Vallée and McDonald, eds., *Florence Nightingale on Health in India,* 12-

14, 45 - 47.

53. Florence Nightingale, postscript to *Note on Matters Affecting the Health ··· of the British Army*, 656 - 667; Vallée and McDonald, eds., *Florence Nightingale on Health in India*, 46 - 47.

54. 인도에 대한 나이팅게일의 생각이 제국주의적인 생각에서 인도인이 더 많은 힘을 가져야 한다는 생각으로 어떻게 변화했는지에 대해서는 다음 참조. see Jharna Gourlay, *Florence Nightingale and the Health of the Raj* (Aldershot, UK: Ashgate, 2003). On British derogatory attitudes toward Indian medicine and disregard of Indian healing and medical practices, see David Arnold, *Colonizing the Body: State Medicine and Epidemic Disease in Nineteenth-Century India* (Berkeley: University of California Press, 1993). On Indian medical practices, see Projit Bihari Mukharji, *Nationalizing the Body: The Medical Market, Print, and Daktari Medicine* (London: Anthem Press, 2009).

55. Quoted in Vallée and McDonald, eds., *Florence Nightingale on Health in India*, 7.

56. Vallée and McDonald, eds., *Florence Nightingale on Health in India*, 8.

57. Vallée and McDonald, eds., *Florence Nightingale on Health in India*, 8 - 9.

58. Vallée and McDonald, eds., *Florence Nightingale on Health in India*, 27.

59. Florence Nightingale, *Observations on the Evidence Contained in the Stational Reports Submitted to Her by the Royal Commission on the Sanitary State of the Army in India* (London: Edward Stanford, 1863), 17.

60. Vallée and McDonald, eds., *Florence Nightingale on Health in India*, 15.

61. 예를 들어 뉴욕시 건강위원회는 콜레라 유행에 대응하기 위해 특별위생위원회를 조직했다. 이런 조직들은 시 정부가 커지면서 제국주의적인 전 세계 차원의 변화와 멀어졌다고 기술될 때가 많다. 지방정부들이 이런 노력을 처음 시작한 것은 사실이지만(채드윅의 런던 기반 연구도 그중 하나다), 전문가들을 모아 지역의 건강상태를 감독하도록 한 것은 제국주의가 확산시킨 관료체계였다. 뉴욕시의 이런 조직들에 대해서는 다음 참조. see Charles Rosenberg, *The Cholera Years: The United States in 1832, 1849 and 1866*, 2nd ed. (Chicago: University of Chicago, 1987), 108 - 109.

62. Gyan Prakash, *Another Reason: Science and the Imagination of Modern*

India (Princeton: Princeton University Press, 1999), 132-135.

63. 당시 영국에서는 통계 조사가 사회 문제들을 조사해 대중들에게 알리기 위한 위한 중요한 도구 중 하나였다. See Oz Frankel, *States of Inquiry: Social Investigations and Print Culture in Nineteenth-Century Britain and the United States* (Baltimore: Johns Hopkins University Press, 2006).

64. 1700년경부터 1827년까지 학자들은 통계학 지식에 의존해 천문 현상학과 대기에 대해 연구했다. 19세기에 앨버트 공의 스승 애돌프 케틀렛은 통계학에 "확률 계산법"을 처음 도입해 사회과학에 적용했다. 케틀렛과 나이팅게일은 친구였다. 통계학 역사에 관해서는 다음 참조. see Stephen M. Stigler, *The History of Statistics: The Measurement of Uncertainty before 1900* (Cambridge: Harvard University Press, 1990). On Nightingale's friendship with Quetelet, see Kopf, "Florence Nightingale as Statistician."

65. Kopf, "Florence Nightingale as Statistician," 396. 코프(Kopf)는 나이팅게일의 병원 통계 수집 계획이 실행 가능성이 낮으며 "일정 기간 대체로 성공한 적이 없다"고 말했다.

66. As quoted in David J. Spiegelhalter, "Surgical Audit: Statistical Lessons from Nightingale and Codman," *Journal of the Royal Statistical Society, Series A* 162, no. 1 (1999), 47. See also James T. Hammack, "Report to the Statistical Society on the Proceedings of the Fourth Session of the International Statistical Congress, Held in London, July, 1860," *Journal of the Statistical Society of London* 24, no. 1 (1861): 6.

67. Kopf, "Florence Nightingale as Statistician."

68. Florence Nightingale to William Farr, April 28, 1860, in McDonald, "Florence Nightingale and the Early Origins of Evidence-Based Nursing."

69. McDonald, "Florence Nightingale and the Early Origins of Evidence-Based Nursing."

70. Kopf, "Florence Nightingale as Statistician, " 397.

71. Steve M. Blevins and Michael S. Bronze, "Robert Koch and the 'Golden Age' of Bacteriology," *International Journal of Infectious Diseases* 14, no. 9 (2010): e744-e751; "Who First Discovered Vibrio cholera?" UCLA Department of Epidemiology.

72. Vallée and McDonald, eds., *Florence Nightingale on Health in India*, 863-

65.

73. 전염병 확산에 대한 나이팅게일의 의견은 다음 참조. *Florence Nightingale on Public Health Care*, ed. Lynn McDonald, vol. 6 of *The Collected Works of Florence Nightingale* (Waterloo, ON: Wilfrid Laurier University Press, 2004). Nightingale's ideas about the social and environmental conditions that cause sickness dovetail with the current thinking of medical anthropologists. See, for example, Paul Farmer, *Infections and Inequalities: The Modern Plagues* (Berkeley: University of California Press, 1999).

74. 에드워드 볼러드(Edward Ballard), 존 네튼 래드클리프, 조지 뷰캐넌(George Buchanan), 리처드 손(Richard Thorne) 같은 영국의 역학자들은 세균 이론을 받아들여 환경 원인론을 주장했다. 이 사실을 알게 해준 제이콥 스티어윌리엄스에게 감사드린다.

75. Florence Nightingale to Thomas Gillham Hewlett, July 27, 1883, in Vallée and McDonald, eds., *Florence Nightingale on Health in India*, 921.

76. Nightingale to Hewlett, 921.

77. Florence Nightingale to Lord Dufferin, November 4, 1886, in Vallée and McDonald, eds., *Florence Nightingale on Health in India*, 925.

78. Nightingale to Dufferin, 925.

79. Nightingale, *Observations on the Evidence Contained in the Stational Reports*, 51. 가령 나이팅게일은 1863년 국립사회과학증진협회에 제출한 보고서에서 "원주민 인종들"이 "문명의 영향"으로 사라지는 향이 경향이 있다고 주장했다. Kopf, "Florence Nightingale as Statistician," 399.

80. 많은 학자들은 제국주의가 유럽의 계몽주의에 실험실을 제공했으며 수많은 학문의 형성에 기여했다고 주장하지만, 나는 역학과 공중보건이라는 특정 부분에서 제국주의가 역할을 어떤 역할을 하는지 설명하는 데에만 집중한다. On the former, see Sankar Muthu, *Empire and Modern Political Thought* (Cambridge: Cambridge University Press, 2012).

81. Richard J. Evans, *Death in Hamburg: Society and Politics in the Cholera Years, 1830-1910* (Oxford: Oxford University Press, 1987), 268-269.

82. Evans, *Death in Hamburg*, 671-707.

83. Mariko Ogawa, "Uneasy Bedfellows: Science and Politics in the Refutation of Koch's Bacterial Theory of Cholera," *Bulletin of the History of Medicine*

74, no. 4 (2000): 705.

84. 데이비드 아놀드(David Arnold)는 "거의 모든 카스트와 계층의 인도인들이 부검에 격렬히 반대했다"고 썼다. Arnold, *Colonizing the Body: State Medicine and Epidemic Disease in Nineteenth-Century India* (Berkeley: University of California Press, 1993), 53.

85. Gill and Gill, "Nightingale in Scutari."

6장 자선에서 편견으로

1. 레슬리 슈엄(Leslie Schwalm)은 최근 발표한 논문에서 어떻게 미국위생위원회가 인종차별주의를 지지하면서 "과학적인" 연구를 통해 인종 간 우열 이론을 뒷받침했는지에 대해 다뤘다. 이 장에서 나는 미국위생위원회를 넓은 맥락에서 다루고, 이 위원회가 인종 차이를 이용해 역학을 발전의 핵심 요소로 사용했다는 것을 보여줄 것이다. Leslie A. Schwalm, "A Body of 'Truly Scientific Work': The U.S. Sanitary Commission and the Elaboration of Race in the Civil War Era," *Journal of the Civil War Era* 8, no. 4 (2018): 647 - 676.

2. 바버라 필즈(Barbara Fields)와 도로시 로버츠(Dorothy Roberts)는 인종이 생물학적 범주가 아니라는 것을 강조했지만, 과거의 의사들처럼 현재의 많은 의사들도 인종이 생물학적 범주인 것처럼 생각하고 있다. Barbara J. Fields, "Slavery, Race, and Ideology in the United States of America," *New Left Review* 181 (June 1990), 95 - 118: Dorothy Roberts, *Fatal Invention: How Science, Politics, and Big Business Re-Create Race in the Twenty-First Century* (New York: New Press, 2011).

3. Julia Boyd, "Florence Nightingale and Elizabeth Blackwell," *Lancet* 373, no. 9674 (2009): P1516 - 1517.

4. Judith Ann Giesberg, *Civil War Sisterhood: The U.S. Sanitary Commission and Women's Politics in Transition* (Boston: Northeastern University Press, 2000), 33.

5. Giesberg, *Civil War Sisterhood*, 35.

6. Giesberg, *Civil War Sisterhood*, 46.

7. "Order creating the United States Sanitary Commission, signed and approved

by President Lincoln on June 13, 1861. Countersigned by Simon Cameron, Secretary of War," New York Public Library Digital Collections, ; *The United States Sanitary Commission: A Sketch of Its Purposes and Its Work* (Little, Brown and Company, 1863); "obtrusive" quote from Jeanie Attie, *Patriotic Toil: Northern Women and the American Civil War* (Ithaca, NY: Cornell University Press, 1998), 53.

8. USSC에서 여성들의 역할에 대해서는 다음 참조. see Giesberg, Civil War Sisterhood, and Attie, Patriotic Toil.

9. 남북전쟁 기간에 인구 이동과 자연환경 파괴가 전염병 유행을 어떻게 촉발했는지에 대한 연구는 아직 없다. 하지만 어미 윌로비(Urmi Willoughby)는 노예무역에 따른 인구 이동, 농지의 플랜테이션 전환 같은 요인들이 루이지애나에서의 어떻게 황열병 발생으로 이어졌는지 연구했으며, 메건 넬슨(Megan Nelson)은 군대가 수많은 나무를 벰으로써 자연을 어떻게 파괴했는지 연구했다. Urmi Engineer Willoughby, *Yellow Fever, Race, and Ecology in Nineteenth Century New Orleans* (Baton Rouge: Louisiana State University Press, 2014); Megan Kate Nelson, *Ruin Nation: Destruction and the American Civil War* (Athens: University of Georgia Press, 2012).

10. Louis C. Duncan, "The Medical Department of the United States Army in the Civil War—The Battle of Bull Run," *The Military Surgeon* 30, no. 6 (1912), 644 - 668, on 667.

11. Duncan, "Medical Department of the United States Army," 644. Also see Jim Downs, *Sick from Freedom: African American Illness and Suffering during the Civil War and Reconstruction* (New York: Oxford University Press, 2012), 28 - 31.

12. Duncan, "Medical Department of the United States Army," 665 - 666.

13. *The Sanitary Commission of the United States Army: A Succinct Narrative of Its Works and Purposes* (New York: United States Sanitary Commission, 1864), 14.

14. Charles J. Stillé, *History of the United States Sanitary Commission: Being the General Report of Its Work during the War of the Rebellion* (Philadelphia: J. B. Lippincott, 1866), 27.

15. Stillé, *History of the United States Sanitary Commission*, 32.

16. US Sanitary Commission, *Rules for Preserving the Health of the Soldier* (Washington, DC, 1861). On changing practices of cleanliness, see Kathleen M. Brown, *Foul Bodies: Cleanliness in Early American Society* (New Haven, CT: Yale University Press, 2009).

17. US Sanitary Commission, *Rules for Preserving the Health of the Soldier*, 6–7.

18. On hospitals, see, for example, W. Gill Wylie, *Hospitals: Their History, Organization, and Construction* (New York: D. Appleton, 1877).

19. US Sanitary Commission, *Rules for Preserving the Health of the Soldier*, 8.

20. Stillé, *History of the United States Sanitary Commission*, 27–32.

21. 1840년대에 조슈아 노트는 모기와 황열병 사이에 관계가 있다는 이론을 제시했지만, 내 조사 결과에 따르면 USSC 기록에는 북부의 위생개혁가들이 노트의 이 이론을 알고 있었다는 증거가 없다. Josiah C. Nott, "Yellow Fever Contrasted with Bilious Fever—Reasons for Believing It a Disease Sui Generis—Its Mode of Propagation—Remote Cause: Probable Insect or Animalcular Origin, &c.," *New Orleans Medical and Surgical Journal* 4 (1848): 563–601.

22. 게일 베더먼(Gail Bederman)의 연구에 따르면 20세기 초반에 많은 엘리트들은 여성이 예의, 에티켓을 비롯한 다양한 문제에 관여하는 것에 반대했다. 나는 남북전쟁 기간에도 이와 비슷한 현상이 나타났을 것이라고 생각한다. 군 관료들과 병사들 대부분은 위생 규정이 여성들에 의해 주장됐다는 점 때문에 그 규정들을 무시했을 것이다. Gail Bederman, *Manliness and Civilization: A Cultural History of Gender and Race, 1880–1917* (Chicago: University of Chicago Press, 1995).

23. Shauna Devine, *Learning from the Wounded: The Civil War and the Rise of American Medical Science* (Chapel Hill: University of North Carolina Press, 2014), 1; Downs, Sick from Freedom, 4; Downs, "#BlackLivesMatter: Toward an Algorithm of Black Suffering during the Civil War and Reconstruction," *J19: The Journal of Nineteenth-Century Americanists* 4, no. 1 (2016): 198–206.

24. 스틸의 *History of the United States Sanitary Commission*은 USSC의 활동, USSC 소속 의사들의 역할, USSC가 위생적인 환경의 절심함에 대해 병사들과 자원봉사자들에게 가르친 내용에 대해 포괄적으로 묘사하고 있다.

25. *The Liberator*, May 30, 1862.

26. On the USSC seal, see Giesberg, *Civil War Sisterhood*, vii–x.

27. Jennifer L. Morgan, *Laboring Women: Reproduction and Gender in New World Slavery* (Philadelphia: University of Pennsylvania Press, 2004); Rana A. Hogarth, *Medicalizing Blackness: Making Racial Difference in the Atlantic World* (Chapel Hill: University of North Carolina Press, 2017).

28. Downs, *Sick from Freedom*.

29. Susan P. Waide and Valerie Wingfield, "United States Sanitary Commission Records, 1861–1878, MssCol 3101," New York Public Library, Manuscripts and Archives Division, January 2006, 10, .

30. Waide and Wingfield, "United States Sanitary Commission Records, ⋯ MssCol 3101," 10.

31. Margaret Humphreys, *Intensely Human: The Health of the Black Soldier in the American Civil War* (Baltimore: Johns Hopkins University Press, 2008), 8.

32. 이민자들에 대한 분류, 특히 아일랜드 이민자들에 대한 분류가 이뤄지긴 했지만 이런 분류는 흑인들을 대상으로는 이뤄지지 않았다. USSC가 수집한 데이터를 바탕으로 벤저민 굴드는 흑인 병사들이 다른 병사들과 어떻게 다른지 묘사했다. 수십 년 후 프레데릭 호프먼은 이 연구에 의존해 인종적 우열에 관한 생각을 퍼뜨렸고, 이 생각은 19세기 말 우생학 발전에 영향을 미쳤다. Benjamin Apthorp Gould, *Investigations in the Military and Anthropological Statistics of American Soldiers* (New York: US Sanitary Commission, 1869), 347–348, 391, 479; Frederick L. Hoffman, *Race Traits and Tendencies of the American Negro* (New York: Macmillan, for the American Economic Association, 1896), 70–71, 150–151, 162–168, 183–185.

33. 이 설문지 사본 중 하나가 USSC 관료들의 서신에서 발견됐다. Benjamin Woodward to Elisha Harris, August 20, 1863, Memphis, TN, series 1: Medical Committee Archives, 1861–1866, United State Sanitary Commission Records, New York Public Library (hereafter, USSC Records). On women reformers committed to antiracism as part of their larger activist agendas, see Nancy A. Hewitt, *Women's Activism and Social Change: Rochester, 1822–1872* (Ithaca, NY: Cornell University Press, 1984); Nancy A. Hewitt, *Radical Friend: Amy Kirby Post and Her Activist Worlds* (Chapel Hill: University of North Carolina Press, 2018).

34. Quoted in Humphreys, *Intensely Human*, 33.

35. Josiah Nott, "The Mulatto a Hybrid: Probable Extermination of the Two Races If the Whites and Blacks Are Allowed to Intermarry," *Boston Medical and Surgical Journal* 29, no. 2 (August 16, 1843): 29–32.

36. Ira Russell, "Hygienic and Medical Notes and Report on Hospital L' Ouverture," reel 3, frame 282, USSC Records.

37. Nott, "The Mulatto a Hybrid," 30.

38. Nott, "Yellow Fever Contrasted with Bilious Fever."

39. Walter Johnson, *Soul by Soul: Inside the Antebellum Slave Market* (Cambridge: Harvard University Press, 1999), 155.

40. 월터 존슨은 문학 작품 외에서도 이런 증거를 찾아냈다. Johnson, *Soul by Soul*, 154.

41. 대서양 세계의 일부로서 미국에서의 인종 분류체계에 대해서는 다음 참조. see Jim Downs, "Her Life, My Past: Rosina Downs and the Proliferation of Racial Categories after the American Civil War," in *Storytelling, History, and the Postmodern South*, ed. *Jason Philips* (Baton Rouge: Louisiana State University Press, 2013).

42. 조슈아 노트는 이 이론의 대표적인 지지자였다. J. C. Nott, "Hybridity of Animals, Viewed in Connection with the Natural History of Mankind," in J. C. Nott and G. R. Gliddon, *Types of Mankind: or, Ethnological Researches, Based upon the Ancient Monuments, Paintings, Sculptures, and Crania or Races and upon their Natural, Geographical, Philological, and Biblical History*, 2nd ed. (Philadelphia: Lippincott, Grambo & Co., 1854), 397–399.

43. Gould, *Investigations in the Military and Anthropological Statistics of American Soldiers*, 347–353, 471, 478. For an overview of scientific discussions on the intersection of race and lung capacity, in which Gould played a prominent role, see Lundy Braun, *Breathing Race Into the Machine: The Surprising Career of the Spirometer from Plantation to Genetics* (Minneapolis: University of Minnesota Press, 2014).

44. Melissa N. Stein, *Measuring Manhood: Race and the Science of Masculinity* (Minneapolis: University of Minnesota Press, 2015), 106–107.

45. Humphreys, *Intensely Human*, 34.

46. Humphreys, *Intensely Human*, 35.

47. Russell, "Hygienic and Medical Notes and Report on Hospital L'Ouverture."

48. George Andrew to Elisha Harris, July 17, 1865, LaPorte, Indiana, reel 1, frame 408, USSC Records.

49. Benjamin Woodward, "Report on the Diseases of the Colored Troops," reel 2, frame 867, USSC Records. 흑인들만 걸리는 특정 질병에 대한 연구를 하겠다는 연방정부의 결정은 자유민의무부의 계획 중 일부였다. 자유민의무부는 해방 노예들을 군대의 일원으로 취급하지 않았고, USSC 관할 밖에 있다고 생각했다. 예를 들어, 로버트 레이번(Robert Reyburn)은 질병의 원인을 흑인들에서 찾는 관행에는 반대했지만, 자유민들만 걸리는 질병이 있다는 이론을 정당화하는 데 사용된 인종 분류 방법을 체계화했다. Reyburn, *Types of Disease among Freed People of the United States* (Washington, DC: Gibson Bros., 1891). On the Freedmen's Bureau Medical Division and Reyburn, see Downs, Sick from Freedom.

50. Humphreys, *Intensely Human*, 34.

51. 흑인들과 폐결핵의 역사에 대해서는 다음 참조. see Samuel Kelton Roberts, *Infectious Fear: Politics, Disease and the Health Effects of Segregation* (Chapel Hill: University of North Carolina Press, 2009); Braun, Breathing Race into the Machine.

52. Woodward, "Report on the Diseases of the Colored Troops."

53. 의학 보고서 외에도 다양한 저술을 통해 북부의 노예폐지론자들은 남북전쟁 이후에 선의의 개혁자로 활동했다. 이들의 활동은 기독교와 관련 있다는 기록이 있으며, 이런 기록은 교육 관련 기록에도 포함돼 있다. See *Freedmen's Record* 1, no. 10 (October 1865), 160. On Christianity in schools, see Hilary Green, *Educational Reconstruction: African American Schools in the Urban South, 1865–1890* (New York: Fordham University Press, 2016), 22, 95.

54. 건강과 의학에 관한 노예들의 생각이 원주민과 유럽인의 전통에 기초한다는 이론에 대해서는 다음 참조. see Sharla Fett, *Working Cures: Healing, Health and Power on Southern Slave Plantations* (Chapel Hill: University of North Carolina Press, 2002).

55. Joseph R. Smith, "Sanitary Report of the Department of Arkansas for the year 1864," MS C 126, Historical Collection, National Library of Medicine,

Bethesda, MD, as quoted in *Humphreys, Intensely Human*, 15, 165.

56. 뉴올리언스의 의사들은 황열병 확산의 원인이 열악한 위생에 있다고 생각했다. See, for example, Erasmus D. Fenner, *History of the Epidemic Yellow Fever: At New Orleans, La., in 1853* (New York: Hall, Clayton, 1854).

57. 아이라 러셀에 대한 마거릿 험프리스(Margaret Humphreys)의 연구를 참조했다. See Humphreys, *Intensely Human*, xi.

58. Humphreys, *Intensely Human*, 46, 51.

59. Humphreys, *Intensely Human*, x‑xiii.

60. Humphreys, *Intensely Human*, 9. Few doctors during the Civil War recognized that emancipation caused massive medical crises. See Downs, *Sick from Freedom*.

61. Humphreys, *Intensely Human*, x, 51, 100‑102.

62. Samuel George Morton, *Crania Americana; or, A Comparative View of the Skulls of Various Aboriginal Nations of North and South America* (Philadelphia: J. Dobson, 1839), 7; also see 87‑88.

63. "Morton's Later Career and Craniology," Morton Collection, University of Pennsylvania Museum of Archeology and Anthropology.

64. 모튼의 이론에 대한 흑인 지식인들의 반응에 대해서는 다음 참조. see Britt Russert, *Fugitive Science: Empiricism and Freedom in Early African American Culture* (New York: NYU Press, 2017).

65. On Morton, see Ann Fabian, *The Skull Collectors: Race, Science, and America's Unburied Dead* (Chicago: University of Chicago Press, 2010), 36‑43. On the number of autopsies, see Humphreys, *Intensely Human*, 100.

66. Michal Sappol, *A Traffic of Dead Bodies: Anatomy and Embedded Social Identity in Nineteenth‑Century America* (Princeton, NJ: Princeton University Press, 2004); Daina Ramey Berry, *The Price for Their Pound of Flesh: The Value of the Enslaved, from Womb to Grave, in the Building of a Nation* (Boston: Beacon, 2018).

67. 바버라(Barbara)와 케런 필즈(Karen Field)는 권력자들이 특정 인종이 열등하다는 편견을 뒷받침하기 위한 이론을 개발해 인종차별적 이데올로기를 구축했다는 것을 설명하기 위해 "인종조작(racecraft)"이라는 용어를 만들어냈다. 사

람들이 "인종"에 관한 이데올로기를 적극적으로 만들어내지 않는다면 인종이라는 개념이 존재하지 않는다는 주장을 설명하기 위한 용어였다. 이들에 따르면 인종 개념은 사람들이 인종에 대해 믿는만큼 힘을 갖게 된다. Karen E. Fields and Barbara J. Fields, *Racecraft: The Soul of Inequality in America* (London: Verso, 2016).

68. Hygienic and Medical Notes, Questions and Answers. Dr. Russell (no date), reel 5, frame 284, USSC Records.

69. Ira Russell, January 31, 1864, folder 2: papers: scan 21 – 22, Ira Russell Papers #4440, Southern Historical Collection, Wilson Library, University of North Carolina at Chapel Hill (hereafter, Russell Papers).

70. 그가 전쟁 전에 쓴 편지는 본 적이 없다. 현재 남아있는 그의 편지들은 대부분 전쟁 중에 쓰인 것이며, 일부는 그의 아들이 '러셀 서신 모음' 형태로 보관한 것이다. (in the Russell Papers collection).

71. Russell Papers; Ira Russell Letters, 1862 – 1863, Collection MC 581, Special Collections Department, University of Arkansas Libraries, Fayetteville, AR. On his later influence, see Humphreys, *Intensely Human*, xiii. On citation by racialist popular thinkers after the Civil War, see Hoffman, *Race Traits and Tendencies of the American Negro*, 159.

72. "In Memory of Dr. Elisha Harris," *Public Health Papers and Reports 10* (1884): 509 – 510. On the influence of Civil War doctors on American medicine, see Shauna Devine, *Learning from the Wounded: The Civil War and the Rise of American Medical Science* (Chapel Hill: University of North Carolina Press, 2014).

73. 역사학자 런디 브라운(Lundy Braun)에 따르면, 굴드의 연구는 다윈의 "차이의 위계에 대한 과학적 이론"에 영향을 미쳤다. *Braun, Breathing Race into the Machine, 41*.

74. 흑인들이 자신들을 열등하게 취급한 법에 저항한 내용은 다음 참조. see Martha S. Jones, *Birthright Citizens: A History of Race and Rights in Antebellum America* (Cambridge: Cambridge University Press, 2018).

75. See, for example, Austin Flint, *Contributions Relating to the Causation and Prevention of Disease, and to Camp Diseases; Together with a Report of the Diseases, etc., among the Prisoners at Andersonville, Ga.* (New York: U.S.

Sanitary Commission, 1867) 5, 170, 290, 319, 333, 664.

76. Roberts, *Fatal Invention*.

77. Mary A. Livermore, *My Story of the War: A Woman's Narrative of Four Years Personal Experience* (Hartford: A. D. Worthington, 1890); Laura S. Haviland, A Woman's Life−Work; Labors and Experiences (Chicago: Waite, 1887); Katherine Prescott Wormeley, *The Other Side of the War with the Army of the Potomac* (Boston: Ticknor and Fields, 1889).

7장 "묻히지 못한 자들의 노래"

이 장의 제목은 재스민 워드의 소설 《묻히지 못한 자들의 노래》(New York: Scribner, 2017)에서 따온 것이다.

1. 노예 소유주들이 노예들을 나이와 성별에 따라 가격을 책정한 관행에 대해서는 다음 참조. Daina Ramey Berry, *The Price for Their Pound of Flesh: The Value of the Enslaved, from Womb to Grave, in the Building of a Nation* (Boston: Beacon Press, 2017).

2. 로버트 D 힉스(Robert D. Hicks)가 전쟁 기간 중 이뤄졌던 백신 접종과 남북전쟁 중 의사들이 가지고 다니던 키트에 대해 자세히 쓴 글을 참조했다. Hicks, "Scabrous Matters: Spurious Vaccinations in the Confederacy," in *War Matters: Material Culture in the Civil War Era, ed. Joan E. Cashin* (Chapel Hill: University of North Carolina Press), 126.

3. Suzanne Krebsbach, "The Great Charlestown Smallpox Epidemic of 1760," *South Carolina Historical Magazine* 97, no. 1 (1996): 30 - 37; Alan D. Watson, "Combating Contagion: Smallpox and the Protection of Public Health in North Carolina, 1750 to 1825," *North Carolina Historical Review* 90, no. 1 (2013): 26 - 48; Elizabeth Fenn, *Pox Americana: The Great Smallpox Epidemic of 1775 - 82* (New York: Hill and Wang, 2001), 39 - 42.

4. 남북전쟁 기간 천연두 유행의 원인과 결과에 대해서는 다음 참조. On the causes of, responses to, and effects of the smallpox epidemics during the Civil War, see Jim Downs, *Sick from Freedom: African American Illness and Suffering during the Civil War and Reconstruction* (New York:

Oxford University Press, 2012). On the abrupt dislocation that the war engendered throughout the South among soldiers, former bondspeople, and civilians, see Yael Sternhell, *Routes of War: The World of Movement in the Confederate South* (Cambridge, MA: Harvard University Press, 2012).

5. Hicks, "Scabrous Matters," 128-130.

6. 역사학자들은 인두법 접종이 아메리카에서 시작되기 훨씬 전부터 아시아와 아프리카에서 이뤄졌다는 데 의견을 같이한다. 언제 인두법 접종이 처음 시작됐는지는 정확하지 않지만, 일부에서는 BC 1000년경이 시작점이라고 추정하고 있다. See, for example, Stefan Riedel, "Edward Jenner and the History of Smallpox and Vaccination," *Baylor University Medical Center Proceedings* 18, no. 1 (2005): 21-25.

7. Margot Minardi, "The Boston Inoculation Controversy of 1721-1722: An Incident in the History of Race," *William and Mary Quarterly* 61, no. 1 (2004): 47-76; Harriet Washington, *Medical Apartheid: The Dark History of Medical Experimentation on Black Americans from Colonial Times to the Present* (New York: Anchor, 2008), 70-73; "How an African Slave Helped Boston Fight Smallpox," *Boston Globe*, October 17, 2014; Benjamin Waterhouse, *A Prospect of Exterminating the Small-Pox: Being the History of the Variolæ Vaccinæ, or Kine-pox, Commonly Called the Cow-Pox: As It Has Appeared in England: With an Account of a Series of Inoculations Performed for the Kine-Pox, in Massachusetts* ([Cambridge, MA]: Cambridge Press, 1800).

8. Minardi, "Boston Inoculation Controversy"; see also Kelly Wisecup, "African Medical Knowledge, the Plain Style, and Satire in the 1721 Boston Inoculation Controversy," *Early American Literature* 46, no. 1 (2011): 25-50.

9. Minardi, "Boston Inoculation Controversy."

10. 아프리카에서 신세계로의 정보 흐름, 특히 노예제로 인한 의학 지식 교류에 대해서는 다음 참조. see Pablo F. Gómez, *The Experiential Caribbean: Creating Knowledge and Healing in the Early Modern Atlantic* (Chapel Hill: University of North Carolina, 2017); Sharla M. Fett, *Working Cures: Healing, Health, and Power on Southern Slave Plantations* (Chapel Hill:

University of North Carolina Press, 2002).

11. Hicks, "Scabrous Matters," 131-132.

12. Joseph Jones, *Researches upon "Spurious Vaccination"; or The Abnormal Phenomena Accompanying and Following Vaccination in the Confederate Army, during the Recent American Civil War, 1861-1865* (Nashville: University Medical Press, 1867), 85.

13. Lydia Murdoch, "Carrying the Pox: The Use of Children and Ideals of Childhood in Early British and Imperial Campaigns against Smallpox," *Journal of Social History* 48, no. 3 (2015): 511-535.

14. 유아로부터 백신 물질 확보에 대해서는 다음 참조. see Jones, *Researches upon "Spurious Vaccination,"* 27, 76, 86.

15. 19세기 백신 접종에 사용됐던 랜싯 그림은 다음 참조. see "Vaccination Instruments," History of Vaccines, College of Physicians of Pennsylvania, http//www.historyofvaccines.org/index/php/content/vaccination-instruments.

16. 이 설명은 접종 과정에 대한 1차 자료와 2차 자료에 모두 의존했다. 8일째 날의 중요성에 대해서는 다음 참조. On the importance of the eighth day, see Jones, *Researches upon "Spurious Vaccination,"* 50, 55; Hicks, "Scabrous Matters," 128-130.

17. 노예제도와 자본주의에 관한 연구에서 기록이 어떤 역할을 했는지, 역사학자들이 왜 노예 소유주들의 분류를 받아들이지 않고 더 자세한 연구를 하려고 하는지에 대해서는 다음 참조. see Jim Downs, "When the Present Is Past: Writing the History of Sexuality and Slavery," in *Sexuality and Slavery: Reclaiming Intimate Histories in the Americas, ed. Daina Ramey Berry and Leslie M. Harris* (Athens: University of Georgia Press, 2018).

18. 데이애너 램지 베리(Daina Ramey Berry)는 *The Price for Their Pound of Flesh*에서 노예들의 가격이 나이와 인종에 따라 달랐던 이유에 관해 설명했다. 아이들은 노동자로 여겨지지 않았고, 유아들은 경제적인 가치가 없다는 이유로 가격 책정에서 배제됐다. 하지만 전염병 유행이 확산하자 유아들의 가치는 엄청나게 상승했다. Wendy Warren, "'Thrown upon the World': Valuing Infants in the Eighteenth-Century North American Slave Market," *Slavery and Abolition* 39, no. 4 (2018): 623-641.

19. C. Michele Thompson, *Vietnamese Traditional Medicine: A Social History* (Singapore: NUS Press, 2015), 28–43; Murdoch, "Carrying the Pox."

20. Jones, *Researches upon "Spurious Vaccination,"* 72–73.

21. Frank Ramsey, in Jones, Researches upon *"Spurious Vaccination,"* 94.

22. Paul Eve, in Jones, *Researches upon "Spurious Vaccination,"* 90.

23. Elisha Harris, "Vaccination in the Army—Observations on the Normal and Morbid Results of Vaccination and Revaccination during the War, and on Spurious Vaccination," in *Contributions Relating to the Causation and Prevention of Disease, and to Camp Diseases; Together with a Report of the Diseases, etc., among the Prisoners at Andersonville, Ga*, ed. Austin Flint (New York: US Sanitary Commission, 1867), 143–145.

24. Harris, "Vaccination in the Army," 143.

25. Harris, "Vaccination in the Army," 144.

26. Barbara J. Fields, "Who Freed the Slaves?" in *The Civil War: An Illustrated History*, ed. Geoffrey C. Ward (New York: Knopf, 1990).

27. Quoted in Sharon Romeo, *Gender and the Jubilee: Black Freedom and the Reconstruction of Citizenship in Civil War Missouri* (Athens: University of Georgia Press, 2016), 35.

28. Downs, *Sick from Freedom*; Romeo, Gender and the Jubilee.

29. Russell, quoted in Harris, "Vaccination in the Army," 145, 148.

30. Ira Russell, January 31, 1864, folder 2: papers: scan 23–27, Ira Russell Papers #4440, Southern Historical Collection, Wilson Library, University of North Carolina at Chapel Hill.

31. 남북전쟁 기간과 재건시대 자유민들의 취약했던 상태, 아이들에 대한 착취와 학대에 대해서는 다음 참조. see Downs, *Sick from Freedom*.

32. 이 사실은 다른 면에서는 뛰어난 역사 연구들에서는 부각되지도, 언급되지도 않았다. 노예와 의학에 관해서는 다음 참조. see Todd L. Savitt, *Medicine and Slavery: The Diseases and Health Care of Blacks in Antebellum Virginia* (*Urbana: University of Illinois, 1978*); Fett, *Working Cures*; Marie Jenkins Schwartz, *Birthing a Slave: Motherhood and Medicine in the Antebellum South* (Cambridge: Harvard University Press, 2010); Stephen C. Kenny, " 'A Dictate of Both Interest and Mercy'? Slave Hospitals in the Antebellum

South," *Journal of the History of Medicine and Allied Sciences* 65, no. 1 (2010): 1–47; Deirdre Cooper Owens, *Medical Bondage: Race, Gender, and the Origins of American Gynecology* (Athens: University of Georgia Press, 2017). On the reporting of violence and its history during slavery, see Walter Johnson, *Soul by Soul: Life inside the Antebellum Slave Market* (Cambridge: Harvard University Press, 1999); Edward E. Baptist, *The Half Has Never Been Told: Slavery and the Making of American Capitalism* (New York: Basic Books, 2014); and Marisa J. Fuentes, *Dispossessed Lives: Enslaved Women, Violence, and the Archive* (Philadelphia: University of Pennsylvania Press, 2016).

33. Circular No. 2, Surgeon General's Office, February 6, 1864, as quoted in Carol Cranmer Green, "Chimborazo Hospital: A Description and Evaluation of the Confederacy's Largest Hospital" (PhD dissertation, Texas Tech University, 1999), 283. See also H. H. Cunningham, *Doctors in Gray: The Confederate Medical Service* (1958; Baton Rouge: Louisiana State University Press, 1986), 201; Hicks, "Scabrous Matters," 139.

34. Joseph Jones, *Contagious and Infectious Diseases, Measures for Their Prevention and Arrest* ⋯, Circular No. 2, Board of Health of the State of Louisiana (Baton Rouge: Leon Jastremski, 1884), 282. For other references to Bolton, see Charles Smart, *The Medical and Surgical History of the War of the Rebellion*, part 3, vol. 1: Medical History (Washington, DC: Government Printing Office, 1888), 645–646; Donald R. Hopkins, *The Greatest Killer: Smallpox in History* (Chicago: University of Chicago Press, 2002), 276; Hicks, "Scabrous Matters," 123.

35. Harris, "Vaccination in the Army," 157.

36. 내 관심은 화해의 장으로서 의학에 있지만, 다른 역사학자들은 주로 화해의 장으로서 정치학·문학·사회적 문제 연구의 중요성을 강조한다. See David Blight, Race and Reunion: *The Civil War in American Memory* (Cambridge: Harvard University Press, 2001); Caroline E. Janney, Remembering the Civil War: Reunion and the Limits of Reconciliation (Chapel Hill: University of North Carolina Press, 2013); Nina Silber, *The Romance of Reunion: Northerners and the South, 1865–1900* (Chapel Hill: University of North

Carolina Press, 1993).

37. Jane Zimmerman, "The Formative Years of the North Carolina Board of Health," *North Carolina Historical Review* 21, no. 1 (1944), 3. For more on how emancipation gave way to massive dislocation that led to the spread of infectious disease, particularly smallpox, see Downs, *Sick from Freedom*.

38. Howard A. Kelly and Walter A. Burrage, *American Medical Biographies* (Baltimore: Norman, Remington, 1920), 1259 – 1260.

39. Thomas F. Wood, "Vaccination: A Consideration of Some Points as to the Identity of Variola and Vaccina," *Chicago Medical Journal and Examiner* 43, no. 4 (1881): 347 – 356; John Joseph Buder, "Letters of Henry Austin Martin: The Vaccination Correspondence to Thomas Fanning Wood, 1877 – 1883" (master's thesis, University of Texas at Austin, 1991).

40. Wood, "Vaccination," 352.

41. Zimmerman, "Formative Years."

42. James O. Breeden, "Joseph Jones and Confederate Medical History," *Georgia Historical Quarterly* 54, no. 3 (1970): 357 – 380.

43. Joseph Jones to S. P. Moore, June 28, 1863, in "Biographical Sketch of Joseph Jones," *Physicians and Surgeons of America*, ed. Irving Watson (Concord, NH: Republican Press Association, 1896), 593 – 597, available at .

44. Moore to Jones, February 17, 1863, in "Biographical Sketch of Joseph Jones."

45. Jones, *Researches upon "Spurious Vaccination*," 3.

46. "Richmond in Flames and Rubble," American Battlefield Trust, spring 2015, . See also Paul D. Casdorph, *Confederate General R. S. Ewell: Robert E. Lee's Hesitant Commander* (Lexington: University Press of Kentucky, 2015), 331.

47. Jones, Researches upon "Spurious Vaccination," 4.

48. 남부의 국가주의, 남북전쟁 기간과 그 후의 여성의 역할에 대해서는 다음 참조. see Drew Faust, *The Creation of Confederate Nationalism: Ideology and Identity in the Civil War South* (Baton Rouge: Louisiana State University Press, 1989); Karen L. Cox, *Dixie's Daughters: The United Daughters of the Confederacy and the Preservation of Confederate Culture* (Gainesville:

University Press of Florida, 2003).

49. Jones, *Researches upon "Spurious Vaccination,"* 26, 32, 90, 104; Elisha Harris, a Northern medical professional, included a section in his report on Confederate medicine, drawn from Jones's work, in "Vaccination in the Army,"154 – 160.

50. Jones, *Researches upon "Spurious Vaccination,"* 9, 12 – 13.

51. Jones, *Researches upon "Spurious Vaccination,"* 12.

52. "Trial of Henry Wirz. Letter of the Secretary of War Ad Interim, in Answer to a Resolution of the House of Representatives of April 16, 1866, Transmitting a Summary of the Trial of Henry Wirz," Executive Document no. 23, House of Representatives, 2nd Session, 40th Congress, 1868 (Washington, DC: Government Printing Office, 1868), 3 – 8, available at .

53. 존 페이비언 위트(John Fabian Witt)는 "거의 1000명이 이 충돌 기간에 위법 혐의로 기소됐다"고 말했다. Witt, *Lincoln's Code: The Laws of War in American History* (New York: Free Press, 2012), 267. See also Nicholas R. Doman, *review of The Nuremberg Trials,* by August von Knieriem, Columbia Law Review 60, no. 3 (1960), 419.

54. See James O. Breeden, "Andersonville—A Southern Surgeon's Story," *Bulletin of the History of Medicine* 47, no. 4 (1973): 317 – 343.

55. "Trial of Henry Wirz," 4 – 5.

56. "Trial of Henry Wirz," 178.

57. "Trial of Henry Wirz," 663, 665, 667.

58. Jones, *"Researches upon "Spurious Vaccination,"* 14.

59. Jones, *"Researches upon "Spurious Vaccination,"* 15 – 16.

60. "Trial of Henry Wirz," 618.

61. "Trial of Henry Wirz," 642.

62. Jones, *"Researches upon "Spurious Vaccination,"* 16.

63. Jones, *"Researches upon "Spurious Vaccination,"* 17. Stephanie McCurry makes this argument in her book on the collapse of the Confederacy. McCurry, *Confederate Reckoning: Power and Politics in the Civil War South* (Cambridge: Harvard University Press, 2010).

64. Shawn Buhr, "To Inoculate or Not to Inoculate?: The Debate and the

Smallpox Epidemic of 1721," Constructing the Past 1, no. 1 (2000): 61-66. Also see Michael Willrich, Pox: *An American History* (New York: Penguin Press, 2011), 37-39; James Colgrove, "Between Persuasion and Compulsion: Smallpox Control in Brooklyn and New York, 1894-1902," *Bulletin of the History of Medicine* 78, no. 1 (2004): 349-378.

65. 유행은 북부보다 남부에서 더 맹렬하게 확산했다. 북군은 병사들에게 백신을 접종했고 감염된 병사들을 대부분 격리했기 때문이다. 아이라 러셀 같은 북군 의사들은 주로 남부와 북부 경계 지역에서 백신 접종을 했다. Downs, *Sick from Freedom*, 98; Harris, "Vaccination in the Army."

66. Jones, Researches upon "*Spurious Vaccination*," 13.

67. Jowan G. Penn-Barwell, "Sir Gilbert Blane FRS: The Man and His Legacy," *Journal of the Royal Naval Medicine Service* 102, no. 1 (2016): 61-66.

68. Jones, *Researches upon* "*Spurious Vaccination*," 17.

69. Jones, *Researches upon* "*Spurious Vaccination*," 18-23.

70. Jones, *Researches upon* "*Spurious Vaccination*," 24.

71. Jones, *Researches upon* "*Spurious Vaccination*," 24.

72. Jones, *Researches upon* "*Spurious Vaccination*," 25-27.

73. "Trial of Henry Wirz," 760-761.

74. "Trial of Henry Wirz," 775-777.

75. "Trial of Henry Wirz," 5.

76. "가짜 백신 접종"에 관한 연구서에서 존스는 전쟁 기간에 유아들로부터 림프를 채취했으며(27쪽), 5개월 된 "건강한 유아"가 접종으로 림프를 채취당한 후 단독 증상으로 사망했다는 의사 비글로의 보고서, 3주 된 유아가 백신 접종 후 단독 증상으로 사망했다는 의사 호먼스의 보고서를 인용했다(76쪽). 또 "건강한 아이들과 유아들의 팔에서" 림프를 채취했다고 말했다.

77. Jones, *Researches upon* "Spurious Vaccination."

8장 이야기 지도

1. 남부연합의 여성들에 대해서는 다음 참조. see Caroline E. Janey, *Remembering the Civil War: Reunion and the Limits of Reconciliation*

(Chapel Hill: University of North Carolina Press, 2016), 92. On pension applications, see Theda Skocpol, *Protecting Soldiers and Mothers: The Political Origins of Social Policy in the United States*, rev ed. (Cambridge: Harvard University Press, 1995), 108 – 116. On Black veterans, see Jim Downs, *Sick from Freedom: African American Illness and Suffering during the Civil War and Reconstruction* (New York: Oxford University Press, 2012), 155.

2. Edmund Charles Wendt, ed., *A Treatise on Asiatic Cholera* (New York: William Wood, 1885), iv.

3. Wendt, *Treatise on Asiatic Cholera*, iii, v.

4. Wendt, *Treatise on Asiatic Cholera*, iv – v.

5. Ely McClellan, "A History of Epidemic Cholera, as It Affected the Army of the United States," part 1, section 2 in Wendt, *Treatise on Asiatic Cholera*, 71.

6. McClellan, "History of Epidemic Cholera," 71 – 78.

7. John W. Hall, *Uncommon Defense: Indian Allies in the Black Hawk War* (Cambridge, MA: Harvard University Press, 2009).

8. McClellan, "History of Epidemic Cholera," 78. Other accounts verify the presence of cholera in Indian Country and confirm that military troops transmitted the disease. See John C. Peters, "Conveyance of Cholera from Ireland to Canada and the United States Indian Territory, in 1832," *Leavenworth Medical Herald*, October 1867, 3. On Jackson's policies in the context of cholera in this region, see Ann Durkin Keating and Kathleen A. Brosnan, "Cholera and the Evolution of Early Chicago," in *City of Lake and Prairie: Chicago's Environmental History*, ed. Kathleen A. Brosnan, William C. Barnett, and Ann Durkin Keating (Pittsburgh: University of Pittsburgh Press, 2020), 26 – 29.

9. McClellan, "History of Epidemic Cholera," 101.

10. McClellan, "History of Epidemic Cholera," 101 – 108.

11. McClellan, "History of Epidemic Cholera," 104.

12. McClellan, "History of Epidemic Cholera," 101, 107.

13. 해방노예들이 수용됐던 난민 수용소들에 대해서는 다음 참조. see Downs,

Sick from Freedom. On formerly enslaved people within Native American communities, see Barbara Krauthamer, *Black Slaves, Indian Masters: Slavery, Emancipation, and Citizenship in the Native American South* (Chapel Hill: University of North Carolina Press, 2015); Tiya Miles and Sharon P. Holland, eds., Crossing Waters, Crossing Worlds: The African Diaspora in Indian Country (Durham, NC: Duke University Press, 2006).

14. 19세기에 해상 교통과 무역에 일어난 극적인 변화에 대해서는 다음 참조. see Jürgen Osterhammel, *The Transformation of the World: A Global History of the Nineteenth Century* (Princeton, NJ: Princeton University Press, 2014).

15. 역사학자들 대부분은 의학적 감시의 기원이 20세기 세균학의 부상과 함께 시작됐다고 생각한다. 일부 학자들은 20세기 초반의 결핵 유행으로 정부의 체계적인 감시 노력이 시작됐다고 본다. See, for example, Amy L. Fairchild, Ronald Bayer, and James Colgrove, *Searching Eyes: Privacy, the State, and Disease Surveillance in America* (Berkeley: University of California Press, 2007), 33. The outbreak of cholera in 1866 proves this not to be true.

16. Gavin Milroy, "The International Quarantine Conference of Paris in 1851 – 52, with Remarks," *Transactions of the National Association for the Promotion of Social Science*, ed. George W. Hastings (London: John W. Parker and Son, 1860), 606.

17. Milroy, "International Quarantine Conference of Paris," 606.

18. Milroy, "International Quarantine Conference of Paris," 608.

19. Milroy, "International Quarantine Conference of Paris"; Valeska Huber, "The Unification of the Globe by Disease? The International Sanitary Conferences on Cholera, 1851 – 1894," *The Historical Journal* 49, no. 2 (2006), 460.

20. David Arnold, *Colonizing the Body: State Medicine and Epidemic Disease in Nineteenth-Century India* (Berkeley: University of California Press, 1993), 169 – 170; Gyan Prakash, *Another Reason: Science and the Imagination of Modern India* (Princeton, NJ: Princeton University Press, 1999), 137 – 138; Edward Said, *Orientalism* (New York: Vintage, 1979).

21. Huber, "Unification of the Globe by Disease?" 461.

22. Deborah Jenson, Victoria Szabo, and the Duke FHI Haiti Humanities Laboratory Student Research Team, "Cholera in Haiti and Other Caribbean

Regions, 19th Century," *Emerging Infectious Diseases* 17, no. 11 (2011): 2130 – 2135; "Cholera in South America," JAMA 8, no. 6 (February 5, 1887): 155 – 156; Charles Rosenberg, *The Cholera Years: The United States in 1832, 1849, and 1866* (Chicago: University of Chicago Press, 1962).

23. Huber, "Unification of the Globe by Disease?" 462.

24. Huber, "Unification of the Globe by Disease?" 463. 유럽의 관점에서 볼 때 러시아는 콜레라를 관찰하는 데 중요한 역할을 할 수 있는 나라였다. 하지만 러시아는 이 역할을 함으로써 제국을 발전시키기도 했다. See Eileen Kane, *Russian Hajj: Empire and the Pilgrimage to Mecca* (Ithaca, NY: Cornell University Press, 2015), 45 – 46.

25. Norman Howard-Jones, *The Scientific Background of the International Sanitary Conference, 1851 – 1938* (Geneva: WHO, 1975), 31 – 33.

26. J. Netten Radcliffe, "Report on the Recent Epidemic of Cholera (1865 – 1866)," read April 6, 1868, *Transactions of the Epidemiological Society of London* vol. 3: Sessions 1866 to 1876 (London: Hardwicke and Bogue, 1876), 236 – 237.

27. Radcliffe, "Report on the Recent Epidemic of Cholera," 232.

28. Radcliffe, "Report on the Recent Epidemic of Cholera," 232, quoting from a memo that Radcliffe and Gavin Milroy presented to the Foreign Office in 1865.

29. Radcliffe, "Report on the Recent Epidemic of Cholera," 234 – 235.

30. Radcliffe, "Report on the Recent Epidemic of Cholera," 237 – 238.

31. Radcliffe, "Report on the Recent Epidemic of Cholera," 238.

32. Radcliffe, "Report on the Recent Epidemic of Cholera," 239.

33. "H.M.S. Penguin in the Gulf of Aden," *Illustrated London News* 50, no. 1433 (June 29, 1867): 648 – 649.

34. Matthew S. Hopper, *Slaves of One Master: Globalization and Slavery in Arabia in the Age of Empire* (New Haven, CT: Yale University Press, 2015), 169.

35. Hopper, *Slaves of One Master*; Radcliffe, "Report on the Recent Epidemic of Cholera," 238 – 239.

36. "질병의 프레이밍" 이론을 참고했다. See Charles Rosenberg and Janet

Golden, eds., *Framing Disease: Studies in Cultural History* (New Brunswick, NJ: Rutgers University Press, 1992).

37. Radcliffe, "Report on the Recent Epidemic of Cholera," 239.

38. Radcliffe, "Report on the Recent Epidemic of Cholera," 239.

39. Radcliffe, "Report on the Recent Epidemic of Cholera," 240.

40. Radcliffe, "Report on the Recent Epidemic of Cholera," 240 - 241.

41. Radcliffe, "Report on the Recent Epidemic of Cholera," 241 - 243.

42. Radcliffe, "Report on the Recent Epidemic of Cholera," 243.

43. Radcliffe, "Report on the Recent Epidemic of Cholera," 244.

44. Radcliffe, "Report on the Recent Epidemic of Cholera," 244.

45. For a definition of Takruri, see 'Umar Al-Naqar, "Takrūr: The History of a Name," *Journal of African History* 10, no. 3 (1969): 365 - 374.

46. Radcliffe, "Report on the Recent Epidemic of Cholera," 244; [Henry] Blanc, *The Story of the Captives: A Narrative of the Events of Mr. Rassam's Mission* (London: Longmans, Green, Reader, and Dyer, 1868). On Blanc, see E. R. Turton, review of *A Narrative of Captivity in Abyssinia* by Henry Blanc, *Transafrican Journal of History* 2, no. 1 (1972), 135 - 136.

47. 계통분류학의 최근 연구결과에 따르면 흑사병 유행 같은 전염병 대유행은 기존의 생각보다 훨씬 더 넓은 지역으로 퍼졌으며 오랜 기간 지속됐다. 이는 현대의 학자들이 대영제국의 지역들에서만 수집된 보고서를 취합한 것과 달리 과거의 전염병 대유행에 대한 데이터를 더 넓은 범위에서 수집해 얻은 결과다. See Monica H. Green, "The Four Black Deaths," *American Historical Review* 125, no 5 (2020): 1601 - 1631; William McNeill, *Plagues and Peoples* (New York: Anchor, 1976).

48. Radcliffe, "Report on the Recent Epidemic of Cholera," 245.

49. Judith Salerno and Paul Theerman, "Looking Out for the Health of the Nation: The History of the U.S. Surgeon General," Books, Health, and History, New York Academy of Medicine, October 23, 2018, http://nyamcenterforhistory.org/2018/10/23/surgeon-general. 일부에서는 의무총감이 건강 위기를 초기에 제대로 대응하지 못했다는 비난을 제기하지만, 당시 연방정부는 일반 시민들의 개인생활에 간섭할 수 권한이 제한적이었다. 또 군 관료체계에 기초해 의학 감시 체계를 확립할 수 있는 충분한 힘이 없었

다. 의무총감에 대한 비판은 다음 참조. see Louis C. Duncan, "The Medical Department of the United States Army in the Civil War—The Battle of Bull Run," *The Military Surgeon* 30, no. 6 (1912): 644-668. See also on the USSC.

50. 자유민의부와 천연두 대응에 대한 내용은 다음 참조. see Downs, *Sick from Freedom.*

51. Downs, *Sick from Freedom*, 95-119.

52. J. J. Woodward, *Report on Epidemic Cholera in the Army of the United States, during the Year 1866* (Washington, DC: Government Printing Office, 1867), iii, v (hereafter, Woodward, Report on Cholera 1866).

53. 엘리자베스 펜(Elizabeth Fenn)은 미국 독립전쟁 기간의 천연두 확산에 대해 보고서를 썼지만, 군대는 미국 전역에 퍼진 천연두를 추적할 수 있는 의학적 감시 체계, 즉 고도의 관료체계를 이용한 의학적 감시 체계를 발전시키지 못했다. 또한 펜은 1775~1782년까지 시기를 연구했지만, 의회는 1798년이 돼서야 공중보건국을 설립했다. See Elizabeth Fenn, *Pox Americana: The Great Smallpox Epidemic, 1775-1782* (New York: Hill and Wang, 2002).

54. 1793년의 황열병 유행은 시 정부가 전염병 유행에 제대로 대응하지 못했으며, 자력으로 시 내부에서 효과적인 정책을 시행할 능력이 없었다는 것을 드러낸다. See J. M. Powell, *Bring Out Your Dead: The Great Plague of Yellow Fever in Philadelphia in 1793* (1949; repr., Philadelphia: University of Pennsylvania Press, 1993), 55-63, 173-194. See also Rosenberg, *Cholera Years*, 82, 90.

55. Rosenberg, *Cholera Years*, 22.

56. Woodward, *Report on Cholera 1866*, v-vi.

57. Woodward, *Report on Cholera 1866*, vi, 29-35.

58. Woodward, *Report on Cholera 1866*, vii.

59. Woodward, *Report on Cholera 1866*, viii.

60. Woodward, *Report on Cholera 1866*, xvi.

61. Woodward, *Report on Cholera 1866*, ix.

62. Woodward, *Report on Cholera 1866*, ix, xii.

63. Woodward, *Report on Cholera 1866*, viii.

64. James G. Hollandsworth Jr., *An Absolute Massacre: The New Orleans Race*

Riot of July 30, 1866 (Baton Rouge: Louisiana State University Press, 2001), 123, 129.

65. Woodward, *Report on Cholera 1866*, vii - viii.

66. Woodward, *Report on Cholera 1866*, xi, 49.

67. Woodward, *Report on Cholera 1866*, ix.

68. Woodward, *Report on Cholera 1866*, xi - xiii, 59 - 60.

69. See, for example, Woodward, *Report on Cholera 1866*, 32, 33.

70. Woodward, *Report on Cholera 1866*, 30.

71. 쌀미음 형태의 배설물 특징에 대해서는 다음 참조. see Woodward, *Report on Cholera 1866*, 21, 23, 26, 53.

72. Woodward, *Report on Cholera 1866*, 25.

73. Woodward, *Report on Cholera 1866*, 57.

74. Woodward, *Report on Cholera 1866*, 39 - 40 (water in New Orleans), 59 (water in Nicaragua), xvii (Woodward quotes).

75. "Dr. Benjamin Faneuil Craig," *Boston Medical and Surgical Journal* 96 (May 17, 1877): 590 - 592.

76. Woodward, *Report on Cholera 1866*, xvii, 62.

77. Woodward, *Report on Cholera 1866*, xvii.

78. 전후 남부의 물자 부족 문제에 대해서는 다음 참조. see Downs, *Sick from Freedom*, 65 - 94.

79. Woodward, *Report on Cholera 1866*, 30.

80. Woodward, *Report on Cholera 1866*, 35.

81. J. J. Woodward, *Report on Epidemic Cholera and Yellow Fever in the Army of the United States, during the Year 1867* (Washington, DC, Government Printing Office, 1868), 23, 38, 50.

82. Woodward, *Report on Cholera 1866*, *xiii*; Woodward, *Report on Epidemic Cholera and Yellow Fever ⋯ during the Year 1867*, vi.

83. Woodward, *Report on Epidemic Cholera and Yellow Fever ⋯ during the Year 1867*, vi.

84. 윌리엄 B 플레처(William B. Fletcher)라는 의사는 예외다. 플레처는 1866년에 19세기 콜레라 유행에 관한 책을 냈는데, 이 책에는 동부에서 서부로 콜레라 유행 확산 경로를 보여주는 지도가 들어있었다. 하지만 플레처는 "이 지도에 콜

레라에 감염된 모든 도시나 마을이 다 표시된 것은 아니다. 지도를 만든 목적은 전염병 유행의 전반적인 흐름을 보여주는 것에 한정된다"라고 말했다. William B. Fletcher, *Cholera: Its Characteristics, History, Treatment, Geographical Distribution of Different Epidemics, Suitable Sanitary Preventions, etc.* (Cincinnati: Robt. Clarke & Co, 1866).

85. Steven Johnson, *The Ghost Map: The Story of London's Most Terrifying Epidemic—and How It Changed Science, Cities, and the Modern World* (New York: Riverhead, 2006). There is some debate about the efficacy of Snow's maps; see Tom Koch and Ken Denike, "Essential, Illustrative, or ⋯ Just Propaganda? Rethinking John Snow's Broad Street Map," *Cartographica* 45, no. 1 (2010): 19-31.

결론

1. See, for example, Warwick Anderson, *Colonial Pathologies: American Tropical Medicine, Race, and Hygiene in the Philippines* (Durham, NC: Duke University Press, 2006); Jennifer L. Morgan, *Laboring Women: Reproduction and Gender in New World Slavery* (Philadelphia: University of Pennsylvania Press, 2004); Rana A. Hogarth, *Medicalizing Blackness: Making Racial Difference in the Atlantic World* (Chapel Hill: University of North Carolina Press, 2017).

2. See, for example, Sven Beckert and Seth Rockman, *Slavery's Capitalism: A New History of American Economic Development* (Philadelphia: University of Pennsylvania Press, 2016); Edward E. Baptist, *The Half Has Never Been Told: Slavery and the Making of American Capitalism* (New York: Basic Books, 2014); Daina Ramey Berry, *The Price for Their Pound of Flesh: The Value of the Enslaved, from Womb to Grave, in the Building of a Nation* (Boston: Beacon Press, 2017); Eric Williams, *Capitalism and Slavery* (Chapel Hill: University of North Carolina Press, 1994).

3. Beckert and Rockman, *Slavery's Capitalism*, 3.

4. Craig Steven Wilder, *Ebony and Ivy: Race, Slavery, and the Troubled*

History of America's Universities (New York: Bloomsbury Press, 2014);
Nancy Stepan, *The Hour of Eugenics: Race, Gender, and Nation in Latin
America* (Ithaca, NY: Cornell University Press, 1996).

5. ₩Deirdre Cooper Owens, *Medical Bondage: Race, Gender, and the
    Origins of American Gynecology* (Athens: University of Georgia Press,
    2017); Harriet Washington, *Medical Apartheid: The Dark History of Medical
    Experimentation on Black Americans from Colonial Times to the Present*
    (New York: Anchor, 2008); Ann Fabian, *The Skull Collectors: Race, Science,
    and America's Unburied Dead* (Chicago: University of Chicago Press,
    2010); Hogarth, Medicalizing Blackness.

6. Dorothy Roberts, *Fatal Invention: How Science, Politics, and Big Business
    Re-create Race in the Twenty-first Century* (New York: New Press, 2011).

7. John Duffy, *The Sanitarians: A History of American Public Health* (Urbana:
    University of Illinois Press, 1990); George Rosen, *A History of Public
    Health*, rev. expanded ed. (Baltimore: Johns Hopkins University Press,
    2015).

8. 인종차별직 이데올로기가 어떻게 사용됐는지에 대해서는 다음 참조. see Karen
    E. Fields and Barbara Jeanne Fields, *Racecraft: The Soul of Inequality in
    American Life* (New York: Verso, 2012).

9. 이런 관행들은 군대에 의한 폭력, 가야트리 스피박(Gayatri Spivak)이 "인식론
    적 폭력(epistemic violence)"이라고 말한 폭력에 의해 시작된 것이다. 인식론
    적 폭력이란 지식생산 과정에서 "위험한 주관성에 기초해 타자를 비대칭적으
    로 말살하는 행위"를 말한다. Gayatri Chakravorty Spivak, "Can the Subaltern
    Speak?" in *Marxism and the Interpretation of Culture*, ed. Cary Nelson and
    Lawrence Grossberg (Urbana: University of Illinois Press, 1988), 271 – 313.

302

옮긴이 **고현석**

연세대학교 생화학과를 졸업하고 〈서울신문〉〈경향신문〉〈뉴시스〉〈뉴스1〉에서 과학 및 외신 담당 기자로 일했다. 현재 전문번역가로서 문학과 우주물리학, 생명과학 등 다양한 분야의 책을 번역하고 있다. 옮긴 책으로 부르한 쇤메즈의 《이스탄불, 이스탄불》, 안토니오 다마지오의 《느낌의 진화》, 크리스토퍼 완제크의 《스페이스 러시》, 알렉스 코밤의 《불공정한 숫자들》, 나이절 캐머런의 《로봇과 일자리: 어떻게 준비할 것인가?》, 조너선 마크스의 《인종주의에 물든 과학》, 닉 레인의 《외계생명체에 관해 과학이 알아낸 것들》, 레이먼드 피에로티 외 《최초의 가축, 그러나 개는 늑대다》 등 다수가 있다.

제국주의와 전염병

첫판 1쇄 펴낸날 2022년 6월 30일
첫판 2쇄 펴낸날 2023년 4월 30일

지은이 | 짐 다운스
옮긴이 | 고현석
펴낸이 | 지평님
본문 조판 | 성인기획 (010)2569-9616
종이 공급 | 화인페이퍼 (02)338-2074
인쇄 | 중앙P&L (031)904-3600
제본 | 서정바인텍 (031)942-6006
후가공 | 이지앤비 (031)932-8755

펴낸곳 | 황소자리 출판사
출판등록 | 2003년 7월 4일 제2003-123호
대표전화 | (02)720-7542 팩시밀리 | (02)723-5467
E-mail | candide1968@hanmail.net

ISBN 979-11-91290-14-1   03900

"이 책은 노예제와 식민주의가 현대 세계에 미친 영향을 다룬 매우 중요한 연구서다. 저자는 착취당한 집단들에 대한 연구가 전염병의 확산과 치료를 이해하는 데 어떤 도움을 주었는지 보여준다. 코로나 19 대유행 저지를 위한 역학자들의 노력이 칭송을 받고 있는 이 시점에서 저자는 우리가 오랫동안 망각해온 노예들, 식민지 피지배민들, 죄수들이 의학지식의 발달과 전 세계로의 확산에서 한 역할을 잊지 말자고 촉구한다."
—에릭 포너Eric Foner(컬럼비아대 역사학 교수, 《제2의 건국: 남북전쟁과 재건 시기는 헌법을 어떻게 변화시켰나?》저자)

"이 책은 유럽의 도시들을 중심으로 이뤄지고 있는 의학 연구를 국제 노예무역 현장, 식민지, 전쟁터로 확장한다. 이런 장소들에 대한 생생하고 뛰어난 저자의 분석은 역학의 기원, 질병 전파와 관련된 의학지식의 국가 간 흐름에 대한 우리의 생각을 근본적으로 변화시킨다. 의학, 질병, 제국을 연구하는 역사학자들이 반드시 읽어야 할 책이다."
—이블린 해먼즈Evelynn M. Hammonds(하버드대 과학사 교수, 《차이의 속성》 공동편집자)

"철저한 연구를 바탕으로 유려하게 쓰인 이 책에서 저자는 의학사, 식민주의, 노예제 사이의 관계에 대한 우리의 생각을 변화시킨다. 이 책은 질병에 대한 18~19세기의 지식과 아프리카인 노예들, 노예화된 플랜테이션 노동자들, 대서양 세계 군인들의 삶이 밀접하게 연관돼 있다는 것을 밝히고 있다. 현대 역학의 기원이 강제 노동이라는 불평등 현상에 있다는 것을 보여줌으로써 저자는 의학, 식민주의, 노예제 역사 연구를 위한 토대를 제공한다. 인종과 질병의 연관성에 관심이 있는 사람이라면 반드시 읽어야 할 책이다."
—제니퍼 L. 모건Jennifer L. Morgan(뉴욕대 역사학 교수, 《노예제에 관한 생각》 저자)

"의학의 역사와 제국의 역사 간 교차점들에 대해 전 세계적인 차원에서 상세히 설명한 책. 상세하면서도 포괄적인 이 책은 역학 발달의 인간적인 측면을 드러내고 있다. 의사들에게 집중됐던 기존의 연구들과 달리 이 책은 군인, 죄수, 노예를 의학 발달의 핵심에 위치시킴으로써 현재의 역학적 방법들이 전쟁, 노예제, 식민주의에 의해 형성됐다고 설득력 있게 설명하고 있다."
—에리카 차터스Erica Charters(옥스퍼드대 역사학 교수, 《질병, 전쟁 그리고 제국》 저자)

"다양한 분야의 역사학자들, 특히 건강관리 관련 연구를 하는 역사학자들이 읽기에 적합한 책. 의학의 진화 과정에서 가난한 노예와 군인들이 한 역할을 인식함으로써 이 책은 의사들이 칭송받는 것과 달리 통계상 숫자 중 하나로 보통 여겨지던 사람들의 삶을 조명한다."

—마이클 데이비슨Michael Davidson(캘리포니아대 샌디에이고 캠퍼스 교수)

"블랙 페미니스트 학자들의 역사기록학 기법을 이용한 저자의 정교한 설명은 의사 개인들의 연구에서 그 연구의 토대가 된 시스템으로 관심의 초점을 이동시킨다. 저자는 노예선의 혼잡한 환경, 더러운 전쟁터, 플랜테이션으로 우리를 인도해, 전염병 전파 이론과 치료법을 만들어내고 공중보건 조치를 권고하기 위해 의사들이 사용한 데이터가 이름 없는 군인, 식민지 피지배민, 노예들의 몸을 대상으로 한 연구에서 얻은 것이라는 사실을 일깨워준다."

—엘리자베스 브랜더Elizabeth Brander(《워터마크》리뷰)

"저자는 역학(그리고 현대 의학의 많은 분야)이 유럽인의 지배를 받았던 (노예선, 식민지 플랜테이션, 군대 등의) 비유럽인들의 상태에 대한 면밀한 관찰의 결과라는 매우 설득력 있는 주장을 하고 있다."

—크로포드 킬리언Crawford Kilian(《더 타이》 리뷰)

"이 책은 미국 건국 초기, 남북전쟁과 그 이전 시기의 공중보건 상태에 대한 논의를 생명권력(bio-power), 인종, 의사들에 대한 미국과 영국의 관점을 중심으로 하는 전 세계적 차원의 논의로 끌어올린다."

—재커리 도너Zachary Dorner(《얼리 리퍼블릭 저널》 리뷰)

"의사들의 보고서, 서신, 의학 논문에 대한 방대한 조사를 바탕으로 한 저자의 분석은 혁신석이고 주상은 설득틱이 있다. 의학 연구자와 억사 언구지 모두에게 유용한 정보를 제공하는 이 책은 쉽게 읽을 수 있도록 간결하게 쓰였으며, 특히 코로나 19 대유행 시기에 질병의 세계사에 관심이 있는 모든 사람에게 매우 유용한 책이다."

—앤드류 키슈니Andrew Kishuni(센트럴플로리다대 교수)